읽는 저자, 쓰는 독자

창의 편

Reading Writers, Writing Readers: Being Creative

Edition by
The ELP College, the Catholic University of Korea

Printed in
THE CATHOLIC UNIVERSITY OF KOREA PRESS

Reading Writers, Writing Readers

Being Creative

읽는 저자, 쓰는 독자

창의 편

가톨릭대학교 학부대학

가톨릭대학교출판부

머리말

역설이란 이율배반적인 표현이고 자기모순(自己矛盾)의 진술이어서 그 속내는 신중한 음미를 통해서 발견된다. 역설은 상식이나 논리로는 닿기 어려운 의미를 드러내기 위한 상징적 표현이며, 흔히 관심을 끌고 새로운 사고를 일깨우기 위해 사용된다. 우리는 이 책의 제목을 "읽는 저자, 쓰는 독자"로 정하였다. '읽는'과 '저자', '쓰는'과 '독자'는 일상적인 용도에서는 서로 모순되는 어휘들의 결합이니 그야말로 모순어법(oxymoron)이고 역설(paradox)이다. 책의 제목을 굳이 역설적으로 정한 저간의 사정에는 이 책을 읽는 이들의 관심을 끌어서 무언가 새로운 사고를 일깨우려는 의도가 있다고 봐야 할 것이다. 다음의 정의를 읽어보기로 하자.

> 대상을 바라보거나 들여다보고 파악하고 이해하는 행위. 그리고 그렇게 본 결과를 그 목적과 의도를 이해하여 자기중심적으로 판단·평가하고 그 의미를 나름대로 재구성해 내는 일종의 (필자와 독자의) 의사소통 행위.

이것은 읽기에 대한 개념 정의인가? 아니면 쓰기에 대한 개념 정의인가? 둘 중 어느 것에도 해당되는 정의인 듯하여 혼란스럽다. 우리는 통상 읽기와 쓰기를 구분하곤 한다. 읽기와 쓰기를 행하는 신체의 작용이야 다르겠지만, 읽기를 글을 해독하는 행위로,

쓰기를 글로 표현하는 행위로만 한정하는 것은 읽기와 쓰기의 개념을 과도하게 좁힌 것이다. 읽기를 사고의 과정, 쓰기를 표현의 과정이라고 볼 때에도 다르지 않다. 쓰기에 사고의 과정이 없을 리 없으며 읽기가 바탕 되지 않은 쓰기가 의미 있을 리 없다. 그러니 읽기와 쓰기는 긴밀하게 서로 맞물려 있는 것이다. 쓰는 일은 독자를 염두에 두고, 읽는 일은 일방적인 수용이 아니므로, 독자와 필자가 쌍방향적 소통을 이루듯 읽기와 쓰기도 밀접한 상호 연관을 맺고 있는 것이다.

다른 한편, "읽는 저자, 쓰는 독자"라는 제목에는 발상의 새로움이 깃들어 있다. 읽기와 쓰기에 대한 단순하고 좁은 통념을 거부하고 새로운 인식을 보태고자 한 것이다. 이런 점에서 이 제목이 환기하고자 하는 또 하나의 의도는 창의적 사고에 대한 강조이다. 창의적 사고(creative thinking)는 '새롭고 유용한' 사고로 정의된다. 새로운 사고란 이전에는 없었던, 고정관념을 탈피한 생각이며, 유창하고 융통성 있게 다양한 해결책을 생산해 내는 사고이다. 유용한 사고란 새롭게 생산된 독창적인 해결책이 문제 해결에 용이하고 합당하여 쓸모가 있는지를 판단하고 평가하는 사고이다. 창의적 사고가 비판적 사고(critical thinking)와 만나는 것이 이 지점이다. 즉 어떤 것을 받아들이고 거부할지 또는 유보할지를 신중하고 주의 깊게 결정하며, 무엇이 옳고 어디가 그른지를 하나하나 능동적이고 반성적으로 따져 보는 사고 행위이기 때문이다.

이 점에서 창의적 사고는 '공동체적·문화적 삶을 자율적으로 주도할 수 있는 주체적인 인간', '균형 잡힌 성숙한 인간'의 육성이라는 교양교육의 목표와도 연결된다. 어떤 가치를 추구하며, 삶의 의미와 목적을 어디에 두고 살 것인가에 대한 답을 스스로 찾아가는 과정을 '성숙'이라고 할 때 다종의 가치에 대한 주체적, 자율적 판단, 유의미한 것에 대한 탐색과 추구, 열린 사고에의 지향을 견인해 주는 것이 바로 창의적 사고이기 때문이다. 그렇다면 이러한 창의적 사고는 어떻게 함양할 수 있을까?

창의적 사고를 연구하는 학자들은 창의성의 네 가지 요소를 4P 곧 사람(Person), 산물(Product), 과정(Process), 환경(Press)으로 보고 이 네 가지 요인들이 상호작용할 때 창의적 사고가 발현된다고 보고 있다. 즉 창의적인 환경(경쟁적이지 않고, 자유로운)에서 창의적 과정(문제 인식-발견-해결방안 모색)을 거쳐 창의적인 산출물(유무형의)을 생산해 내는 과정에서 창의적 사고가 신장되며 그랬을 때 창의적인 사람으로 성장할 수 있다는 것이다. 이 책은 창의적 문제 해결 능력의 함양을 목표로, 이 네 가지 요인들이 서로 유기적으로 상호작용하며 통합적으로 훈련되도록 구성하였다. 창의적인 사고에 필요한 생각 도구(관찰, 상상, 유추, 분석, 해석, 비판)들이 다양한 삶의 문제에 대한 해결책을 마련해 보는 과정을 통해 반복적으로 연습, 훈련되도록 설계하였고, 그러한 과정을 거쳐 산출된 결과가 읽기, 쓰기, 말하기, 듣기의 연쇄를 통해 소통되면서 더 넓어지고 깊어지고 풍요로워질 수 있도록 하였다.

마르크스의 이론 중에 양질전화(量質轉化)라는 개념이 있다. 일정 정도 양이 축적되어야 질적인 변화를 가져올 수 있다는 뜻이다. 창의적 사고 역시 그 능력을 효과적으로 발현시키기 위해서는 많은 연습이 동반되어야 한다. 자양분이 공급되지 않으면 나무가 자랄 수 없고, 마중물이 없다면 펌프질도 소용이 없다. 양이 차지 않으면 질적 변화는 일어나지 않는다. 창의적 사고를 계발하기 위해서는 다양한 방법을 통해 자양분을 축적해야 하고, 반복을 통해 이를 자기화해 나가야 한다. 이러한 과정은 훈련과 연습의 지난한 과정일 수 있지만 이 과정 속에서 우리는 작지만 의미 있는 결과들과 마주치게 될 것이다. 그런 과정은 내 삶의 변곡점들을 만나는 일이고, 더 크고 의미 있는 변곡점을 만나러 가는 일이기도 하다. 아무쪼록 이 책을 통하여 가르치는 이, 배우는 이 모두가 조화롭게 소통하면서 스스로를 채우고 키워가는 성숙의 시간이 되었으면 하는 바람이다.

이 책이 나오기까지 많은 분들의 도움이 있었다. 교양교육에 특별한 관심과 애정을 갖고 믿음과 배려로 힘을 북돋아 주신 총장님, 부총장님, 그리고 학장님께 감사드린다. 그리고 오랜 시간 고민과 토론을 함께하며 책 만드는 일에 헌신해 주신 ELP학부대학 교수님들의 노고에 진심 어린 감사를 전한다.

2013년 8월

가톨릭대학교 ELP학부대학 창의교육센터 필진 일동

차례 창의 편

Section II

눈으로 보고 마음으로 그리다

Intro

분석적으로 읽고 창의적으로 쓰다

1. 창의적 사고와 문제 해결

우리의 삶은 문제 해결의 연속이다. 크건 작건 간에 우리는 늘 해결해야 할 많은 문제에 부딪히고 그 해결 방법을 고민하며 살아간다. 학문 탐구도 마찬가지다. 나와 나를 둘러싼 세계, 사물, 현상에서 발견한 문제를 이해하고 해결하는 과정이 곧 학문 탐구의 과정이다. 그런데 이 문제 해결 과정에서 필요한 것이 창의적 사고이다. 문제를 발견하고, 해결 방안을 탐색하고, 문제 해결책을 선택하는 모든 과정에서 창의적 사고가 요구된다.

스텐버그R. Sternberg에 따르면 창의적 사고(creative thinking)는 '새롭고 유용한 사고'이다. 통상 새로운 사고를 창의적 사고로 간주하지만 모든 새로운 사고가 창의적인 것은 아니다. 새로운 사고라 해도 이론적으로든 현실적으로든 문제 해결에 유용해야만 창의적 사고라 할 수 있다. 이러한 창의적 사고는 단일한 사고 기능이 아니라 발산, 연관, 수렴적 사고 등이 관여하는 복합적 과정이다.

창의적 사고의 한 측면인 '발산적 사고'는 이전에 없던, 혹은 알려지지 않은 것을 생각해 내는 것을 말한다. 이러한 사고의 발산성은 하나의 문제 상황에서 여러 방안을 제시하는 '유창성', 그 방안들을 다양한 각도에서 제시하는 '융통성', 기존의 방안과 달리 독특한 것을 제시하는 '독창성', 그 방안을 구체적으로 제시하는 '정교함' 등으로 드러난다. 바흐J. S. Bach의 <골든베르크 변주곡>은 하나의 선율을 조의 배열과 음정 변화를 통해 30개의 변주곡으로 구성한 것인데, 이는 다양하고 융통성 있고 독창적이며 정교하다는 점에서 창의적, 특히 발산적 사고에 의한 창작물로 볼 수 있다.

하지만 발산적 사고처럼 무에서 유를 만들어 내는 것만 창의적 사고는 아니다. 기존에 존재하는 것들의 연관에 주목하여 새로운 연관을 만들어 내는 것도 창의적 사고이다. 이러한 '연관적 사고'는 서로 유사하거나 때로 관련 없어 보이는 두 대상을 연결하는 사고 기능이다. 연관적 사고는 두 대상의 유사성이 크든 적든 둘 간의 연관이나 결합을 통해 새로운 것을 만들어 내는 것을 말한다. 인간의 두뇌 기능을 본뜬 인공 지능을 설계한다든지, 서로 유사성이 없는 핸드폰과 TV, MP3를 결합하여 스마트폰이나 스마트 TV 등을 만드는 것은 창의적, 특히 연관적 사고의 결과로 볼 수 있다.

이처럼 발산적·연관적 사고로 새로운 것을 생성해 내도 그것이 유용한 것으로 적합성을 갖지 못하면 창의적 사고라 할 수 없다. 수렴적 사고는 발산적·연관적 사고의 결과를 체계화하여 유용한 것으로 만들어 내는 것을 말한다. 이러한 수렴적 사고는 다양한 아이디어를 모순 없이 구성하는 '정합성', 다양한 것들을 하나의 체계로 구조화하는 '통합성', 통합적 구조를 질서 있게 만드는 '단순성'을 특징으로 한다. 수렴적 사고는 의미 없어 보이는 자료들 가운데서 일관된 법칙이나 원리를 찾아내어 체계화하는 사고이다. 코페르니쿠스N. Copernicus가 자신이 직접 천체를 관측한 결과와 다른 천문학자들이 관측한 결과를 비교하여 여러 자료들을 분류, 분석, 해석함으로써 지동설을 창안한 것은 창의적, 특히 수렴적 사고에 의한 작업이다.

발산, 연관, 수렴 등으로 이루어지는 창의적 사고는 세계의 다양한 문제들을 해결해 나가는 데 필요하다. 창의적 문제 해결(creative problem solving)은 문제 해결의 결과가 창의적이라는 것과 더불어, 문제 해결의 과정이 창의적 사고에 의해 이루어진다는 것을 함축한다. 이와 같은 창의적 문제 해결 과정은 단지 사고의 발산, 연관만이 아닌 수렴 기능을 포함한다는 점에서 그간 대학 교양 교육에서 중시한 비판적 사고(critical thinking)와도 연결된다. 비판적 사고는 다양한 입장들의 검토 후에 최선의 판단을 찾아나가는 능력이자 태도라는 점에서 수렴적 사고의 체계화 기능과 상통한다.

창의적 문제 해결은 '문제 발견', '문제 해결책의 모색', '문제 해결'의 세 과정으로 진행되는데, 이 모든 과정에 창의적 사고는 필요하다. 먼저, 창의적 사고는 해결을 요하는 문제를 발견하는 데 필요하다. 문제 발견은 이전까지 아무도 문제라고 생각하지 않았던 것을 문제로 여기는 문제 제기로부터 시작된다. 역사적으로 우리가 아는 크고 작은 발견들은 일상의 작은 문제 제기로부터 나왔다는 사실을 기억할 필요가 있다. 고정관념으로부터의 탈피, 당연하다고 여겨 온 것에 대한 의심, 개방적인 태도, 호기심, 인내, 도전정신과 열정에서 비롯된 문제의 발견과 인식이 창의적 문제 해결을 가능케 해 왔다. 이러한 새로운 문제 발견은 타고나는 것이라 생각하기도 하는데 실상 창의성이 발현되기까지는 노력이 필요하다.

둘째, 창의적 사고는 문제 해결과 관련된 다양한 방법, 가설, 대안을 탐색하는 데도 필요하다. 문제 해결을 하려면 관련 정보(지식, 경험, 감정 등)를 분석하고, 상황(인적·물적 상황)을 고려하여, 여러 아이디어를 생성하고 해결 가능성을 탐색해야 한다. 그런데 이때 중요한 것은 얼마나 '많은' 방안을 '다양한' 각도에서 '독창적'으로 '정교하게' 제시하는가이다. 그러려면 다양한 방법, 가설, 대안을 고려해 보아야 한다. 이 과정에서 사고의 전환이 빈번하게 이루어져야 독창적인 해결책이 도출될 가능성이 높아진다. 이러한 새로운 문제 해결책의 탐색 역시 관심, 몰두, 다각적 사고가 있어야 가능하므로 창의적 사고를 위한 연습이 뒤따라야 한다.

셋째, 창의적 사고는 문제 해결을 위한 탐색의 결과들을 체계화하는 데 필요하다. 문제 해결을 하려면 여러 가능성들을 탐색하는 데서 더 나아가야 한다. 문제 해결을 위한 탐색 과정에서 제안된 다양한 방법, 가설, 대안이 어떤 결과를 낳을지 예측해 보고 그것들을 선별하여 의미 있는 것이 될 수 있도록 체계화해야 한다. 이러한 체계화는 여러 가능성들을 생각하여 그중 최선의 해결책을 선택하는 과정이나 새로운 대안을 생성해 내는 과정에서 이루어진다. 여기에 논리적 적합성에 부합하고 사회적 요구에 부응하려는 문제 해결책의 제시 역시 창의적 사고에 의한 것이다. 창의적 사고는 이처럼 문제 발견, 문제의 탐색, 문제의 해결에 없어서는 안 될 사고 기능이다.

2. 창의적 문제 해결을 위한 생각 도구

현대 사회는 새로운 변화에 신속히 적응하고 다양한 상황에서 발생하는 여러 문제들을 창의적으로 해결하는 능력을 필요로 한다. 이러한 창의적 문제 해결 능력은 지식과 관련이 있지만 많은 지식이 곧 창의적 문제 해결로 이어지는 것은 아니다. 관련 지식만 많이 아는 것보다 문제 해결의 방식을 아는 것이 더 필요하다. 지식 사회일수록 지식의 이해 능력보다는 적용과 창출 능력이 중요한데, 이러한 지식의 적용과 창출에 필요한 것이 바로 창의적 사고 능력이다.

창의적 사고에 기반을 둔 문제 해결은 어떻게 이루어질 수 있는가? 창의적 사고 능력은 어느 날 갑자기 주어지는 것도, 타고나는 것도, 단시간에 쉽게 얻어지는 것도 아니다. 끊임없는 노력과 훈련을 통해 얻을 수 있는 능력이다. 창의적 사고의 발현을 위해 훈련해야 할 몇 가지 생각 도구를 알아보자.

관찰과 창의적 관점

관찰(observation)은 특정 사물을 인지하거나 때로 체계적으로 주목하는 행위를 말한다. 이는 '곰곰이 살펴봄'을 의미하는 라틴어 observare에서 유래하며, 주로 눈과 관련이 있지만 오감의 다른 요소들도 관찰 기관이 된다. 관찰은 대체로 수동적인 감각의 수용으로 알려져 있지만, 주의를 기울이는 좀 더 능동적 활동이다. 비트겐슈타인L. Wittgenstein은 인간의 보기(seeing)가 관점에 따른 '국면보기'(seeing as)로 이루어진다고 보았다. 오리로도 토끼로도 보이는 게슈탈트 심리학의 '오리-토끼' 그림처럼, 하나의 대상은 관찰하는 자의 관점에 따라 다르게 보일 수 있다.

우리는 하루에도 많은 대상들을 관찰한다. 하지만 일상에서의 모든 관찰이 창의적인 것은 아니다. 창의적인 관찰은 기존의 관점과 다른 관점에서 대상을 보고 그것이 유용한 결과를 가져올 때 이루어진다. 다른 관점에서 본다는 것은 기존의 문화에서 관습화된 관찰을 하는 것이 아니라, 새로운 시선으로 세상을 보는 것을 의미한다. 목욕탕 물이 넘치는 것을 본 사람은 많았지만, 아르키메데스Archimedes는 그것을 물체의 무게 측정의 관점에서 보았기에 부력의 원리를 발견할 수 있었다.

창의적 관찰을 하려면 남들이 보는 것과 다른 국면에서 세상을 보려는 노력을 해야 하며, 또한 그러한 새로운 관찰이 유용한 결과를 가져올 수 있도록 하여야 한다. 물론, 관찰도 지식에 의존하기 때문에 기존의 문화적 시각을 넘어서서 새로운 국면에서 보는 것이 쉬운 것은 아니다. 하지만 다른 관점에서 대상을 관찰하면 기존에 보지 못했던 것을 볼 수 있고, 이는 우리가 보지 못하는 사각 지대를 줄이는 데 도움이 된다.

상상과 창의적 형상화

상상(imagination)은 상(像)의 형성, 즉 실제로 존재하지 않는 심상이나 개념의 형성을 말한다. 이는 '특정한 상의 형성이나 눈앞에 그려냄'을 의미하는 라틴어 imaginatio에서 유래한다. 흄D. Hume은 상상을 하나의 관념(idea)과 다른 관념을 연결하는 힘에 의해 이루어지는 것으로 보았다. 두 관념의 연결은 반인반수(半人半獸)인 켄타우로스처럼 기존에 알려진 인간과 동물의 합성 즉, 익숙한 것의 연결로 형상화(imaging)되기도 한다. 반면 <반지의 제왕>의 골룸처럼 기존에 존재하던 것의 결합이 아닌 새로운 방식으로 형상화되기도 한다.

우리는 현재 존재하는 세계 이외에도 상상의 세계를 갖는다. 하지만 모든 상상이 창의적 형상화를 가져오지는 않는다. 창의적 상상은 익숙한 연결이 아닌 새로운 결합으로 형상화될 때 이루어진다. 생텍쥐페리A. Saint-Exupery가 소행성과 지구라는 이질적인 두 공간을 연결짓지 못했다면 <어린왕자>와 같은 몽환적이고 아름다운 소설의 공간은 형상화되지 못했을 것이다. 또한 링컨A. Lincoln이 '흑인'과 '평등'을 연결하여 사고하지 않았다면 노예 제도가 폐지된 미국의 청사진을 형상화할 수 없었을 것이다.

창의적 상상을 하려면 세상의 많은 것들을 새로운 시선으로 연결지어 형상화하여야 한다. 새로운 학문적 연구도, 기업의 상품 개발도, 예술가의 창작도 처음에는 이질적인 것들을 연결짓는 것에서 비롯되었다. 서로 다른 것들을 연결짓는 상상은 기존에 없던 새로운 것을 형상화하는 데 기여하며, 우리가 살아가는 현실 세계를 확장하는 데 도움이 된다.

유추와 창의적 연결

유추(analogy)는 두 대상 간의 알려진 유사성으로부터 아직 알려지지 않은 것도 유사할 것이라고 추론하는 것을 말한다. 이는 분량, 성질, 기능의 상관관계를 나타내는 '비례'를 의미하는 그리스어 analogia에서 유래한 말이다. 유추는 문학적 비유와 혼동되기 쉬운데, 유사성을 강조하는 문학적 수사인 비유와 달리 추론을 통해 유사성으로부터 새로운 지식을 추출해 내는 방식이다. 유추는 두 개 또는 그 이상의 현상들이 어떤 속성·관계 또는 구조·기능에서 유사하게 대응하면 그로부터 다른 속성·관계, 구조·기능에서도 일치하거나 유사하리라고 추론하는 것을 말한다.

창의적 유추는 비교의 대상이 되는 두 영역이 이질적이지만 유추의 결과가 유의미한 추론을 말한다. 유사한 것들 간의 연결에 의한 유추는 그 결과를 예측하기 쉽지만, 다르거나 거의 무관한 것들 간의 유추는 그 결과가 새로운 것이기 쉽다. 맬서스T. Malthus

의 인구론으로부터 생물학의 적자생존을 유추한 다윈C. Darwin의 업적은 이질적 영역 간의 유의미한 유추의 예이다. 자원보다 인구가 증가하면 빈곤층과 기아가 생겨난다는 것으로부터, 자연계에서 '가장 적합한 개체'만이 살아남을 것이라고 추론한 것이다. 인구학에서 유추한 다윈의 적자생존은 여전히 진화생물학에서 수용되고 있다.

창의적 유추를 하려면 같은 범주에 속하지 않는, 거리가 먼 것들을 연결지어 유사성을 통찰하는 것이 필요하다. 서로 다른 전공 연구 간의 비교를 통한 유추나, 자연의 생태적 원리를 적용하여 새로운 발명을 해내는 것은 모두 창의적 유추에 해당한다. 이질적인 것에서 유사성을 파악하고 이로부터 알려진 것에서 새로운 것을 추론하는 것은 새로운 발견과 예측에 기여한다. 그리고 이것은 세계의 연결을 이해하고 지식을 확장하는 데 도움이 된다.

분석과 창의적 설명

분석(analysis)은 대상을 나누어 규명하는 인식 방법을 말한다. 이는 '복잡한 것을 단순한 요소로 나눈다.'는 의미의 그리스어 analyein에서 유래하며, 모든 학문적 인식의 기초가 된다. 일상적으로 분석은 어떤 쟁점이나 상황에 대해 심도 있게 조사하는 것을 말하기도 하지만, 생각 도구로서의 분석은 하나의 전체를 여러 부분들로 나누는 것을 의미한다. 데카르트R. Descartes는 학문에서 분석의 정신을 강조하면서 복잡하고 모호한 대상은 가장 단순한 것으로 나눈 후 다시 종합하는 과정을 거쳐야 인식될 수 있다고 하였다. 분석에는 특정한 기준이 전제되어 있으며 그 기준은 탐구자의 탐구 목표와 관련된다. 분석은 지식 생산의 출발점으로, 불가해한 대상을 질서 잡힌 의미의 체계로 만들어 준다.

하지만 모든 분석이 창의적 분석은 아니다. 창의적 분석은 새로운 분석 기준을 통해 기존에 설명되지 않았던 유의미한 정보를 제공하는 설명을 말한다. 분석은 기준에 따라 전체를 여러 요소로 나누는 것인데, 기준이 바뀌면 세계에 대한 설명도 달라진다. 옛 호적부는 남성 가장을 기준으로 체계화되었으므로 가족의 분석도 부계 혈통 중심으로 이루어졌다. 하지만 현재의 가족관계부처럼 가족의 분석 기준이 본인으로 변화하자 가족을 설명하는 범주도 한부모, 재혼, 1인 가구 등을 포괄할 수 있는 방식으로 변화하였다.

창의적 분석을 하려면 대상에 대한 새로운 분석 기준의 발견이 필요하다. 분석의 창의성 여부는 창안한 분석 기준의 새로움과 유용성에 달려 있다. 창의적 분석은 어떤 대상이든 탐구 대상에 대한 새로운 지식을 산출하는 데 기여한다. 그리고 이것은 세계에 대한 새로운 설명을 제공하는 데 도움이 된다.

해석과 창의적 이해

해석(interpretation)은 텍스트의 의미를 파악하는 것을 말한다. 이는 사이에서(inter) 교환하다(per)를 의미하는 라틴어 interpretari에서 유래하며 텍스트와 해석자 사이에서 이루어지는 이해의 행위를 말한다. 해석은 통상 텍스트의 의미를 파악하는 것으로, 텍스트에는 현상을 기술한 문서만이 아니라 그 문서에 기록된 사태 자체도 포함된다. 가다머H. Gadamer에 따르면, 해석은 텍스트와 해석하는 자의 역사적 지평 안에서 일어난다. 즉 해석 행위란 서로 다른 두 대상의 시공간적 한계 안에서 일어나는 대화라고 할 수 있다.

우리는 통상 해석의 망에서 의미를 파악하고 소통하지만, 모든 해석이 창의적 해석은 아니다. 창의적 해석은 해석자의 지평을 넓혀 새롭고 유의미한 이해를 도모하는 것이다. 기존의 상식이나 잘 정립된 학문적 대전제에서 개별적 사태를 연역해 내는 방식이 아니라, 그러한 해석들과의 갈등을 넘어 새로운 이해 지평을 넓히는 것을 말한다. 일례로, 러딕S. Ruddick은 모성의 핵심인 보살핌을 여성만의 특성이 아니라 성을 초월한 인간의 태도로 해석하였다. 이처럼 모성을 보살핌으로 넓혀 해석한 것은 기존에 여성의 덕목이라 여겨온 것을 보편적 인간 가치로 이해하게 하는 새로운 통로가 되었다.

창의적 해석을 하려면 기존의 전승의 한계를 인지하고 새로운 시선으로 세상을 바라보아야 한다. 기존의 해석 관습을 넘어설 수 있어야 하고, 과거의 해석을 현재의 상황에 맞게 재해석할 수 있어야 한다. 창의적 해석은 세계에 대한 새로운 이해를 도모하는 데 기여한다.

비판과 창의적 판단

비판(critique)은 판단의 타당성의 범위와 한계를 규명하는 기능을 의미한다. 이는 '구별하다', '판정하다'라는 뜻을 지닌 그리스어 krinein에서 유래하며, 판단의 타당성을 규명하는 것을 말한다. 협의의 비판은 부정적 평가와 연관되지만 광의의 비판은 어떤 판단의 타당성을 스스로 따져 보는 주체적 사고를 말한다. 칸트I. Kant는 비판을 '이성의 법정'에 비유했는데, 이는 기존에 타당한 판단이라 간주한 것들을 다시 주체적으로 사유해 보는 비판 정신을 의미한다.

하지만 모든 비판이 창의적 비판은 아니다. 창의적 비판은 판단의 타당성의 범위와 한계를 새롭게 설정하여 문제 상황에 적합한 대안적 판단을 제시하는 것이다. 즉, 양자택일이 어려운 상황에서 새로운 종합으로 적합한 대안을 제시하는 것을 말한다. 리우 환경 회의에서 이루어진 '경제 개발이냐 환경 보존이냐'의 딜레마에 대한 해결책은 창의적 비판의 결과로 이루어진 판단의 예로 볼 수 있다. 개발이냐 보존이냐의 딜레마 상황에서 '환경적으로 건전하고 지속 가능한 개발'을 채택한 것은, 두 가치 중 어느 하나도 포기하지 않고 대안적 판단을 제시한 것이다.

창의적 비판은 비판의 결과, 대안이 필요할 때 적절한 대안을 제시하는 것이다. 양자택일의 상황에서든, 일반적으로 대안이 필요한 상황에서든, 문제를 해결하려면 긍정적인 것은 취하고 부정적인 것은 지양할 수 있는 개념, 구성, 논리의 창안이 뒤따라야 한다. 이러한 창의적 비판은 기존의 접근들로는 문제를 해결할 수 없을 때 특히 유용하다.

3. 창의적 문제 해결과 의사소통

이러한 창의적 생각 도구들은 어떻게 창의적 문제 해결에 적용될 수 있을까? 읽기, 쓰기와 같은 의사소통은 창의적 사고력이 육성될 수 있는 적합한 장이다. 왜냐하면 읽기는 창의적 문제 해결을 담고 있는 양서와의 만남이고, 쓰기는 창의적 문제 해결을 직접 실천해 보는 장이기 때문이다. 특히 대학에서의 학문적 문제 해결 과정에는 읽기와 쓰기가 수반된다. 따라서 읽기와 쓰기와 같은 의사소통에서 창의적 사고를 연습해 보는 것은 장차 전공과 직업 분야에서 다양한 문제들을 해결해 나가는 데 도움이 될 것이다.

의사소통이란 말, 글을 이용하여 서로 정보를 교환하고 관계를 맺으며 서로를 이해하고 서로에게 영향을 끼치려는 과정이나 행위를 말한다. 우리는 말 혹은 글을 통해 우리의 생각과 감정을 다른 사람에게 표현하고 다른 사람의 말 혹은 글을 통해 그 사람의 생각과 감정을 이해한다. 곧 의사소통이란 발신자가 의미를 메시지로 기호화하여 보내면 수신자가 그 메시지를 받아 의미를 풀어내는 활동이라고 할 수 있다. 창의적 문제 해결의 전 과정에서 의사소통은 매우 중요한 역할을 한다. 그것은 문제를 인식하고, 해결 방안을 모색하고, 해결책을 선택하는 모든 과정에서 가장 효과적인 해결책을 선택하는 길로 이끌어 준다.

먼저 문제를 인식하는 단계부터 살펴보자. 문제의 인식은 문제 해결을 위한 첫 단추이기 때문에 정확한 문제 인식은 매우 중요하다. 그러나 정확한 문제 인식은 쉽지 않다. 개인의 편견, 선입견 등의 고정관념, 사회적 통념, 도덕, 관습 등이 정확한 문제 인식을 방해하기도 하고, 통상 우리가 해결해야 하는 문제들이 단순하지 않고 다양한 맥락과 수준에서 다른 문제들과 다층적으로 얽혀 있는 경우가 대부분이기 때문이다. 따라서 정확한 문제 인식을 위해서 다른 사람의 의견을 듣거나 다양한 자료(저서, 논문)들을 수집하여 읽으며, 문제의 원인과 현황 등을 분석하고 문제 상황 전체를 바르게 파악하는 것이 무엇보다 중요하다.

문제 해결 방안을 생성하는 단계도 마찬가지이다. 문제 해결 방안에 대한 서로의 생각을 공유하는 것은 그 자체로 의사소통이라 할 수 있다. 다른 사람의 의견을 듣거나 이미 제시된 문제 해결 방안을 검토하는 것은 다양한 해결 방안을 생성하는 데 도움이 된다. 또한 자신의 해결 방안을 말하거나 글로 써보는 것은 해결 방안의 공유뿐만 아니라 개선을 위해서도 중요하다. 다른 사람의 생각을 개선하거나 다른 사람의 생각과 결합함으로써 더 좋은 방안, 독창적인 방안을 생산해 낼 수 있게 되기 때문이다. 이것은 브레인스토밍 기법의 네 가지 원칙 중 하나인 결합과 개선의 원칙(Synergy)과도 일맥상통한다.

문제 해결책을 선정하는 단계에서의 소통은 자신의 해결 방안을 표현하고 타인을 설득하는 과정을 포함한다. 실생활의 문제 해결은 다양한 인적 구성원의 이해와 갈등을 포함하고 있으며 한정된 물적 자원의 한도 내에서 이루어진다는 면에서 더욱 그러하다. 자신의 생각을 말과 글로 정확하게 표현하는 일은 내 문제의식의 정당성, 해결책의 합리성과 창의성을 검증받는 일이기도 하다 그렇기 때문에 정확한 이해 능력과 설득력 있는 의사 전달 능력이 문제 해결을 위해 꼭 필요하다 하겠다. 그럼 다음에서 창의적 문제 해결을 위한 의사소통 방법을 읽기와 쓰기를 중심으로 좀 더 자세히 살펴보자.

1) 읽기와 창의적 문제 해결[1)]

(1) 읽기의 의미

우리는 일상생활 속에서 다양한 종류의 글을 읽는다. 버스나 지하철 안에서 수많은 광고의 문구를 읽는가 하면, 종이나 전자책으로 만들어진 책을 읽기도 하고, 신문에 실

1) 이 항의 내용은 가톨릭대학교 교양교육원, 『분석과 창의적 문제 해결』, 가톨릭대학교출판부, 2005의 103~144쪽의 내용을 간추려 정리한 것임. 더 자세한 내용은 위의 책을 참조할 것.

린 기사 혹은 학교나 회사의 홈페이지에 올라온 공지를 읽기도 한다. 또한 도착한 메일을 읽거나 관심 가는 인터넷 블로그나 카페의 글을 읽기도 한다. 이렇듯 우리의 삶은 읽기의 연속으로 이루어져 있다. 그러나 일상적·반복적으로 일어나는 '읽기'라는 활동이 모두 같은 방식으로 이루어지는 것은 아니다. 지하철 안에서 소일거리로 신문이나 잡지의 기사를 읽을 때와 과제를 해결하기 위해 책을 읽을 때의 읽기 태도와 방법은 다를 것이다. '읽기'는 대상이 된 텍스트, 텍스트를 읽는 독자, 그리고 읽기 목적에 따라 각각 다른 활동이 되기 때문이다.

글을 읽는 목적에는 여러 가지가 있다. 무엇에 대한 깊이 있는 이해를 위해서 읽기도 하고, 정보를 얻기 위해, 오락을 위해, 시간을 보내기 위해 읽기도 한다. 읽기는 목적에 따라 방법을 달리한다. 정보를 얻기 위해 글을 읽는 경우, 독자는 주어진 글에서 원하는 정보를 빠르게 얻어내는 읽기를 하지만 오락을 목적으로 읽는 경우에는 눈이 가는 대로 읽고 싶은 부분을 읽는다. 무엇인가에 대한 깊이 있는 이해를 목적으로 하는 경우에는 꼼꼼하게 그리고 다각도로 생각하면서 지성적인 측면뿐 아니라 정서적인 측면으로도 자기 나름대로 의미를 재구성하며 읽는다.

읽기는 텍스트에 따라서도 달라진다. 사용 설명서나 베스트셀러 도서는 일반적으로 읽기에 큰 곤란을 겪지 않는다. 하지만 학술 논문이나 학술 저서, 동서양의 고전 등은 읽기 훈련을 통해 일정 수준 이상의 독해 능력을 갖춘 독자가 아니면 이해하기 어렵다. 어려운 단어가 많이 나오는 텍스트, 문장이 통사적으로 복잡한 텍스트, 중심 내용이 함축적이거나 모호한 텍스트, 배경 지식이 있어야만 이해할 수 있는 텍스트 등도 쉽게 읽히지 않는다.

마지막으로 독자에 따라서도 읽기는 달라진다. 우리는 동일한 텍스트에 대한 이해가 서로 다른 것을 종종 경험한다. 이것은 읽기가 상당 부분 개별 독자에 의존하고 있는 활동임을 보여 준다. 특히 독자의 배경 지식, 경험, 사고력 등이 읽기에 큰 영향을 미친다. 아무리 뛰어난 사고능력을 가진 독자라도 관심 분야 혹은 전공 분야가 아닌 생경한 텍스트를 처음 접한 경우에는 그것을 이해하는 데에 많은 노력을 기울여야 한다. 즉 어느 한 가지 능력만으로 읽기가 수월하고 올바르게 이루어지는 것은 아닌 것이다.

읽기를 좀 더 체계적으로 그리고 제대로 하기 위해서는 읽기가 무엇인지 진지하게 생각해 볼 필요가 있다. 읽기가 무엇인지 단정적으로 말하는 것은 어렵다. 하지만 분명하게 이야기할 수 있는 것은 읽기가 단순히 텍스트에 존재하는 수많은 문자, 어휘와 같은 언어 기호의 의미를 파악하는 활동이 아니라, 그 뒤에 자리하고 있는 글쓴이의 사고를 이해하고 평가하는 과정이라는 것이다. 단순한 문자 해독을 넘어서 글쓴이의 사고에 대한 이해와 평가 과정이기 때문에 우리는 읽기 과정 중에 엄청난 사고 활동을 경험한다. 이러한 복잡한 사고 과정의 결과로 새로운 지식이나 유용한 정보를 습득하기도 하고, 기존의 견해나 관점을 수정하기도 하고, 글쓴이의 관점이나 글의 내용을 비판하기도 한다.

이처럼 읽기란 글쓴이의 생각이나 의도, 글쓴이가 전달하고자 하는 정보, 지식 등을 일방적으로 수용하는 과정이 아니라 독자가 자신의 지식과 경험을 기초로 하여 의미를 새롭게 구성하는 행위이다. 따라서 읽기는 글을 쓴 필자와 독자 간의 대화, 즉 의사소통 과정으로 이해할 수 있다.

(2) 읽기의 과정

읽기는 침묵하는 필자와의 대화이기 때문에 내가 필자의 뜻을 잘못 읽었다고 해서 필자가 이를 바로잡아 주지 않는다. 상호 간에 소통이 잘못 이루어질 가능성이 큰 것이다. 따라서 글을 읽을 때에는 단순히 문자 하나하나를 따라가는 데 그치지 말고, 문자의 의미를 파악하면서 문자 뒤에 숨은 뜻을 파악하고, 글쓴이의 관점을 파악하는 한편 글쓴이가 글을 쓴 목적과 의도를 파악하는 것이 좋다. 또한 이렇게 파악한 것을 그대로 받아들이기보다는 자신의 지식, 경험, 관점 등에 견주어 비판하거나 평가한 후 수용 여부를 결정해야 한다. 그리고 여기에서 얻은 생각들을 자신 혹은 사회 문제에 적용하여 당면한 문제에 답을 얻을 수도 있어야 한다. 이와 같은 과정 하나하나가 제대로 이루어져야 창의적 읽기로 나아갈 수 있을 것이다.

① 축어적 읽기

축어적 읽기는 글 속에 명시적으로 드러나 있는 내용을 사실 그대로, 어휘 자체의 의미에 충실하게 읽으면서, 텍스트의 내용과 구조를 정확하게 파악하는 읽기이다. 다시 말해 텍스트의 표층 읽기라고 할 수 있다. 이때 파악해야 하는 것은 글쓴이가 이 글에서 말하고 있는 것 가운데 가장 중요한 것이 무엇인가이다. 이를 우리는 흔히 글의 주제라고 하는데 글의 주제란 글을 지배하는 핵심적인 주장 혹은 사실이다. 그런데 글의 주제가 명시적으로 한 문장으로 제시되어 있는 경우는 거의 없다. 어떤 유형의 글이든 주제는 글 전체에 녹아들어 있기 마련이다. 따라서 글의 주제를 파악하기 위해서는 글을 꼼꼼하게 읽어야 한다.

■ 용어

필자가 사용하는 용어에 유의하며 읽어야 한다. 일반적으로 글을 읽을 때에 의미 파악이 안 되는 경우의 대부분은 모르는 용어가 나왔을 때이다. 지금은 사용되지 않는 용어, 전문 용어, 특수 용어, 신조어 등이 나왔다면 용어의 의미를 정확하게 파악하지 않고서는 글의 의미를 제대로 파악하기 힘들다.

의미를 알고 있는 용어라고 하더라도 그 의미가 여럿인 경우 글의 맥락에 어울리는 의미가 무엇인지 생각해 보아야 한다. 글쓴이가 사용한 의미와 독자가 이해하는 의미가 다르다면 원활한 의사소통이 이루어지기 어렵다. 일상적으로 쓰이는 용어라도 글쓴이가 그 의미를 한정하여 쓰는 경우도 있기 때문에 글쓴이의 의도를 잘 파악하면서 읽어야 용어의 의미도 정확하게 파악할 수 있다.

글을 읽고 난 후 글쓴이가 가장 중요한 의미로 사용하고 있는 용어 즉 핵심 용어들이 무엇인지 찾아내고, 그 의미를 정확하게 파악하는 것도 중요하다. 핵심 용어의 파악이 글 전체의 의미를 파악하는 것과 맞물려 있기 때문이다.

■ 문장

문장은 한 편의 글 속에서 완결된 생각이나 느낌을 표현하는 가장 작은 단위이다. 용어의 열거만으로는 글쓴이의 생각을 표현하기 어려우며 조사나 접속사, 연결어미나 종결어미를 사용함으로써 가장 작은 단위의 생각 혹은 느낌을 완성한다. 이렇게 단어가 모여서 문장이 되고, 문장이 모여서 단락이 된다. 따라서 문장의 의미를 파악하는 것은 단락의 의미를 파악하는 기초가 된다. 문장의 의미 파악이 어려운 경우에는 문장 구조를 해체시켜 몇 개의 문장으로 나누어 살펴보면 그 의미를 이해하는 데에 도움이 된다.

글을 읽을 때에는 각 단락에서 중심 문장을 찾는 것이 중요하다. 각 단락의 중심 문장은 소주제문이며, 그 소주제문들이 모여 글 전체의 주제문을 형성한다. 즉 단락이 모여 한 편의 완성된 글을 이룬다. 글쓴이의 주장이나 판단을 나타내는 중심 문장을 찾는 일은 글 전체의 중심 생각인 주제를 찾기 위한 과정이다. 중심 문장은 핵심 용어를 파악하면 비교적 쉽게 찾을 수 있다. 핵심 용어를 포함하고 있는 문장이 중심 문장인 경우가 많기 때문이다.

■ 구성

글의 구성을 파악하기 위해서는 먼저 단락이 나누어져 있는 상태를 파악하고 그 단락 간의 관계를 정리해 보는 것이 좋다. 몇 개의 어구를 모르거나 한두 문장의 의미가 이해되지 않는다고 하더라도 단락의 구성 상태를 잘 파악하면 그 부분의 뜻을 짐작하여 알아낼 수가 있다. 일일이 용어의 의미를 찾아보기 어려운 환경에 놓였을 때, 또는 문장을 여러 번 반복하여 읽는 것만으로는 의미 파악이 어려울 때, 단락의 구성 상태를 파악하는 것은 지혜로운 읽기가 될 것이다. 이는 읽기에서 그만큼 단락 구성의 이해가 중요하다는 것을 의미한다.

단락의 관계를 파악하면 글의 도입부와 종결부 그리고 중심 메시지를 상세히 담아 놓은 본 내용의 구성도 파악할 수 있다. 도입부와 종결부에는 글을 쓴 목적이 드러나 있기 마련이므로 이와 같은 글 전체의 구성 상태를 알아낸다면 글쓴이의 의도를 파악하기 쉽다.

보통 글의 구성은 자연적 구성과 논리적 구성으로 나뉘는데 자연적 구성은 시간과 공간에 따라 자연스럽게 전개해 나가는 방식이다. 논리적 구성은 일정한 논리에 따라 자연스럽게 전개해 가는 방식으로, 원인과 결과에 따라 자료를 배열하는 인과적 구성, 일반 원칙에서 개별적 결론에 이르는 연역식 구성, 개별적인 사실에서 일반 원칙에 이르는 귀납식 구성, 화제의 유형에 따라 자료를 배열하는 화제별 구성, 글쓴이의 논리나 의도대로 글을 구성하는 단계식 구성 등이 있다. 이러한 글의 일반적 구성의 원리를 기억하면서 글이 어떠한 구성으로 이루어졌는지를 파악하는 것은 글의 내용을 이해하는 데에 큰 도움을 준다.

② 추론적 읽기

추론적 읽기는 텍스트의 이면 읽기 혹은 심층 읽기라고도 할 수 있는 것으로, 텍스트에 명시되어 있지 않은 내용들을 추론하며 읽는 방법이다. 추론적 읽기를 통해 텍스트의 의미를 더 정확하고 풍부하게 이해할 수 있다.

■ 글쓴이의 의도

글쓴이의 의도를 정확하게 읽는 것은 글을 바르게 이해하기 위해 꼭 필요한 활동이다. 글을 쓴 목적은 대부분의 경우 텍스트의 유형, 즉 선택된 장르의 특성으로 드러나기 때문에 글쓴이가 어떤 목적으로 글을 썼는가를 대략적으로 파악하는 일은 어렵지 않다. 신문 보도 기사의 경우 소식을 알리는 데 목적이 있고, 신문 사설의 경우는 어떤 문제에 대한 신문사의 입장을 밝히는 데 목적이 있으며, 비평의 경우 어떤 사안 혹은 대상에 대하여 평가를 내리려는 목적이 있다.

텍스트의 유형으로 파악할 수 있는 글의 목적 이외에 책의 서문이나 일러두기, 글의 서론 혹은 도입부에서 집필 의도를 구체적으로 밝힌 경우에는 그것을 쉽게 확인할 수 있다. 하지만 그렇지 않은 경우라면 독자가 추론하여 그것을 찾아내야 한다. 글쓴이가 표면적으로 글의 목적을 밝혀 놓았다고 하더라도 이면적으로는 다른 집필 의도를 가지고 있을 수도 있다. 이러한 경우 표면적인 의도보다 이면적인 의도가 더 중요할 수 있으므로 주의 깊게 살펴 읽어야 한다.

■ 함축적 의미

글의 함축적 의미란 암시적 혹은 내포적인 의미를 말한다. 문자의 사전적 의미 이외에 맥락이나 상황에 따라 발생하는 함축적 의미는 크게 관습적인 표현과 개성적인 표현으로 나누어 생각할 수 있다. 관습적인 표현에서 나타나는 함축적인 의미는 유사한 상황의 반복 경험으로 알 수 있는 것이다. 개성적인 표현에서 나타나는 함축적인 의미는 글쓴이가 전하고자 하는 메시지를 겉으로 나타내기보다 장치를 동원하여 숨겨 놓을 때에 생기는 경우가 대부분이다. 그러나 간혹 글쓴이의 의도와는 상관없이 함축적 의미가 발생하기도 한다.

우리가 특히 함축적 의미를 많이 고려하며 읽는 텍스트는 시이다. 시어의 함축적 의미는 그 언어가 풍기는 분위기라든가 암시, 연상, 상상적 의미 등을 포함한다. 글에 명시적으로 드러나 있지는 않지만 독자가 글의 분위기, 암시, 연상 등을 통해 글의 맥락으로부터 이끌어낼 수 있는 함축적 의미는 텍스트에 대한 올바른 이해에 필요할 뿐만 아니라 풍요로운 해석에 이를 수 있도록 한다.

■ **관점**

관점이란 글쓴이가 사물(소재)이나 현상(주제)을 보는 입장이나 견해이며, 가치 판단의 기준이다. 어떤 관점에서 바라보느냐에 따라 그것들은 전혀 다른 대상으로 인식된다. 관점에 따라 문제를 해결하는 방안이나 결론은 달라지게 마련이다. 그러므로 관점을 파악하기 위해 글의 결말에서부터 역으로 추론해 볼 수도 있다.

우리는 늘 합리적인 인식을 추구하며, 객관적인 관점을 견지하려고 하지만 실제로는 어느 쪽으로도 치우치지 않고 불편부당한 입장을 취하는 것은 매우 어렵다. 우리는 자신도 모르게 자라온 환경, 성격, 종교, 신념 등에 영향을 받아 사고하며, 또 한편으로는 우리가 속한 사회의 제도, 관습, 이데올로기 등에 의해 사고의 제약을 받기 때문이다. 따라서 관점을 올바르게 파악하기 위해서는 문면에 나타나 있는 글쓴이의 주장 이외에도 글쓴이의 성향이나 글이 실린 지면의 특성 등을 알아보는 것도 도움이 된다.

■ **맥락**

모든 텍스트는 크게 두 줄기의 맥락이 교차하는 지점에 존재한다. 우선 텍스트는 시대의 산물이다. 텍스트는 그것이 출현한 한 시대의 정치, 문화, 역사, 규범, 관습 등의 영향을 받아 생성된 것이다. 따라서 텍스트가 위치하고 있는 시대적 의미를 파악하는 것은 텍스트가 의미하는 한 축을 찾아내는 것이라고 할 수 있다. 다음으로 텍스트는 작가의 산물이다. 작가의 태생적인 환경이나 학습 환경, 창작 당시의 상황이나 성향, 가족이나 인간관계 등이 텍스트를 산출하는 데에 영향을 미친다. 때문에 작가에 대한 고려도 필수적이라 할 수 있다. 텍스트의 의미를 텍스트 그 자체만으로는 완성시킬 수 없는 이유가 여기에 있다. 텍스트의 의미를 정확하게 파악하기 위해서는 이러한 맥락 속에서 텍스트의 의미를 구성해 보아야 한다.

③ **평가적 읽기**

평가적 읽기는 글의 내용, 표현, 글쓴이의 관점, 태도, 글의 가치 등에 대해 평가하며 읽는 방법을 말한다. 평가하며 읽는 것은 여러 가지 준거에 의해 분석된 것을 바탕으로 텍스트의 내용과 형식의 적절성, 정확성, 정당성(타당성), 효율성 등을 따져보는 독자의 주체적인 평가 과정이라고 말할 수 있다. 이때 평가의 준거를 글 자체의 내용에서 찾는 텍스트 내적 평가 방법과 평가의 준거를 텍스트 외에서 찾는 텍스트 외적 평가 방법으로 나눌 수 있다.

텍스트 내적 평가는 축어적 읽기 과정에서 평가할 수 있는 항목들 예를 들면, 용어 및 문장 표현은 분명하고 명료한지, 단락의 연결은 긴밀한지, 글 전체의 구조는 짜임새가 있는지, 내용은 논리적으로 전개되고 있는지, 글 전체에 통일성 및 일관성이 있는지, 글의 내용은 사실이며 믿을 만한지 등을 평가하며 읽는 것이다.

반면, 텍스트 외적 평가는 텍스트가 사회 통념이나 윤리 등에 반하지는 않는지, 텍스트에 제시되어 있는 정보는 효용성이 있는지, 글쓴이의 관점은 깊이 있고 폭 넓은지 등을 평가하며 읽는 것이다. 텍스트에 나타난 필자의 논리가 자체적으로 정합한지를 따지는 것이 텍스트의 내적 평가라면, 텍스트 외적 평가는 보다 포괄적인 관점 혹은 다른 관점에서 텍스트를 평가하는 것을 말한다.

평가하며 읽기 단계에서는 글쓴이의 사고에 대한 종합적인 평가가 이루어지는데, 우리가 다른 사람의 글을 평가하며 읽는 것은 다른 사람의 사고에 대한 평가뿐 아니라 나 자신의 사고를 돌아보는 행위가 된다는 점을 기억할 필요가 있다. 우리는 자신의 생각이 어디서 기원하는지, 내가 자라 온 시대의 정치, 문화, 역사적 환경으로부터 얼마나 많은 영향을 받고 있는지, 나의 사고가 얼마나 많은 편견이나 선입견에 사로잡혀 있는지를 종종 망각하곤 한다. 다른 사람의 글을 비판적으로 평가하며 읽는 과정은 자신의 사고를 반성적으로 점검하게 하는 계기를 마련한다는 점에서도 큰 의의가 있다.

④ **창의적 읽기**

창의적 읽기는 평가의 결과를 새로운 상황에 적용하거나 확장하는 읽기로 평가적 읽기의 결과에 대한 활용 과정이라고 할 수 있다. 우리는 흔히 '창의적'이라고 하면 '기발함'이나 '새로움', '특이함' 등을 떠올리게 된다. 그러나 읽기에서의 창의성이란 일반적으로 이해하고 있는 창의성과는 다르다. 그것은 텍스트에서 출발하여 텍스트 밖으로 나아간다는 점이다. 이때 어디까지 나아가는지, 어떻게 나아가는지는 전적으로 독자의 능력에 달려 있다고 할 수 있다.

앞서 평가하며 읽기에서 비판적으로 글을 읽는 독자는 텍스트의 내용, 표현, 구성, 글쓴이의 의도, 목적, 관점, 텍스트의 생성 배경, 글의 효용성 등에 관해 종합적인 평가를 하며 글을 읽는다고 하였다. 창의적 읽기는 종국에 이러한 읽기의 결과로서 독자가 주체적인 사고를 형성하며 읽는 것을 말한다. 글쓴이의 생각에 동의할 수 없다면 나는 어떻게 생각하는지, 그 문제와 관련하여 어떤 새로운 관점을 제안할 수 있는지, 문제의 해결 방안이나 대안이 잘못 모색되었다면 더 바람직한 해결책이나 대안은 무엇인지, 이 문제를 오늘날의 문제와 어떻게 관련시켜 이해할 수 있는지 등 주체적으로 자신의 생각을 형성하며 읽는 것이다.

(3) 창의적 읽기를 위한 질문 구성

이렇게 창의적 읽기의 과정을 나누어 설명했지만 이러한 구분은 편의상의 구분일 뿐 실제로 읽기는 위의 순서대로 이루어지는 것이 아니라 각 과정들이 통합적으로 이루어진다. 즉 창의적 읽기는 문자의 의미를 파악하고, 그 이면의 의미를 추론하며 텍스트 내외에 대한 평가를 내리는 사고 활동과 동시에 이루어지는 것이 일반적이다.

읽기가 문자 언어인 글로 표현된 작가의 사고와 만나는 과정이라고 할 때, 제대로 된 읽기란 '텍스트를 얼마나 잘 이해하고 평가하느냐?'라고 할 수 있다. 그렇다면 읽기를 제대로 하려면 어떻게 하는 것이 좋은가? 읽기 역시 하나의 능력이기 때문에 읽기 능력의 배양을 위해서는 우선 많이 읽는 것이 좋을 것이다. 그러나 무턱대고 많이 읽는다고 제대로 된 읽기가 이루어지는 것은 아니다. 제대로 된 읽기를 하기 위해서는 오랜 시간에 걸친 연습과 아울러 효과적인 전략이 필요하다. 글을 읽을 때 효과적인 전략 가운데 하나는 질문을 던지며 읽는 것이다. 그러나 질문에 대한 답을 필자가 직접 해 주지는 않는다. 텍스트를 종횡무진 누비면서 내가 던진 질문들에 대한 답을 찾아 나가야 한다. 그렇다면 어떤 질문들을 던지며 읽어야 할까? 창의적 읽기로 나아가기 위한 질문들은 다음과 같다.

❖ 질문 예시

- 글쓴이가 말하고자 하는 핵심적인 주장은 무엇인가?
- 이 글의 구성은 어떠한가?
- 이 글의 핵심어와 그 의미는 무엇인가?
- 글쓴이의 주장을 뒷받침하는 이유, 근거는 무엇인가?
- 글쓴이가 이 글을 쓴 목적, 의도는 무엇인가?
- 글쓴이가 이 글에서 암묵적으로 주장하고 있는 것은 무엇인가?
- 글쓴이의 주장으로부터 이끌어져 나올 수 있는 주장은 무엇인가?
- 글쓴이는 어떤 관점을 지니고 있는가?
- 이 글은 어떤 역사, 사회, 문화적 맥락 안에서 생산되었는가?
- 이 글의 용어 및 문장 표현은 분명하고 명료한가?
- 이 글의 구성은 통일성이 있는가?
- 글쓴이의 주장은 사실이며, 중요하고 가치가 있는 것인가?
- 글쓴이가 주장의 근거로 든 내용은 적합하며 논리적 모순은 없는가?
- 글쓴이의 주장을 따를 경우 어떤 문제들이 생겨나겠는가?
- 글쓴이의 관점과 다른 관점은 어떤 것이 가능하겠는가?
- 글쓴이의 문제 해결 방식이 타당하지 않다면, 이 문제에 대한 다른 대안이나 바람직한 해결 방안은 무엇이 있는가?
- 오늘날 문제에 적용할 만한 아이디어는 무엇인가?

2) 쓰기와 창의적 문제 해결

(1) 쓰기의 의미

쓰기 역시 읽기와 마찬가지로 창의적 문제 해결 능력이 필요한 사회적 의사소통 행위이다. 인간의 언어생활에는 듣기와 말하기, 읽기와 쓰기가 있다. 이들 언어 활동은 인간의 사회 활동을 위해 필수적이다. 그러나 태어나면서부터 자연스럽게 배우고 익히는 듣기, 말하기와는 달리 읽기, 쓰기는 좀 더 의식적인 노력과 훈련을 필요로 한다. 쓰기는 논리적인 사유 과정을 요구한다. 쓰기는 일반적 의사소통 행위보다 더 체계적이고 논리적이다. 특히 한 편의 잘 쓴 글은 말로 표현하는 것보다 훨씬 효과적인 의사소통을 가능하게 한다. 또 글을 쓰는 행위는 그 자체로 주체적 활동을 유도하고, 논리적 사유를 가능하게 한다. 글을 쓰는 행위만으로도 보다 논리적인 사고력과 고차원적인 언어 표현 능력을 갖게 되는 것이다.

우리는 쓰기를 통해 다양한 소재를 다채롭게 담아낼 수 있다. 무엇보다 우리는 쓰기를 통해 하나의 현상이나 사실에 대해 새로운 의미를 부여하고, 그 결과물을 다시 다른 사람에게 전달한다. 글쓰기는 동일한 생산물을 만들어 내지 않는다. 항상 새로운 생산물을 만들어 낸다. 그것은 결국 수많은 정보와 지적 활동으로 이어지며 나아가 모든 학문적 행위의 토대가 된다.

글을 쓰는 것은 궁극적으로 자신의 내면을 발견해 가는 작업이다. 대개의 사람들은 자신이 스스로에 대해 충분히 알고 있다고 생각하지만, 꼭 그렇지만은 않다. 사회적 존재로서의 인간은 타인의 시선, 그들과의 관계를 통해 자신의 정체성을 형성해 나가는데, 외부 세계와의 복합적인 상호 작용 속에서 자칫하면 자신의 내면을 제대로 인식하지 못하는 경우가 허다하다. 글쓰기는 이러한 개인의 인식적 한계를 극복할 수 있는 중요한 수단이다.

(2) 쓰기의 과정

글을 쓰는 것은 보이지 않는 독자와 대화하는 것이다. 그러나 이 대화는 서로에 대한 즉각적 피드백이 불가능하다. 글쓴이가 아무리 친절하게 설명하더라도 오해하는 독자가 생길 수밖에 없다. 독자의 오독을 최소화하기 위해서는 타당한 주장과 합리적인 논거를 사용해야 하며, 체계적이고 전략적인 구성을 취해야 한다. 일반적으로 글쓰기는 '글감 찾기 → 주제 잡기(주제 좁히기) → 자료 수집 및 분석하기 → 구성하기 → 글쓰기 → 고치기' 과정을 거치는데, 이 과정은 우리가 일상생활에서 문제를 인식하고 이 문제를 해결하기 위한 다양한 방법들을 모색하고, 해결책을 찾아 표현하는 활동과 관계된다. 따라서 글쓰기는 곧 문제 해결의 과정이라 할 수 있다.

① 글감 찾기

좋은 글을 쓰기 위해서는 좋은 글감을 발견할 수 있어야 한다. 참신하고 적절한 글감을 통해 글쓴이는 글의 세부 주제와 주요 주장, 논거 등을 결정할 수 있다. 좋은 글감을 발견하기 위해서는 주변의 사물과 현상을 주의 깊게 관찰하면서 의문점을 발견하거나, 또는 특정 사건에 대해 자신의 입장을 명확하게 정리할 수 있어야 한다. 일반적으로 글감을 찾는 과정에서는 자유 연상이나 마인드맵, 브레인스토밍 등의 방법을 사용한다. 사소해 보이지만 글을 쓰는 시작 단계에서 매번 적용하는 습관을 들이면, 좋은 글을 쓰는 데에 큰 도움을 받을 수 있다.

▪ 자유 연상

언어는 우리의 생각이나 느낌을 다른 사람들에게 전달하기 위해 고안된 도구이다. 바로 이런 이유 때문에 언어는 논리적 체계를 갖고 있다. 인간은 이처럼 논리적 체계를 갖고 있는 언어를 통해 추상적 사고가 가능하며, 타인의 생각이나 감정을 나의 것으로 받아들일 수 있다. 하지만 역설적으로 인간은 언어를 사용하면서 논리의 체계에 갇혀 자유로운 상상력을 방해받기도 한다. '반값 대학 등록금'을 주제로 글을 쓴다고 가정해 보자. "대학 등록금이 너무 비싸다 → 반값으로 낮추면 좋겠다 → 대학 재정이 고갈될 것이다 → 정부가 지원해 주어야 한다 → 국민이 세금을 더 내야 한다"라는 식의 발상은 논리적 흐름을 갖고 있지만 참신한 글감으로서는 뭔가 부족하다. 누구나 생각할 수 있는 아이디어로는 좋은 글을 쓰기 어렵다. 이럴 때에는 논리적 제약에서 벗어나는 자유 연상을 통해 새로운 아이디어를 생성해 보는 것이 좋다. "대학 등록금이 너무 비싸다 → 학자금 대출 제도를 이용하자 → 사교육비를 줄여야 한다 → 그 돈으로 등록금을 내자 → 대학을 2년제로 바꾸자"라는 식의 발상을 생각해 볼 수 있다. 물론 여전히 반값 등록금에 대해 참신하고 유용한 해법을 도출하지는 못했다. 하지만 첫 번째 발상에 비해 좀 더 다양하고 새로운 글감을 확보한 것은 분명하다. 이처럼 자유 연상법은 새롭고 다양한 아이디어를 개발하는 데에 유용한 글감 찾기 도구이다.

▪ 마인드맵

마인드맵은 새로운 글감을 찾는다는 점에서는 자유 연상법과 같지만, 자신의 생각을 지도처럼 시각화시킨다는 점에서 조금 다르다. 일반적으로 인간의 두뇌는 추상적인 언어 기호보다 지도 같은 구체적 이미지에 더 활발하게 반응한다. 따라서 머릿속에 떠오르는 생각들을 짧은 단어로 적고, 각 단어들 간의 관계를 선으로 긋다 보면 자유 연상법과는 또 다른 새로운 아이디어들이 생성된다. 특히 마인드맵은 하나의 중심 아이디어에서 주변 아이디어로 생각을 확장해 나가는 데에 유용하다. 그리고 자신의 사유 과정 전체를 한눈에 파악할 수 있어 중심 주제와 관련된 개념이나 구조를 파악하는 데에도 도움이 된다.

② 주제 잡기(주제 좁히기)

글감 찾기와 주제 잡기는 고정된 선후 관계가 아니다. 주제를 먼저 정하고, 해당 주제와 관련된 글감을 찾기도 하고, 또 글감을 찾아가다가 좀 더 구체적인 주제를 확정하기도 하기 때문이다. 일반적으로 한 편의 글을 쓸 때에는 분명한 아이디어를 갖고 시작하거나 또는 특정한 과제를 미리 부여받는다. 이러한 아이디어나 과제는 그 자체로 이미 '주제'를 이루지만 글감을 찾는 과정에서 좀 더 구체화된 새로운 주제를 잡는 것이 좋다.

'바람직한 대학 생활'을 주제로 글을 쓴다고 가정해 보자. 자신이 생각하는 바람직한 대학 생활에 대해 일필휘지로 써내려갈 수 있는 사람은 거의 없을 것이다. 일반적인 대학 생활의 모습에서 바람직한 부분과 그렇지 않은 부분을 구분하고, 각각의 현황과 원인, 대책 등에 대해 고민해야 할 것이다. 그리고 글감들을 모아가는 과정에서 보다 구체적인 세부 주제를 확정하게 될 것이다. 이처럼 글쓰기 처음 단계에 주어진 주제를 '가주제'라 하고, 글감 수집 과정에서 확정된 세부 주제를 '참주제'라 부르기도 한다. 그러나 이러한 명칭을 떠나 한 편의 글을 쓰는 과정에서는 반드시 주제를 좁히는 과정이 있음을 잊지 말아야 한다.

이렇게 좁혀진 주제는 추상적이거나 포괄적이어서는 안 되며, 가급적 단일한 내용이어야 하고, 간결해야 한다. 예를 들어 "등산은 건강에 도움이 된다."라는 표현보다는 "등산은 안전하고 효과적인 체력 단련 수단이다."라는 표현이 좀 더 구체적이다. 그리고 "우리나라의 모든 시·군·구 및 읍·면·동에서는 사회복지 전담 공무원을 둘 수 있으며, 해마다 30조 원이 넘는 천문학적 액수가 사회복지 예산으로 집행되고 있어, 소외된 이웃의 고통을 막기 위해 노력하고 있다."라는 표현보다는 "정부는 소외된 계층을 지원하기 위해 막대한 예산과 인력을 운용하고 있다."라는 표현이 훨씬 더 간결하다.

이처럼 글의 주제문은 구체적이고 간결한 표현일수록 좋다.

한 가지 유의할 점은 글이나 개요를 작성하기 이전 단계에서 구체적이고 간결한 주제문을 완성해야 한다는 것이다. 개요나 글을 작성할 때에는 이전에 수집했던 다양한 글감들 중에서 더 중요한 것과 덜 중요한 것, 버릴 것과 살릴 것 등을 확정해야 하는데, 이때에 가장 중요한 판별 기준이 바로 '주제문'이기 때문이다. 즉, 효과적인 글쓰기를 위해서는 최종적으로 결정한 구체적이고 간결한 주제문을 바탕으로 그때까지 모아 온 다양한 글감들을 재분류하고, 재활용해야 하는 것이다.

③ 자료 수집 및 분석하기

■ 자료 수집하기

깊이 있는 내용의 글을 쓸 때에는 다양한 지식과 정보를 활용해야 하는데, 그러기 위해서는 자료 수집의 과정을 반드시 거쳐야 한다. 주제와 관련된 자료를 여러 경로를 통해 조사, 수집하고, 정확한 분석 후에 이를 글쓰기에 활용하는 것이다. 온라인 자료 검색은 간편하게 다양한 전문 정보를 얻을 수 있는 유용한 방법이다. 각 대학 도서관 홈페이지에는 온라인 도서관 이용법이 상세하게 나와 있으므로 이를 이용하면 쉽게 검색 방법을 익힐 수 있다.

▶ 주요 검색 사이트

가. 종합 검색 사이트

- 네이버 http://www.naver.com
- 다음 http://www.daum.net
- 구글 http://www.google.com

나. 전자 도서관

- 국가전자도서관 http://www.dlibrary.go.kr

- 한국교육학술정보원(KERIS) http://www.riss4u.net
- 한국과학기술정보연구원(KISTI) http://www.kisti.re.kr
- 국가과학기술전자도서관(NDSL) http://ndsl.or.kr

다. 기타

- 한국언론진흥재단 http://www.kinds.or.kr
- 구글 학술검색 http://scholar.google.co.kr
- 우리말 배움터 http://urimal.cs.pusan.ac.kr
- 표준국어대사전 http://stdweb2.korean.go.kr

■ 자료 분류하여 정리하기

자료의 내용을 파악하고 난 다음 분류 작업을 하지 않으면 글쓰기에 적지 않은 혼란을 겪게 된다. 적은 양의 자료일 때에는 특별히 분류하지 않더라도 문제가 되지 않지만 자료가 많을 때에는 초기 단계에서 반드시 적절한 분류를 병행해야 한다. 자료는 일차적으로 내용에 따라 분류하는 것이 유용하기 때문에 분류 작업은 자료의 내용 파악과 함께 진행하는 것이 바람직하다. 중심 내용과 부수적인 내용의 자료를 구분해 두는 것도 필요하다.

■ 자료 출처 기록하기

자료를 정리할 때에는 자료의 출처를 기록해 두어야 한다. 출처를 정확하게 기록해 두면 나중에 다시 자료를 찾거나 주석을 달고, 참고 문헌을 정리할 때 편리하다. 출처를 적을 때에는 다음 항목을 잘 살펴 중요한 서지 사항이 누락되지 않도록 하자.

- 책을 참고했다면 저자, 책 제목, 출판사, 출판 연도에 대한 기록을 해 둔다.
- 논문을 참고했다면 필자, 논문 제목, 논문이 수록된 학술지 또는 잡지명, 권 호, 출판 연도를 기록해 둔다.
- 인터넷 사이트를 참고했다면 필자, 제목, 날짜 혹은 최종 수정일, URL 그리고 접속한 날짜를 기록해 둔다.

▶ 참고문헌 작성 사례

저서: 홍길동, 『정신분석학 개론』, 오행출판사, 2005.

논문: 홍길동, 「대학글쓰기란 무엇인가」, 『작문연구』 16호, 한국작문학회, 2006.12.

번역서: 프랭크 새닐로, 『스티븐 스필버그』, 정희성 옮김, 한민사, 1997.

번역서: Wellek, R., and Warren, A., 『문학의 이론』, 백철·김병철 공역, 신구문화사, 1959.

원서: Doerksen, H. R., and Pierce, J. C., *Citizen Influence in Water Policy Decision*, Ann Arbor Science, 1976.

웹 사이트: 싸이, <강남스타일> 뮤직 비디오, 2012.07.15. http://www.youtube.com/watch?v=9bZkp7q19f0(접속: 2013.02.06).

④ **구성 및 개요 작성하기**

주제와 관련된 자료를 수집하였다면 이제 본격적으로 글쓰기를 해야 한다. 하지만 글을 쓰기에 앞서 반드시 개요를 작성해야 한다. 개요를 작성하는 것은 글 전체의 구성과 각 항목별 주요 내용을 결정하는 것이다. 그러므로 개요 작성은 글 전체의 구체적 내용을 선정하고 이를 구성하는 작업이다.

글 구성하기

하나의 글은 주제를 중심으로 내용이 전개된다. 그러나 글의 전체 내용은 주제에 따라 여러 소주제로 나뉘어 제시되는 것이 일반적이다. 논리적인 전개는 '서두－본론－결말'의 형식으로 제시되는 것이 일반적이다. 본론을 구성할 때는 본론의 세부 구성도 정해야 하는데 글의 주제와 종류를 고려하여 나열식으로 구성할 것인가, 화제 중심으로 구성할 것인가, 문제 해결식으로 구성할 것인가 등을 정하면 된다.

■ 서두－본론－결말 구성

글 구성에서 가장 일반적으로 사용되는 형태이다. 우선 서두에서 글의 주제, 목적을 제시하고 그 다음 본론을 전개한다. 본론의 전체 구성은 어떤 식으로 논리를 세워 나가느냐에 따라 다양하다. 글의 주제, 종류에 따라 가장 적절하다고 판단되는 유형을 선택하면 된다. 예를 들어 일상의 화제를 중심으로 내용을 전개한다면 화제 중심 구성을, 어떤 문제에 대한 원인을 찾고 이에 대한 해결책을 제시한다면 문제 해결식 구성을, 특징에 따른 독립적인 내용을 기술한다면 나열식 구성을 취하면 된다. 결말에서는 앞서의 논의 전체가 갖는 의미에 대해 서술해야 한다.

• 나열식 구성

나열식 구성은 제재를 대등하게 나열하는 방식이다. 같은 층위에서 전후의 연결에 관계없이 순서대로 제재를 제시하는 단순한 구성 방식이다. 나열식 구성은 제재들 사이에 연결 고리를 설정할 필요가 없어 순서를 바꾸거나 추가해도 별 문제가 없다. 따라서 나열식 구성은 글을 확장하거나 축소하기에 편리한 구성이다.

• 화제 중심 구성

화제 중심 구성은 일상적 화제를 중심으로 글을 구성하는 방식이다. 일상생활에서 흔히 경험하는 이야기를 먼저 제시하고 난 후 그 화제로부터 깨달은 점이나 성찰하게 된 내용을 제시하는 방식으로 글이 전개된다. 화제식 구성에서는 참신한 화제의 선택이 중요하다.

• 문제 해결식 구성

문제 해결식 구성은 어떤 문제에 대한 해결책을 제시할 때 활용되는 방식이다. 문제 해결식 구성은 일반적으로 문제의 현황(사례), 원인, 해결책이 순서대로 제시되는 경우가 많다. 예를 들어 특정한 사회 문제에 대해 해결책을 제시하려고 한다면, 먼저 문제의 현황 또는 사례 등에 대해 기술하고 그 다음 문제의 원인을 분석하고, 이에 따라 해결책을 제시하는 것이다. 이렇게 하면 글은 자연스럽게 논리적 체계를 갖추게 된다.

⑤ 글쓰기

■ 서두 쓰기

서두는 한마디로 글 전체의 내용을 이끌어 주는 역할을 한다. 글의 전체적인 인상을 결정지을 뿐만 아니라 본론의 흐름을 일러 주는 기능을 한다. 그래서 서두를 잘 쓰면 독자가 읽는 글이 되고 그 반대가 되면 읽지 않는 글이 된다. 서두는 본론에서 다룰 내용을 제시하는 자리인 만큼 장황하게 써서는 안 된다. 가급적 간결하게 쓰는 것이 좋다. 지나치게 길어지면 본론의 전개가 빈약해지거나 글 내용의 균형이 깨지기 쉽다. 서두를 쓸 때에는 독자가 어떻게 하면 관심을 갖고 읽어 줄 것인지를 고려해야 한다.

▪ **본론 쓰기**

짜임새 있는 글은 서론과 본론, 결론이 명확하게 구분된다. 서론에서 독자의 관심을 유도하면서 글 전체의 논점과 방향을 제시했다면, 본론에서는 글 전체의 핵심 메시지를 논증적 또는 설득적으로 기술해야 한다. 글 전체에서 가장 중요한 부분이 본론이다. 서론과 결론은 어디까지나 본론을 보충해 줄 뿐, 글의 핵심은 아니다.

본론은 구성 단계에서 작성한 개요에 따라 쓰는 것이 좋다. 글을 쓰는 과정에서 애초에 생각지 못했던 새로운 내용이 떠오르기도 하고, 예상하지 못했던 논리적 모순을 발견하기도 한다. 그러므로 글쓴이는 글을 쓰는 과정에서 처음에 작성한 개요를 수정할 수 있다. 하지만 너무 쉽게 개요를 수정하면 애초에 구상했던 주제 의식과 논리적 정합성을 잃을 수도 있으므로 주의해야 한다.

▪ **결론 쓰기**

결론은 글의 내용을 마무리하는 구실을 한다. 서론과 본론을 통해 주장이나 의견을 개진했다면 결론에서는 본론의 의미를 심화하거나 확장시킬 수 있어야 한다. 즉 서론과 본론을 통해 서술한 글의 주제가 갖는 의의와 한계를 밝히는 것이 결론의 역할이다. 이제까지의 논의 내용을 요약, 정리하는 것이 결론의 역할이라고 잘못 생각하는 사람들이 있다. 결론에서 그동안의 논의 내용을 요약, 정리할 수는 있지만, 그것은 어디까지나 본론 내용이 갖는 의미를 심화시키기 위한 방편일 뿐이다. 결론을 쓸 때 본론의 내용을 그대로 요약하는 식의 결론 쓰기는 가급적 피해야 한다.

⑥ 고치기[2)]

고치기는 글쓰기의 마지막 단계에서 행해진다. 처음 글을 쓰기 시작하면서 잡은 주제와 실제로 작성한 글의 내용이 서로 다르거나 주제가 빗나간 내용이 있는지, 구성 또는 문장의 표현에 잘못된 부분은 없는지 확인하고 수정하는 과정이다. 고치기는 글의 완성도를 높여 주는 역할을 한다. 고치기의 과정을 거치지 않고 글이 생산되는 경우는 드물다. 글쓰기에 능숙한 필자일수록 글을 쓰고 난 다음에는 반드시 고치기를 한다.

고치기의 목적은 무엇보다 글의 완성도를 높이는 데 있다. 탈고하기 전에 내용이나 표현에서 미흡한 점이 없는지를 확인해야 한다. 글을 쓰다 보면 주제를 명확히 도출하지 못하는 경우가 가끔 있다. 글쓰기에 몰두한 나머지 주제를 잊어버리고 내용을 전개하는 일도 있다. 고치기는 주제와 관련 없는 내용을 점검하고 주제를 명료화하는 데에 도움이 된다. 또한 전체 글의 내용 전개를 한눈에 확인할 수 있어 내용의 긴밀성 제고에도 보탬이 된다. 여과 없이 표현된 감정, 독자를 고려하지 않은 표현 등도 개선할 수 있다. 고치기의 주요한 세 가지 원칙은 아래와 같다.

▪ 구성의 원칙

고치기에서 중요한 것은 글의 구성이 정확하게 잘 이뤄졌는가를 점검하는 일이다. 아무리 문장 표현과 단어 사용이 정확하더라도 구성이 제대로 되지 않으면 좋은 글이 아니다. 따라서 고치기에서는 일차적으로 글 구성을 먼저 점검하는 것이 좋다. 글 구성이 제대로 이뤄지지 않으면 단락을 재구성하거나 재배치할 필요가 있다.

▪ 삭제의 원칙

글을 쓰다 보면 불필요한 문장이나 단어를 사용하는 일이 많다. 그리고 글의 주제와 무관한 내용을 전개하는 경우도 종종 있다. 이는 대개 많은 내용을 담아내고자 하는 욕심에서 비롯된다. 고치기에서는 불필요한 내용이나 문장, 단어를 과감히 삭제하는 것이 필요하다. 불필요한 내용이나 문장을 삭제하면 글 전체의 통일성과 긴밀성을 높일 수 있다.

---

2) 글 고치기의 내용은 가톨릭대학교 교양교육원, 『분석과 비판의 기초』, 가톨릭대학교출판부, 2007의 169~171쪽의 내용을 일부 수정하여 수록한 것임. 더 자세한 내용은 위의 책 169~183쪽을 참조할 것.

■ 첨가의 원칙

첨가의 원칙은 필요한 내용을 추가적으로 보충하거나 첨가하는 것이다. 누락된 자료가 있거나 내용이 지나치게 짧거나 서술이 소략한 경우, 글의 설득력이 떨어진다. 내용은 가급적 충분히 전개해 주는 것이 좋다. 내용의 추가적인 서술이 필요하다면 첨가해 줘야 좋은 글이 된다.

▶ 글 고치기의 방법

- 전체적으로 글의 흐름이 자연스러운가를 판단한다.
- 결정적인 자료가 누락되지 않았는지 확인한다.
- 불필요하거나 중복된 내용이 있는지 확인한다.
- 주요 용어 및 기타 어휘의 선택이 적절한지 확인한다.
- 문법과 어법은 잘 지켰는지 확인한다.

(3) 창의적 쓰기를 위한 점검 사항

주제의 명확성, 주장의 참신성, 논거의 타당성, 구성의 체계성, 표현의 정확성 등은 글을 쓰는 단계에서부터 마치는 순간까지 항상 명징하게 인식하고 있어야 한다. '명징하게 인식'한다는 것은 글을 쓰는 매 단계에서 끊임없이 의식적으로 염두에 두어야 한다는 것을 의미한다. 위에서 열거한 항목들은 누구도 부정하지 않을, 좋은 글의 일반적 요건이다. 하지만 글을 쓰는 과정에서 이러한 요건들을 충족시키기 위해서는 글쓴이의 부단한 노력이 반드시 필요하다. 아래의 질문들을 책상 앞에 메모해 두고, 수시로 바라보는 것만으로도 글쓰기 능력은 향상될 것이다.

- 글 전체의 핵심 주장을 한두 문장으로 명확하게 표현할 수 있는가?
- 주장이 참신하고 유용한가?
- 주장을 뒷받침하는 논거들이 타당하고 충분한가?
- 서론, 본론, 결론 및 단락 간 논리적 흐름이 체계적인가?
- 어휘 선택이 적절하고, 문장 성분 간 호응이 자연스러운가?

4. 삶의 문제와 창의적 문제 해결

21세기를 살아가는 우리가 해결해야 할 주요한 삶의 문제는 무엇일까? 여기서 '문제'란 '곤경'의 의미로서의 문제가 아닌 '도전'을 의미한다. 이 책에서 다루고자 하는 문제들은 세계를 확장하려는 도전의 의미에서 새로운 관점, 논리, 지식을 통해 해결하고자 하는 삶의 문제들이다. 어떤 내가 되어야 할지, 타인과 어떻게 공명해야 할지, 세상을 어떤 시선으로 보며, 어떤 문화를 만들어 가야 할지, 더 나은 세상은 가능한지, 새로운 역사를 어떻게 만들고, 과학 문명을 어떤 방향으로 이끌어 가야 할지와 같은 문제들은 지성인이라면 누구나 고민해 봄직한 중요한 삶의 문제들이다. 자아, 타인, 감각, 유토피아, 공간의 문제들이 오늘날 도전받는 까닭은 무엇이며 우리는 이에 대해 어떤 대답을 할 수 있을까? 다음 장에서는 이러한 다양한 부문에서 창의적 문제 해결을 시도해 나갈 것이다.

자아: 오늘날은 누구나 세상 '거의' 모든 지식에 접속할 수 있는 시대가 되었다. 세상에 대한 수수께끼들을 해결하는 데 참조할 자료가 넘쳐난다. 하지만 우리 자신이 누구이고, 무엇을 희망하는가에 대한 것은 자신에 대한 성찰을 통해서만 답할 수 있다. 신화 속의 오이디푸스는 스핑크스의 수수께끼를 풀 정도로 지혜로운 존재였지만, 정작 자신은 누구인지 몰라서 비운의 결말을 맞았다. "너 자신을 알라."는 그리스 시대의 신탁은 오늘날을 살아가는 우리에게도 매우 중요한 물음이다. 자아라는 주제로 자신을 탐구하고 발견하는 것은 모든 질문의 처음이자 마지막이라는 점에서 매우 중요하다. 진정한 나는 누구인가? 사회적 역할 안에서 여러 자아가 갈등할 때 참된 자아는 어떤 모습인가? 그러한 나는 어떻게 표현할 수 있는가? "자아탐구와 창의적 사고"(1부 1장)에서는 새로운 환경에서 미래를 열어갈 지성인들의 자아 탐색과 자기 표현에 대해 묻고 답해 본다.

타인: 인간은 독립적 존재이기 이전에 상호 의존적 존재이다. 온갖 생존 지식과 기술을 가진 로빈슨 크루소가 존재한다 할지라도, 무인도에서 평생 혼자 살고 싶지는 않을 것이다. 인간은 태어나 죽음에 이를 때까지 타인과의 인정과 협조 속에서 살아간다. 특히 세계화, 다문화 시대가 되면서 지리적 경계가 무뎌짐에 따라 타인과의 만남은 더욱 빈번해졌다. 하지만 지리적 경계가 흐려졌다고 문화적·심리적 경계마지 흐려진 것은 아니다. 같이 살아야 할 국가 차원에서의 '우리'의 범주는 확대되고 있지만 다른 한편으

로 다른 문화적 배경을 가진 민족적·종족적 '우리'의 경계는 강화되기도 한다. 이러한 민족·종족 간의 구별 짓기가 심화되면 차별이나 갈등의 원인이 된다. 타자와의 공감은 이처럼 국가와 민족 차원의 '우리'의 범주가 불일치할 때 요청되는 태도이다. 문화적 배경을 달리하는 타인과 어떻게 공감해야 하는가? "타인에 대한 이해와 공감적 글쓰기"(1부 2장)에서는 타인과 관계 맺는 방법에 대해 묻고 답해 본다.

감각: 감각은 인간이 세상을 인지하는 가장 직접적인 채널이다. 시각, 청각, 후각, 촉각, 미각은 경험의 출발점이자 평범한 일상 속에서 발견을 가능하게 하는 주요한 인지 방식의 하나이다. 그동안 감각은 이성에 비해 불완전한 인지 기능으로 간주되어 왔지만 오늘날에는 감각의 중요성이 과학의 발견, 예술 창작, 대중문화, 가상현실 기술 등에서 폭넓게 조명받고 있다. 감각은 감각하는 자와 세상을 생생하게 연결해 준다는 점에서 중요하지만, 한편으로는 감각의 주관성에 대한 우려도 있다. 보드리야르J. Baudrillard는 매체 기술의 발달로 실재의 모방인 이미지가 실재보다 더 생생하게 전달되는 현실에 우려를 표했다. 감각의 주관화가 인간 지각과 문화의 조건에서 비롯되는 것을 넘어, 가상현실과 같은 매체 기술에 의해서도 이루질 수 있게 된 데 따른 염려이다. "감각의 거짓말"(2부 1장)에서는 우리의 오감을 통해 이루어지는 세계에 대한 인식과 감각의 위험성에 대해 묻고 답해 본다.

유토피아: 유토피아는 어디에도 없는 곳에 대한 이야기이다. 유토피아는 어디에도 없지만 유토피아를 배태한 것은 현실이다. 현실의 문제가 해결된 상상의 세계가 유토피아인 것이다. 유토피아는 현실에 대한 부정과 그 현실을 대신할 소망형의 창조라는 면에서 보편적 구조를 갖지만, 당대 사회에 대한 현실 인식이나 세계관에 따라 그 내용은 달라진다. 유토피아는 문학, 종교, 철학, 사회사상, 대중매체 등을 통해 생산된다. 플라톤Platon은 『국가』에서 그리스 민주정에 대한 비판을 담아 철인 정치 국가를 이상향으로 제시했다. 또한 스위프트J. Swift는 <걸리버 여행기>에서 존엄하고 평화로운 말들의 나라를 이상향으로 제시함으로써 역설적으로 의회 민주주의가 정쟁으로 이어진 18세기의 영국 사회를 비판하였다. 오늘날 우리는 어떤 유토피아를 꿈꾸는가? 기후 변화와 같은 자연적 위기부터 취업과 같은 사회적 문제까지, 보편적 복지부터 생명 연장까지, 현실의 결핍

을 돌아보게 하는 유토피아의 상은 다양하다. "유토피아와 상상력"(2부 2장)에서는 오늘날 우리 사회가 꿈꾸는 유토피아와 그것이 함축하는 문제에 대해 묻고 답해 본다.

공간: 공간은 인간 존재가 자리 잡고 살아가는 터이다. 이는 한 개인이 아닌 사회가 공동으로 만들어 낸 것이다. 오늘날의 공간은 전통과 현대, 효율성과 생활 세계가 중첩되고 누적되어 혼종성을 띤다. 한옥과 양옥, 도심으로의 진입을 고려한 도로와 그 주변에 늘어선 빌딩들, 그 사이에 드문드문 보이는 공원들이 혼재한다. 공간은 역사, 자본, 소비, 계층, 범죄 등을 아우르는 복합적 문제 영역이다. 우리는 자신이 살아가는 공간을 체험하고 인지하고 때로는 그것의 변화를 유도한다. 르페브르H. Lefebvre의 말처럼 공간은 사회를 생산하고, 사회 역시 공간을 새롭게 생산한다. 우리가 공간을 만들지만 공간도 우리의 삶에 영향을 미친다. 개발이란 이름으로 사라져가는 골목들과 그곳에 대한 집단 기억, 도시 공간 안에서의 이곳과 저곳의 구별 짓기, 고시원과 88만 원 세대의 삶, 획일적 소비와 개성이 공존하는 대학가 등은 우리에게 공간을 어떻게 만들어 가야 하는가라는 질문을 던진다. 일하고 놀고 자고 걷고 먹는 일상적인 활동과 이러한 활동을 연결하는 사회적 공간을 어떻게 만들어 가야 하는가? "공간 분석과 이미지 재현"(2부 3장)에서는 우리가 살아가는 공간과 대중의 공간 만들기에 관해 묻고 답해 본다.

도움이 되는 책

가톨릭대학교 교양교육원. 『분석과 창의적 문제 해결』. 가톨릭대학교출판부, 2005.

__________________. 『분석과 비판의 기초』. 가톨릭대학교출판부, 2007.

가톨릭대학교 ELP학부대학 창의교육센터. 『대학생을 위한 학술적 글쓰기』. 아카넷, 2013.

김광웅 엮음. 『우리는 미래에 무엇을 공부할 것인가: 창조사회의 학문과 대학』. 생각의 나무, 2009.

로버트 W. 와이스버그. 『창의성: 문제해결, 과학, 발명, 예술에서의 혁신』. 김미선 옮김. 시그마프레스, 2009.

미하이 칙센트미하이. 『창의성의 즐거움』. 노혜숙 옮김. 북로드, 2003.

정희모 · 이재성. 『글쓰기의 전략』. 들녘, 2005.

조셉 윌리엄스 · 그레고리 콜럼. 『논증의 탄생』. 윤영삼 옮김. 홍문관, 2008.

테레사. M. 아마빌레. 『심리학의 눈으로 본 창조의 조건』. 고빛샘 옮김. 21세기 북스, 2010.

Section I

나를 성찰하고 타인과 소통하다

제1장

자아 탐구와 창의적 사고

우리는 자기를 의식하는 것을 통해서
가만히 생각할 수도 있고,
단순한 자극과 반응이라는 조건반사에서 빠져나올 수도 있으며,
무슨 일에 대해서 어떤 결심을 할 것인가,
또는 어떤 결과가 올 것인가를 짐작할 수도 있다.
:: 롤로 메이Rollo May

위 그림은 레오 까락스Leos Carax 감독의 영화 <퐁네프의 연인들>(1991)의 한 장면이다. 주인공 미쉘이 렘브란트Rembrandt의 자화상을 보는 장면은 무척 인상적이다. 화가였으나 점점 시력을 잃어가면서 절망에 빠진 미쉘이 마지막으로 보고 싶어 했던 렘브란트의 자화상. 렘브란트는 100여 점에 이르는 많은 자화상을 남겼다. 그중에서 미쉘이 보고 있는 자화상은 <예술가의 초상>(Portrait of the Artist at His Easel)이라는 제목이 붙어 있다. 앞으로 화가의 길을 가지 못할 수도 있는 자신을 생각할 때 예술가로서 노년에 이르러 그린 이 그림은 그녀가 간절히 그려 보고 싶은 자화상이었을 것이다. 렘브란트는 20대에서 60대까지 자신의 모습을 자주 화폭에 담았다. 자화상을 그린다는 것은 그에게 자신의 현재를 깨닫게 하는 일이었을 뿐만 아니라, 희망하는 자신의 모습을 담는 일이기도 했다.

이 장에서는 창의적 사고에 가장 기초가 되는 자아의식과 관련한 활동을 해 보고자 한다. 인간이 다른 포유동물들과 다른 장점 중 하나는 자아에 대한 의식이다. '나'를 의식하는 것은 모든 인간적인 사고 과정의 기초가 된다. 왜냐하면 자아를 의식했을 때 비로소 자유롭고 독립적인 하나의 인격체가 될 수 있기 때문이다. 롤로 메이에 의하면 자신을 의식하는 것은 매우 수준 높은 능력이다. 바로 이 의식 덕분에 자신이 부모의 일부가 아니라 독자적인 존재임을 알게 되며, '나'와 세계를 구분하는 것이 가능해진다. 그리고 현재와 미래, 어제와 내일이라는 시간 개념도 인식할 수 있어 역사에 대해 생각할 수 있다. 나를 밖에서 바라볼 수 있는 이 의식은 또한 타인을 나처럼 바라볼 수 있도록 하여 공감을 느끼게도 한다. 이 공감 능력 덕분에 인간은 미를 창조할 수 있고, 윤리적으로 인류에 헌신할 수도 있는 것이다.

하지만 두 살 전후에 갖게 되는 자아의식이 곧바로 역사성이나 창의성, 윤리성 등으로 이어지는 것은 아니다. 그것을 위하여 끊임없이 자아를 탐구하는 과정이 필요하다. 자아 탐구는 주입식으로 혹은 암기식으로 이루어질 수 있는 것이 아니며, 자유로운 사고를 통해 스스로 진지하게 성찰해야 하는 것이다. 이와 같은 지속적인 자아 탐구는 어려운 상황에 처했을 때나 방황하게 되었을 때, 혹은 전진하고 싶을 때 더욱 힘을 발휘하게 된다. 하워드 가드너Howard Gardner가 말했듯이 "영웅이라 불리는 사람들도 젊은 시절 깊은 방황과 모색을 통해 자신에 대해 알아가면서 삶을 도약시킬 스프링보드를 발견"했다. 만일 자유롭고 자발적인 사고로 자아를 탐색하는 방법을 알지 못했다면 그 발견을 얻지 못했을 것이다.

자아를 탐색하는 여러 가지 방법 중에서 자화상을 그리거나 자신에 대한 이야기를 글로 써보는 방법이 있다. 자화상에는 자신의 현재 상태에 대한 무의식적인 판단이 담길 수도 있으며 의식적으로 자신이 바라는 미래의 모습이 담길 수도 있다. 따라서 여러 장의 자화상을 그려 보고, 그 그림에 대한 분석과 감상을 병행한다면 '나'에 대한 새로운 사고를 할 수 있게 될 것이다. 또한 '나'와 내 주변의 상황을 한 편의 이야기로 구성하여 써 본다면 미처 생각하지 못했던 자신에 대하여 새롭게 알게 되는 경험을 할 수 있을 것이다. 이야기를 써가면서 어지러웠던 생각이 정리되거나, 잊혔던 과거의 일이 문득 기억나서 감동을 받거나, 해결되지 않았던 의문이 풀리거나, 아팠던 상처가 치유되는 경우도 있다. 그동안 해 보지 않았던 여러 가지 방법들 — 그림이나 글과 같은 도구뿐만 아니라 그 외에 다른 도구를 사용할 수도 있다 — 을 통해 자아 탐구를 시도해 보는 것은 창의적인 사고력 계발에도 큰 도움이 된다.

1. 자화상을 통한 자아 탐색

자기 자신이 어떤 모습을 하고 있는지 궁금할 때에 우리는 거울을 본다. 예로부터 거울은 있는 그대로를 보여 주는 속성 때문에 인간 혹은 세계를 반영하는 상징적 물건으로 인식되어 왔다. 자아를 발견하기 위해, 세계를 통찰하기 위해 거울을 도구로 삼았던 경우를 다양한 문화유산에서 확인할 수 있다. 그런데 화가 요하네스 검프Johannes Gumpp의 <거울 앞의 자화상>을 보면 그림 속 화가는 거울을 보며 자신의 초상을 그리고 있다. 그림 속 화가는 자신의 모습을 거울로 보는 것에 만족하지 않고 자화상을 그린다. 자화상을 그리기 위해서는 거울에 비친 자신의 모습을 알아야 하지만, 그것과 상관없이도 자화상은 그릴 수 있다. 거울에 비친 모습과 자신이 그린 자기의 초상은 분명 차이가 있다. 무엇보다 자화상은 자아를 알아갈 수 있는 도구이면서 또 한편으로는 자기표현의 방법이기도 하다. 이 장에서는 거울과는 다르게 자신의 모습을 보여 주는 자화상을 생각해 보면서 자아 탐색과 자기표현의 기회를 가져 보고자 한다.

1) 내가 그린 초상화

사진이 상용화되고 대중화되기 전까지 자기의 모습을 담은 이미지를 소유할 수 있는 사람은 지극히 한정되어 있었다. 고대에 그려진 초상화의 대부분은 왕이나 황제 즉, 한 집단의 우두머리를 대상으로 했다. 권력을 강화하기 위해 숭배를 목적으로 한 초상화가 만들어졌던 것이다. 중세에는 그러한 초상화마저 드물었으며, 성화가 아니라 세속의 인간을 중심으로 그린 초상화가 다시 등장한 것은 르네상스 시대였다. 그때에도 대부분 특권층 혹은 부유층이 다수의 초상화를 가질 수 있었으며, 서민들은 결혼과 같은 특별한 날에나 기념으로 초상화를 남겼다.

그 외 자유로운 예술가들에 의해 좀 더 다양한 인물이 모델이 됨으로써 다양한 인물 초상화가 그려졌다. 화가는 권력이나 부를 소유하지 않았어도 자유롭게 자신의 초상화를 가질 수 있었던 유일한 계층이었다. 화가들은 자화상을 그려 자신의 초상화를 남겼다. 화가들에게 자화상은 단순히 초상의 의미만을 지니지는 않는다. 가난한 화가들이 인물화를 그리기 위하여 모델을 고용하는 것은 상당히 부담스러운 일이었으며, 따라서 스스로 모델이 되어 자신이 그리고 싶었던 화풍을 실험해 보기도 하였다.

그들이 남긴 자화상에는 화풍뿐만 아니라 욕망이 담겨 있기도 하다. 거울을 통해 보이는 그대로를 그리려고 할지라도 무의식중에 자신이 바라는 자기의 모습, 스스로도 모르는 자기의 모습을 투영해 놓을 수밖에 없는 것이 자화상이다. 또한 타인이 그려 준 초상화가 아니라 '내가 그린 나의 초상화'이기에 자화상에는 자신이 보고 싶은 자기의 모습을 자유롭게 담을 수도 있다. 따라서 여러 가지 자화상을 통해 다양한 각도에서 자아를 발견해 나갈 수 있을 것이다.

고흐가 동생 테오에게 보낸 편지

1889년 9월 5일 또는 6일

사람들은 자신을 알기가 어렵다고들 하지. 나도 진심으로 그렇게 믿어. 그러나 자신을 그리기도 쉬운 일이 아니야. 지금 나는 자화상을 두 장 그리고 있어. 다른 모델이 없기 때문이지. 지금이 인물화를 그리기에 제일 좋을 때이기 때문이야. 그 하나는 회복되어 일어난 첫날 그리기 시작했는데, 나는 매우 여위었고 끔찍하게 창백해. 색채 효과는 짙은 보라와 청색, 노란 머리칼, 흰 얼굴이야. 또 한 점을 그리기 시작했어. 밝은 배경에 무릎 위까지 그린 거야. 여름 습작도 몇 점 그리고 있는데, 사실 하루 종일 일하고 있어.

(중략)

사랑하는 아우야. 여전히 그림을 그리다가 편지를 쓴다. 마치 홀린 사람처럼 일하고 있어. 과거 어느 때보다 작업에 대한 열의로 가득 차 있어서 그게 병의 회복에 도움이 된다고 믿고 있단다. 들라크루아가 "나는 이빨도 없고 호흡도 불가능하게 되었을 때 비로소 그림을 발견했다."고 말했듯이, 아마 나에게도 무언가 일어나고 있는지 몰라. 왜냐하면 나의 불행한 병이 무언의 열광으로 나에게 일을 시키기 때문이야. 지극히 서서히, 그러나 아침부터 밤까지 이완되지 않고 나에게 창조를 강요한다는 의미에서 오래 그리고 천천히 작업하게 하기 때문이야. 그러나 나는 잘 알 수 없어. 단지 그리 나쁘지 않은 한두 점을 그리고 있으니 다행이야. 하나는 노란색 보리밭에서 보리를 베는 농부 그림이고, 또 하나는 밝

은 배경의 초상인데 방티스트 전시회에 낼 작품이야.

(중략)

언젠가 여기에서 나간다면, 이곳에 왔을 때의 상태로 돌아가기보다 품격 있는 초상을 확실히 그릴 수 있을 때 돌아가는 쪽이 더욱 좋지 않겠니? 이상한 이야기가 되었구나. 왜냐하면 "나는 초상화 그리는 방법을 안다."는 말은 거짓말이 아닌 한 입에 담아서는 안 된다는 것을 잘 알고 있기 때문이야. 요컨대 과거보다 좋은 것을 만들어야 한다고 말하고 싶어.

(중략)

막 완성한 밝은 배경의 자화상을 파리에서 그린 자화상과 비교해 보면 너도 그때보다 지금의 내가 건강해 보인다는 것을 알 것이고, 실제로도 더욱 좋아졌어. 편지보다 이 초상화가 나의 건강을 더 잘 말해 주고, 너도 안심할 수 있을 거야.

<보리 베는 사람>은 순조롭게 작업하고 있어. 정말, 정말 단순해. 월말에는 30호 유화 12점을 완성할 거야. 그 대부분은 같은 그림을 두 번 그린 거야. 즉 습작과 완성작이지. 여하튼 더 나중에 나의 남프랑스 여행은 성과를 올리게 될 거야. 왜냐하면 더욱 강렬한 빛, 푸른 하늘의 차이는 사물을 보는 방법을 가르쳐 주니까. 특히, 심지어 유일하게, 오랫동안 그 모든 것을 보는 경우에 말이야. 북쪽은 내 눈에 전혀 새롭게 보이겠지만, 여기서 나는 여러 가지를 보아 왔고, 그것들에 강한 애착을 가져왔으니 슬픈 느낌은 오래 계속될 거야.

묘한 생각이 떠오른다. 『마네트 살로몽』(*Manette Salomon*)에는 현대미술을 논의하는 장면이 있어. 화가 등이 '앞으로도 남을 것'에 대해 말하면서 그것은 '풍경화가'라고 해. 이는 어느 정도는 진실로 판명되었지. 왜냐하면 코로, 도비니, 뒤프레, 루소, 밀레도 풍경화가로 살아남았기 때문이야. 코로는 임종 시에 "하늘 한 쪽이 분홍색인 풍경을 꿈꾸었다."고 했어. 그래, 우리는 온통 분홍색인 하늘을 모네, 피사로, 르누아르 그림에서 보았지. 그렇게 풍경화가는 훌륭하게 살아남았어. 그건 정말 사실이야. 들라크루아와 밀레의 인물화를 제쳐두고도 말이야.

여하튼 지금 우리가 주저하면서 인식하기 시작한 독창적이고 지속성 있는 것은 무엇일까? 그건 초상화야. 그것은 오래된 것이지만 동시에 정말 새로운 것이야. 그것에 대해서는 다시 이야기하도록 하자. 단, 초상화, 특히 기요맹 같은 화가들의 초상화, 기요맹의 젊은 소녀의 초상화 같은 것은 앞으로도 추구해야만 해! 내가 너무나 애착을 갖는 러셀이 그린

나의 초상화는 분명히 확보해둬야 해. 라발의 초상화에 액자를 했니? 그 그림을 네가 어떻게 생각하는지 모르겠는데 내가 보기엔 훌륭해. 코안경 너머의 시선, 정말 솔직한 시선은 너무나 훌륭하지.

최근 며칠, 초상화를 그리려는 의욕이 너무나 강해졌어. 사실 고갱과 나는 이에 대해, 또 다른 유사한 문제들에 대해 생명의 열기가 불탈 정도로 신경을 긴장시켜 이야기했어. 그런 것으로부터도 좋은 그림이 나오리라고 감히 생각하고 있고, 또 그런 것을 추구하고 있어. 그들도 역시 브르타뉴에서 훌륭한 작업을 하고 있음에 틀림없어. 너에게 이미 말했듯이 나는 고갱의 편지를 받았고, 그들의 작업을 너무나 보고 싶어.

다음 화구를 너에게 부탁해야겠구나.

(하략)

빈센트 반 고흐, 『빈센트 반 고흐 편지 선집: 세상에서 가장 아름다운 편지』, 박홍규 편역, 아트북스, 2009, 698～705쪽.

생각 키우기

1. 윗글은 고흐가 동생 테오에게 보낸 편지 중 일부이다. 편지를 읽어보면 자화상과 초상화에 대한 고흐의 관심을 알 수 있다. 다음의 다양한 자화상을 통해 당시 고흐의 상황과 심정은 어떠하였을지 이야기해 보자.

2. 렘브란트와 고흐 이외에 폴 고갱, 파블로 피카소, 살바도르 달리, 에곤 실레, 프리다 칼로, 엔디 워홀 등 여러 화가의 다양한 자화상을 찾아 비교해 보면서, 화가의 자아가 각각의 자화상에 어떻게 드러나 있는지, 그렇게 생각하게 된 이유는 무엇인지 이야기해 보자.

3. 어릴 적부터 현재까지 시기별로 혹은 연령별로 자신의 모습이 담긴 다양한 사진을 찾아서 변화한 것과 지속되는 것은 무엇인지 분석해 보고 그 까닭을 생각해 보자.

4. 그림이나 사진을 활용하여 성장 과정과 이루고 싶은 꿈을 담은 자기 소개서를 작성해 보자.

2) 자아와 페르소나

인격적 가면을 의미하는 단어인 페르소나(Persona)는 에트루리아 광대들이 '극중에서 특정한 역할을 하기 위해 썼던 가면'을 가리키는 라틴어에서 온 말이다. 인물(Person)이나 인격(Personality) 등과 같은 단어도 여기서 유래한 것이며, 칼 융C. G. Jung이 심리학에서 본격적으로 사용하였다.

칼 융에 의하면 페르소나란 자아가 외부 세계와 관계를 맺고 이에 적응해 가는 가운데 형성되는 행동 양식(behavior pattern)으로 사회적 역할(social role)에 따라 사회 집단이 개인에게 기대하고 요구하는 것에 맞추어 갈 때 생기는 것이다. 아들이나 딸로서의 가면, 어머니나 아버지로서의 가면, 학생이나 교수로서의 가면 등등 개인은 사회 속에서 이런 저런 가면을 썼다 벗어다 하면서 살아가야 한다. 사회생활에서 적절하게 이 '사회적 가면'을 쓰지 못하면 부득이하게 어려움을 겪기도 한다.

그런데 페르소나는 그 사람 고유의 자아가 아니라, "자아 속에 있는 남들의 눈에 비친 나, 남들의 시각에서 보는 나, 남들이 인정해 주는 나"이기 때문에 이것에만 맞추어 살 경우 고유의 자아를 상실할 수도 있다. 사회적 역할을 충실히 해 나가는 것은 사회를 위해서 매우 유익한 일이며 개인의 사회적·경제적 삶이 풍요로워지는 일이기도 하다. 그러나 페르소나를 유일한 삶의 목표로 할 때 자아 정체성에 혼란이 올 수 있으므로 자아의 정신적 내면 세계를 성찰하는 데에도 힘을 기울여야 할 것이다.

철학자 장 뤽 낭시J. L. Nancy의 <초상의 시선>에 따르면 요하네스 검프의 자화상은 화가 자신의 뒷모습, 거울 속의 자신, 그림 속의 자신 등 세 가지 페르소나를 표현했다. 화가가 모델을 관찰하면서 그림을 그린다고 가정해 보자. 그때 화가는 어느 순간에는 캔버스로 시선을 돌려야 한다. 관찰하는 대상에서 눈을 돌리는 순간 그는 기억에 의존하여 그린다고 볼 수 있다. 게다가 화가의 붓은 언제나 자신이 그리는 형상을 덮고 있어서 그의 눈은 붓질이 끝난 이후에야 형태를 볼 수 있다. 결국 그는 자신이 보지 못한 것 그리고 영원히 볼 수 없는 것을 그린다.

요하네스 검프, <거울 앞의 자화상>

검프는 거울을 보면서 자신의 모습을 그리지만 정작 그가 그려낸 그림 속의 모습은 거울 속의 모습이 아니다. 그림에 그려진 모습은 자신이 보지 못했던 그리고 결코 볼 수 없는 모습이다. 화가의 비애라고나 할까. 페르소나 너머 진정한 자기를 만나고 싶은 또는 페르소나 너머 진정한 자기에 대한 탐색의 장면이라고 할 수 있다.

또 흥미로운 한 가지는 검프의 자화상에 두 마리의 동물이 등장한다는 것이다. 사이가 좋지 않은 개와 고양이는 두 가지 양면을 보여 주는 동시에 서로 감시의 대상이다. 화가를 사이에 두고 서로 으르렁거리는 개와 고양이는 무엇을 나타낼까? 아마 고양이는 거울을 의미하고 개는 그림 속의 그림을 뜻하는 것이 아닐까? 거울은 형식적 유사라는 측면에서는 정확하고 우수하지만 그 안의 시선은 기계적 역할만을 하는 눈이지 화가의 살아 있는

눈이 못 된다.

작가는 고양이와 개 사이에서 뒷모습을 보이고 있다. 둘 사이에서 고민하는 것처럼 느껴지지만 화가이기 때문에 그의 시선은 캔버스를 향해 있고 개가 화가와 같은 방향에 있어서인지 그림에 좀 더 집중하는 것 같다. 이는 서로 다른 페르소나 사이에서 고민하는 작가의 방황일 수도 있으며, 자기와 페르소나 사이의 갈등일 수도 있다. 당신은 어떤 페르소나 사이에서 고민하고 있는가.

김선현, 『그림 속에서 나를 만나다』, 웅진지식하우스, 2012, 57~59쪽.

생각 키우기

1. 요하네스 검프의 <거울 앞의 자화상>(1646)에 담겨 있는 화가의 모습들과 개와 고양이 등의 의미를 독창적으로 분석하고 감상해 보자.

2. 자신은 몇 개의 어떤 페르소나를 가지고 있는지 살펴본 후 페르소나 각각에 대하여 자신의 솔직한 심정을 정리해 보자.

3. 칼 융에 의하면 페르소나는 외적 인격에, '아니마(Anima)－아니무스(Animus)'는 내적 인격에 해당한다. 여기에서 '아니마－아니무스'는 무엇인지 알아보자.

4. 한 장의 백지 안에 자기의 모습을 그릴 경우 함께 그려 넣고 싶은 것들은 무엇인지 열거해 보자. 그리고 그 이유가 무엇인지 설명하는 글로 자화상을 표현해 보자.

5. 자기의 의식적인 행동뿐만 아니라, 무의식적인 행동에 대해서도 성찰해 보는 기회를 가져보자. 정신분석학에서 말하는 '방어기제'란 무엇인지 찾아보고 이것을 활용하여 의식하지 못했던 자기 행동을 분석해 보자.

정신분석학과 자기 탐색

자아를 성찰하기 위하여 정신분석학적인 방법에 도움을 받을 수 있다. 정신분석학은 주로 무의식에 대하여 연구하는 분야이므로 자신이 의도적으로 하는 행동이 아니라 의식하지 못했던 평소 습관적인 행동이 의미하는 바를 알아보는 데에 유용하게 쓰일 수 있다.

'방어기제'(defense mechanism)와 같은 개념은 자신이 갈등 상황을 어떤 방법으로 대처하는지 파악하게 함으로써 자신을 이해하는 데에 도움을 준다. 자아(ego)가 위협받는 상황, 특히 원초아(id)와 초자아(super ego)의 갈등 상황에서 무의식적으로 처한 상황을 다르게 해석함으로써 자신을 보호하는 심리 의식이나 행위를 방어기제라고 한다. 방어기제는 자신과 맞지 않는 사람이나 상황들로부터 쉽게 상처 받지 않도록 하는 일종의 마음의 보호막 같은 것으로, 위기에서 벗어날 수 있도록 하는 긍정적인 효과가 있다. 사회화 과정에서는 방어기제를 사용하는 것이 필요하기도 하고 자연스러운 일이기도 하다.

방어기제의 종류에는 투사(Projection), 억압(Repression), 합리화(Rationalization), 부정(Denial), 주지화(Intellectualization), 승화(Sublimation), 환치(Displacement), 반동형성(Reaction formation), 퇴행(Regression), 동일시(Identification) 등이 있다. 예를 들어, 미술·음악·문학 등의 창작 활동,

활동량이 많거나 스릴을 느낄 수 있는 스포츠 등을 통해 사회적으로 용납되지 않는 성적·공격적 충동을 바람직한 방향으로 해소하는 것을 승화라고 한다.

이러한 방어기제는 지속적이고 반복적으로 나타날 경우 그 원인을 분석하여 보는 것이 좋다. 성인이 되어서도 지나치게 나타나는 방어기제를 인식하지 못하고 주의를 기울이지 않으면, 오히려 그것이 눈에 보이지 않게 자신에게 상처를 주면서 발전을 방해하기도 하기 때문이다. 따라서 이와 같은 정신분석학의 개념에 도움을 받아 자기 자신에 대하여 분석해 본다면, 자아를 성찰하고 발전적인 삶으로 나아가는 데에도 도움이 될 것이다.

2. 자아 성찰과 자기표현

자아 성찰이란 사전적 의미로 자기 자신에 대하여 거울에 비추어 보듯이 돌아보며 '반성'(self-reflection)한다는 뜻을 담고 있다. 반성적인 사고 없이 자아 성찰에 이르는 것은 어렵기 때문이다. 자아 성찰은 개인마다 도달하는 방법이 다르기 마련인데, 그것을 표현하는 방법 또한 말과 글, 그림 등 다양하다. 최근에는 사진도 그 도구 중 하나로 쓰이게 되었다.

르네상스 시대 화가들로부터 시작된 자기표현의 대표적인 장르 자화상은 19세기 과학기술이 발달함에 따라 회화가 아닌 사진 부문에서 새롭게 각광받기 시작하였다. 자화상을 가리키는 영어 'Self-Portrait'는 최근 사진 분야에서 자기 자신을 찍는 행위나 그러한 사진을 의미하는 용어로 쓰이고 있다. 우리나라에서는 이것을 '셀프 카메라'(Self-Camera)라고 부르고 있으며, 누구나 쉽게 자신을 표현하는 하나의 수단으로 활용하고 있다.

1) 성찰적 사고와 글쓰기

글쓰기란 뭉뚱그려 있는 솜뭉치를 실타래로 만드는 것과 같은 일이다. 처음과 끝이 어디인지 분간하기 힘들고 굵기를 가늠할 수 없는 솜뭉치를 술술 풀어내어 쓰기 편리한 실타래로 만들기 위해서는 우선 가닥을 잡아서 실이 되게 해야 한다. 이때 실이 끊어지거나 굵기가 다른 실이 만들어지기도 한다. 그런 거듭되는 시행착오를 거쳐 비슷한 굵기의 가닥으로 긴 실을 만들어 실타래를 만들어 놓으면, 누구든 편리하게 실을 활용할 수 있게 된다. 글을 쓴다는 것은 실타래를 만들어 놓는 것과 같고 글을 읽는다는 것은 실타래를 풀어 가는 일과 같다. 쓰기 좋은 실타래는 굵기가 고르고 길며 질긴 실로 이루어진 것이다. 이러한 실타래를 만들기 위해서는 수차례의 손길이 닿아야 하고 정성과 인내가 필요하다.

성찰에 유용한 도구로 글쓰기가 자주 쓰이는 이유 중 하나를 글쓰기의 위와 같은 특성에서 찾을 수 있을 것이다. 서두르지 않고 오랜 시간을 반복적으로 인내하면서 겸손하게 자신을 돌아보는 것이 자아 성찰이다. 글쓰기는 성찰의 과정에 도움을 주며 성찰의 내용을 잊지 않도록 하는 데에도 유용하다.

윤동주의 시 <참회록>을 보면 "밤이면 밤마다 나의 거울을 / 손바닥으로 발바닥으로 닦아보자."라는 구절이 있다. "이십사 년 일 개월"을 살아온 젊은 청년이 자아를 성찰하면서 고뇌하는 모습이 담겨 있는 이 시는 수많은 독자로 하여금 스스로를 부끄럽게 여기도록 하였다. 이 외에 자기에 대하여 솔직하고 자유롭게 표현할 수 있는 수필에 자기 반성을 담아 놓은 작품도 쉽게 찾아볼 수 있다. 다음에 제시되어 있는 박완서의 수필은 자신의 습관을 반성한 글인데, 자연스럽게 독자를 자기 성찰로 이끌 뿐만 아니라 재미와 감동을 주기도 한다.

일전에는 신축한 우리 본당 도서실에 보낼 책을 추릴 때였다. 거기도 도서실이라기보다는 휴게실 한쪽 벽면에 누구든 마음대로 꺼내볼 수 있게 마련된 서가이다. 그래도 성당이라는 걸 감안해 아이들과 엄마가 같이 볼 수 있는 동화나 교양서적, 종교적인 명상집을 우선적으로 고르게 된다. 일본의 가톨릭 작가 엔도 슈샤쿠의 책을 여러 권 갖고 있어서 그중에서 번역본인『사해 부근에서』를 시집보내는 책에 포함시키기로 했다. 90년대에 출간된 책으로 옮긴이는 작고한 작가 이석봉으로 돼 있었다. 내용은 잘 생각이 안 나지만 책 중간에 접힌 자국이 삐죽이 나와 있어 이상하게 여기고 펼쳐 보게 되었다. 접힌 페이지에는 연필로 밑줄까지 쳐 있어 처음엔 이건 내 책이 아니라고 생각했다. 나는 버릇이 읽던 페이지에는 반드시 표시가 될 만한 걸 끼워 놓지 접지 않을 뿐 아니라 읽다가 기억해 두고 싶은 좋은 문장을 발견했다고 해도 밑줄이라는 걸 쳐본 적은, 절대로라고 해도 좋을 만큼 없기 때문이다.

나는 남이 해 놓은 것처럼 호기심 반 경멸하는 마음 반으로 밑줄 친 부분을 읽어가면서

그 밑줄은 내가 친 게 틀림없다는 걸 인정 안 할 수가 없었다. 책 내용이 생각났을 뿐 아니라 그때의 마음 상태까지 어제 일처럼 선명하고 고통스럽게 떠올랐기 때문이다. 그 책은 2차 대전 말기, 인기가 없다 못해 구박까지 받는 가톨릭계 대학을 나와, 하나는 작가가 되고 하나는 이스라엘에서 성서학을 공부하는 두 사람의 동창이 예루살렘에서 만나 사해 부근을 여행하며 대학교 시절의 신부나 수사 교수들과 동료들을 회상하기도 하고, 신에 대한 회의적인 생각을 나누기도 하는 장과, 성서에 나오는 인물들을 성서에 기록된 대로가 아니라 작가 마음대로 상상한 허구의 장이 번갈아가며 나오는 형식으로 구성돼 있다.

내가 접어놓고 밑줄까지 쳐놓은 부분은 예수가 처형되기 전 총독 빌라도와 대면하는 장면이다. 성서에는 빌라도가 예수에게 네가 유대인의 왕인가라고 물으니 예수께서는 그것은 네 말이다라고 대답한 걸로 돼 있다. 사복음서가 똑같이 증언하고 있으니 그건 사실에 가까울 것이나, 그러나 엔도가 쓴 그 장면은 소설이니까 좀 다르다.

(중략)

연필로 친 밑줄은 희미한데 '스쳐 간다.'에만 몇 겹이나 진하게 덧칠이 돼 있다. 그 밑줄 때문에 그날 그 책을 기증하는 책에서 제외시켜 간직하고 있다.

독자가 책에 밑줄을 긋는 것은 그게 명문이기 때문이 아니라 읽을 당시의 마음 상태에 와 닿기 때문일 것이다. 바로 그 점 때문에 밑줄 긋는 일을 기피했다면 그것도 일종의 허영심이었을 것이다. 우리가 여학교 다닐 때는 책이 귀할 때여서 그때 읽은 대부분의 책은 빌려 보았다. 달콤한 연애소설은 순번을 정하고 돌려볼 정도로 인기가 있었다. 남들이 보던 책이니까, 특히 세계 명작으로 알려진 책에서는 밑줄이 그어진 문장을 발견하는 수가 드물지 않았다. 남의 밑줄을 보는 게 당시 건방기 많은 소녀에게는 은밀한 쾌감이 되지 않았나 싶다. 겨우 요 정도의 문장이 뭐가 좋다고 밑줄씩이나, 유치하긴, 하는 우월감까지 먼저 읽은 동무들에게 느꼈을 것 같다. 그런 나는 얼마나 겁쟁이인가. 남이 나를 그렇게 경멸할지도 모른다는 생각 때문에 밑줄 같은 건 절대로 안 칠 것 따위나 신조로 삼았으니.

밑줄 친 그 책의 출판 연도를 보면서 역시나 하고 내 생애에서 가장 힘들었던 시기를 떠올렸다. 심한 불면증과 곧 죽을 것 같기도 하고, 죽고 싶기도 한 고통과, 그걸 아무도 눈치 채게 해서는 안 된다는 잘난 척 때문에 심신이 마모돼 갈 때였다. 그래도 그때가 가장 살고 싶어 한 때가 아니었나 싶기도 하다.

(중략)

앞으로 몇 년이나 더 글을 쓸 수 있을지는 모르지만 작가로서의 나의 새로운 다짐이 있다면 남의 책에 밑줄을 절대로 안치는 버릇부터 고쳐 볼 생각이다. 내 정신 상태 내지는 지적 수준을 남이 넘겨 짚을까 봐 전전긍긍하는 것도 일종의 잘난 척, 치사한 허영심, 더 정확하게 말하면 자폐증이라고 생각되자, 그런 내가 정떨어진다. 자신이 싫어하는 나를 누가 좋아해 주겠는가. 나를 스쳐 간 시간 속에 치유의 효능도 있었던 것은 많은 사람들의 사랑이 있었기 때문일 것이다. 신이 나를 솎아낼 때까지는 이승에서 사랑받고 싶고, 필요한 사람이고 싶고, 좋은 글도 쓰고 싶으니 계속해서 정신의 탄력만은 유지하고 싶다.

박완서, 『못 가본 길이 더 아름답다』, 현대문학사, 2010, 150~156쪽.

생각 키우기

1. 자신의 습관에는 어떤 것들이 있는지 열거해 보고, 그 습관의 특성과 장단점을 정리해 보자.

2. 다음 PMI 항목에 따라 '과거 어느 한 시점의 나'와 '현재의 나'에 대하여 생각해 보자.

❖ PMI 기법

에드워드 드 보노Edward De Bono(1973)가 고안한 기법. 제안된 아이디어의 장점(Plus), 단점(Minus), 흥미로운 점(Interesting)을 따져 본 후 그 아이디어를 평가하는 아주 간단하면서도 매우 효과적인 기법이다. 여기에서 주의할 점은 아이디어를 산출할 때 P-M-I를 철저히 분리해서 생각을 해야 한다는 것이다. 이 기법은 동시에 여러 가지 요인들이 혼합되어 작용하는 사고의 상황에서 하나하나씩의 단계를 거쳐 보다 냉철한 판단 아래 사고를 전개시킬 수 있는 이점을 가지고 있다.

- P(plus): 아이디어에 대한 좋은 점
- M(minus): 아이디어에 대한 나쁜 점
- I(interesting): 아이디어에 대해 발견된 흥미로운 점
  혹은 아이디어와 관련해 흥미롭게 생각되는 점

3. 자신을 성찰하게 했던 작품(에세이, 소설, 시, 영화, 드라마, 만화 등등)에는 어떤 것들이 있는지 목록을 작성한 후, 각각의 작품마다 성찰의 내용이 무엇이었는지 간단하게 글로 써보자.

2) 현대인의 자기표현 셀카

사진 기술의 발달로 디지털 카메라가 상용화되었을 뿐만 아니라, 대부분의 현대인들이 항상 소지하고 있는 휴대폰에도 디지털 카메라가 장착되면서 생겨난 문화가 '셀카' 문화이다. 셀카란 셀프 카메라의 준말로 '내가 나를 사진 찍는 행위' 혹은 그 사진을 가리키는 신조어이다.

전문적으로 사진을 찍는 작가들에게만 허용되었던 셀프 포트레이트는 오늘날 일반인도 즐겨 사용하는 자기표현 방법의 하나가 되었다. 셀카로 사진을 남겨 개인의 블로그나 카페에 올리는 일은 현대인에게 익숙한 일상이 되었다고 해도 과언이 아닐 것이다. 셀카는 숙련된 기술을 요하는 회화의 자화상과는 달리 쉽고 빠르게 자기 자신을 표현해 보일 수 있다는 장점을 가지고 있다. 그럼에도 불구하고 허상을 향한 지나친 자기 욕망을 반영하는 등 여러 가지 문제를 안고 있으므로 셀카에 대해 올바로 인식하고 지혜롭게 대처할 필요가 있다.

얼마 전까지만 해도 휴대전화로 찍은 사진은 화질이 좋지 않았을 뿐만 아니라 화면 크기도 작아 보기 불편했다. 하지만 스마트폰의 등장으로 그런 문제는 사라졌고, 일상생활 속에서 사진을 촬영하는 일은 너무나 흔한 일이 되었다. 손쉽게 좋은 화질의 사진을 찍고, 그 화면을 바로 확인하고 바로 공유할 수 있는 시대가 온 것이다.

촬영한 필름을 현상해서 보아야 하는 아날로그 카메라를 대신하여 디지털 카메라가 상용화되면서, 그리고 그 디지털 카메라가 휴대전화에 장착되면서 현대인에게는 새로운 습관이 생겼다. 무엇이든 사진으로 남기려는 습관이다(휴대전화 관련 광고에서 그것을 조장하기도 한다). 그 가운데 자기 자신을 스스로 촬영하는 이른바 '셀카'에 대하여 혹자들은 진지한 고민을 하고 있다. 왜냐하면 자기 자신의 모습을 자화상으로 그려 보거나 거울에 비쳐 볼 때와는 다르게, 셀카는 자신의 이미지를 왜곡하는 경향이 있기 때문이다. 과연 셀카에 담긴 나는 진정한 나의 모습일까, 아닐까?

정재승은 셀카가 '정직한 삶의 기록'으로부터 멀어지게 한다고 하였다. 그리고 그 이유를 두 가지로 제시하고 있다. 또한 진중권도 "대중이 셀카로 자신의 이미지를 미적으로 이상화"한다고 지적하였다.

우선 정재승이 제시한 두 가지 이유 중 한 가지는 휴대전화에 들어 있는 카메라가 "피사체와 렌즈 사이의 거리와 각도, 조명 등에 따라 크게 변형된 이미지를 만들어 낼 수밖에 없는 기술적 한계"이다. 물론 일반 카메라도 '피사체와 렌즈 사이의 거리와 각도, 조명' 등에 의해 변형된 이미지를 만들어 낸다. 하지만 정재승에 의하면 회전식 LCD와 회전식 렌즈가 장착되었다고 해도 조그만 휴대전화로 70 센티미터 정도 되는 팔 길이만큼 떨어뜨려 내가 나를 찍는 셀카는 더욱 변형된 이미지를 만들어 낼 수밖에 없다는 것이다. 그래서 "과학자의 눈에는 인터넷과 싸이월드에 올라와 있는 수많은 셀카 이미지들이야말로 과학기술에 의한 정보의 왜곡 현상을 보여 주는" 사례라고 말한다.

정재승이 제시한 나머지 한 가지 이유는 진중권이 지적한 문제와도 연관된다. 셀카는 "나르시시즘적 욕망의 구현"이라는 것이다. 셀카를 찍을 때에 대부분의 사람들은 진짜 자신의 모습을 담으려 하기보다 그 순간 자신의 모습을 가장 예쁘게 변형해서 담고 싶어 한다. 진중권에 의하면 이때 "미의 이데아는 당연히 대중문화의 스타들"이며, 그들처럼 보이고 싶어 얼짱 각도나 포토샵 등을 활용하여 그들을 닮은 셀카를 남긴다고 한다.

이처럼 셀카는 진실한 삶에서 멀어지게 하는 좋지 않은 습관일 뿐인가. 아니라면 그 근거는 무엇인가. 한번쯤은 자신의 셀카에 대하여, 우리의 셀카 습관에 대하여 생각해 볼 필요가 있을 것이다.

생각 키우기

1. '셀프 포트레이트'(Self-Portrait)와 '셀프 카메라'(Self-Camera)의 차이점은 무엇인지 이야기해 보자.

2. 셀카의 장점은 무엇인지, 구체적인 근거나 사례를 제시하면서 주장해 보자.

3. 최근 문화 기술학 분야에서 삶을 자동으로 기록해 주는 일명 '라이프로그 시스템'(Life-log-system)을 개발하려고 한다. 이것은 어떤 장치인지, 일본 과학자들은 어떤 실험을 하고 있는지 설명하고 자신의 의견을 글로 써보자.

3. 자아 스토리텔링

자기를 소재로 이야기를 만든다면 어떤 것이 가능할까. 어른이 되어 사회에 편입되기까지의 통과의례를 중심으로 한다면 성장 소설이 될 것이고, 출생에서부터 현재에 이르기까지의 일대기를 다양한 에피소드를 통해 펼쳐 놓는다면 자서전이 될 것이다. 인간이 가지고 있는 욕망 중에 이야기를 하고 싶은 욕망이 있다. 이와 같은 욕망은 다른 각도에서 생각해 보면, 이야기 만들기를 통해 상처가 치유될 수 있는 가능성을 부여하는 것이기도 하다. 하나의 욕망을 해소함으로써 하나의 상처가 아물 수 있기 때문이다. 더군다나 그 이야기가 자기를 주인공으로 한 것이라면 자기 치유의 효과는 배가 될 것이다.

1) 통과의례와 성장 소설

성장 소설은 유년기에서 소년소녀기를 거쳐 성인의 세계로 입문하는 한 인물이 겪는 내면적 갈등과 정신적 성장, 자신을 둘러싸고 있는 세계에 대한 각성의 과정을 다룬 작품을 가리킨다. 정신적·육체적으로 미숙한 상태에 있는 어린아이 혹은 소년소녀가 자아의 미숙함을 딛고 일어서서 자신의 고유한 존재 가치와 세계의 의미를 깨닫게 되는 통과의례의 이야기가 중심을 이룬다.

한 인물의 생애를 대상으로 한다는 점에서 성장 소설은 '자전적 소설'과 유사한 면이 많지만, 한 개인적 삶의 느슨한 기록이라기보다는 성인으로 입문하기 전의 시기와 그 시기의 갈등을 중점적으로 다룬다는 점에서 차이가 있다. 이러한 성장 소설은 특히 독일문학에 많은 자취가 남아 있는데, 독일 비평가들이 사용하는 '교양 소설'(Bildungsroman)이 이와 거의 유사한 성격의 소설이라고 할 수 있다.

(1) 예술가의 성장 소설

성장 소설에 속하는 중요한 유형 중 하나로 '예술가 소설'(Artist-novel)이 있다. 한 사람의 소설가 혹은 예술가가 현실과 예술적 이상 사이에서 갈등하다가 예술가로서의 자아인식에 도달하는 성장 과정을 그린 작품을 가리킨다.

자기 자신의 일이나 자기와 인생과의 관계를 이렇게 관찰하는 과정이 한스 한젠에 대한 토니오의 사랑(우정)을 일으키는 데에 중요한 역할을 했다. 그가 한스 한젠을 사랑한 것은 우선 한스가 아름답기 때문이지만, 또한 한스가 모든 점에서 그 자신과는 아주 딴판이라고 느꼈기 때문이다. 한스 한젠은 우등생일 뿐 아니라 활발한 아이였고, 영웅같이 말

을 타며, 체조도 하고, 수영도 해서, 누구에게나 호감을 샀다. 선생님들은 대부분 그를 아주 귀여워했으며, 항상 그를 두둔하였고, 언제나 무슨 일만 생기면 "한스, 한스"라고 부르면서 무슨 일에 있어서든지 특별 취급을 하였다. 반 친구들은 그의 호감을 사려고 애를 쓰고 있었고, 오가는 길에서도 지나가는 남자나 여자들이 그를 붙잡고는, 덴마크식 선원 모자 아래로 빠져나온 엷은 그의 금발을 만지며 이렇게 말했다. "잘 있었니? 한스 한젠! 머릿결도 참 예쁘구나! 여전히 반에서 일등인가? 아빠 엄마께 안부 전해 줘! 참 훌륭한 아이야……."

한스 한젠은 그런 소년이었다. 그를 알고 나서부터 토니오 크뢰거는 그를 볼 때마다 동경심을 느꼈다. 그것은 질투 비슷한 동경으로 가슴 속에 자리 잡고 깊은 곳에서부터 소리를 내며 활활 타오르는 것이었다. '너처럼 고운 파란 눈에, 누구와도 잘 어울릴 수 있는 성품에, 그렇게 착실히 살아 나갈 수만 있다면…….' 이렇게 토니오는 생각했다. 너는 언제나 밉지 않다. 모두에게 존경 받으며 살아 나가고 있다. 학교 숙제를 마치고 나면 너는 승마 연습이라든가, 실톱으로 수공을 한다든가, 놀 때가 되면 해변에서 보우트를 젓는다든지, 요트를 달린다든지, 헤엄을 치든지 하며 재미있게 보내곤 한다. 그러나 나는 빈둥거리며 모래 위에 우두커니 누워서는 바다 위를 흐르는 신비로운 표정의 변화나 혹은 파도의 유희 따위나 지켜보고 있을 따름이다. 그렇기 때문에 네 눈은 그렇게 맑은 것이로구나. 너처럼 되어 보았으면…….

그는 한스 한젠과 똑같이 되려고 하지는 않았다. 그런 소망을 진정으로 품어본 적은 한 번도 없다. 그러나 그는 현재 있는 그대로의 자기가 한스에게 사랑받기를 간절히 소원하고 있었다. 그래서 그 나름의 방법으로 한스의 사랑을 구했던 것이다. 그것은 헌신적인, 민망스러운, 서글픈 방법이었지만, 그러나 그의 이국적인 얼굴 모습에서 기대할 수 있는 일체의 열정보다 한층 더 진지했으며 비애라고까지 할 수 있는 것이었다.

그리고 그의 구애가 모두 허사에 그친 것은 아니었다. 그가 가지고 있는 우월한 점, 어려운 것이라도 잘 알아듣게 말할 수 있는 토니오의 좋은 구변을 본래부터 존경하고 있던 한스는, 토니오가 속으로 자기에 대해 특별히 강렬하고도 다정한 감정을 갖고 있다는 것을 충분히 이해하고서, 감사의 뜻과 호의를 아울러 표현해서 토니오에게 많은 행복을 안겨 주었던 것이다. 그러나 또한 질투, 실망, 정신적인 공감을 만들어 보려는 헛된 노력,

이런 것들이 많은 고통을 주기도 하였다. 왜냐하면 이상하게도 토니오는 한스 한젠을 시기하면서도 끊임없이 한스를 자기편으로 끌어들이려고 노력하고 있었는데, 이런 것들은 극히 순간적이고, 그것도 표면적으로만 성공하였던 것이다.

"난 이번에 아주 굉장한 것을 읽었어. 아주 기발한 것이었어."라고 토니오가 말했다. 그들은 걸으면서, 뮤렌 가의 다과점 이베르젠 상점에서 한 봉지에 10페니히를 내고 산 드롭스를 같이 나누어 먹고 있었다.

"너도 꼭 읽어봐, 한스. 쉴러의 <돈 카를로스>인데, 읽겠다면 빌려 줄게……."

"아니 괜찮아. 토니오!" 한스 한젠이 말했다. "필요 없어. 그런 것은 내겐 어울리지 않아. 난 역시 승마에 관한 책을 보고 있단다. 멋진 사진들이 실려 있어서 정말 좋단다. 언제 우리 집에 오면 보여 주지. 고속도 사진인데 말이 달리는 모습, 껑충껑충 뛰는 모습, 높이 뛰어 장애물을 넘는 모습, 실제로는 움직이는 것이 너무 빨라서 전혀 볼 수 없는 말의 모든 자세를 볼 수 있거든……."

"무슨 모습이든지 다 볼 수 있단 말이야?" 토니오는 솔깃했지만 계속해서 말했다.

"그래 그것 참 멋있겠다. 하지만 <돈 카를로스>는 말이야, 상상도 못할 거야. 정말 아름다운 장면이 있는가 하면, 빵 하고 폭발하는 듯한 장면도 있단다……."

"빵 하고 터져 버린다고?" 한스 한젠은 물었다. "왜 그러지?"

"예를 들면 말이야, 임금님이 후작한테 속아서 우는 대목이 있는데…… 그렇지만 후작은 단지 자기가 섬기고 있는 왕자를 위해서 임금님을 속였단 말이야, 알겠니? 그런데 임금님이 눈물을 흘렸다는 소식이 별실에서 아랫방으로 전해지자 조정의 신하는 모두 '우셨어?', '임금님이 우셨어?' 하고 깜짝 놀라거든. 사실 거기엔 가슴 깊이 울려오는 게 있지. 왜냐하면 임금님은 평소에 완고하고 엄격한 사람이었으니까. 그러나 임금님이 왜 울었는지는 잘 알 수 있어. 나는 임금님이 왕자와 후작을 합한 것보다 훨씬 가엾다고 느껴지니까. 임금님은 언제나 고독하고 누구에게도 사랑을 받지 못하다가 이제야 간신히 사람을 하나 얻었다고 생각했는데, 그 사람이 그만 임금님을 속였으니 말이야……."

한스 한젠은 옆으로 토니오의 얼굴을 바라보았다. 그 얼굴 가운데 무언가가 한스의 마음을 잡아서 지금 이야기에 흥미를 갖게 했는지, 한스는 돌연 토니오의 팔을 끼면서 이렇게 물었다.

"대체 어떻게 해서 후작이 임금님을 배반했니? 토니오."

토니오는 흥분해서, "응, 그래, 그건 이렇게 된 거야." 하며 이야기를 시작했다.

토마스 만, 「토니오 크뢰거」, 『노벨문학상전집 5』, 편집부 옮김,
한국중앙문화공사, 1990, 10~13쪽.

생각 키우기

1. 토마스 만의 성장 소설 <토니오 크뢰거>의 시대적·공간적 배경에 대하여 알아보자.

2. <토니오 크뢰거>에 등장하는 주요 인물들의 프로필을 작성해 보자.

3. 예술가 소설에서 예술가로 하여금 갈등과 고뇌를 겪게 하는 현실과 이상의 괴리는 구체적으로 무엇이 있을 수 있는지 이야기를 나누어 보자.

4. 나의 자전적 성장 소설의 시대적·공간적 배경은 구체적으로 어떤 특성을 지니는지 간략하게 글로 써보자.

5. 나의 자전적 성장 소설에 등장할 주요 인물들의 프로필을 작성하고 인물 관계망을 그림으로 나타내 보자.

(2) 재일동포 3세의 성장 소설

1968년 일본 사이타마현 가와구치시에서 태어난 가네시로 가즈키金城一紀는 재일동포 3세 고등학생을 주인공으로 한 자전적 성장 소설 <GO>를 발표하였다. 이 소설로 가즈키는 재일교포로는 처음으로 2000년 일본 최고의 대중문학에 수여되는 나오키문학상을 수상하였다. 2001년에는 유키사다 이사오行定勳 감독에 의하여 영화 <GO>로 제작되어 큰 관심을 끌었다. 재일동포 3세가 겪는 국가와 민족 개념에 대한 혼란스러운 의식, 자아 정체성의 문제 등 무거운 주제를 경쾌한 문체로 진솔하게 다루어 접근을 용이하게 하였다는 평가를 받았다.

"하와이라 …….."

아버지가 내 앞에서 처음으로 '하와이'란 말을 꺼낸 것은 내가 열네 살 때 설날이었다. 그때 텔레비전에서는 예쁜 여배우 세 명이 하와이에 가서 오로지 "너무 예쁘다! 맛있다! 상쾌하다!"란 말만 연발하는 설날 특집 프로그램을 방영하고 있었다. 덧붙이자면, 그때까지 우리 집에서는 '하와이'를 '타락한 자본주의의 상징'으로 여기고 있었다.

당시 아버지는 쉰세 살이었고, 조선 국적을 갖고 있는 소위 '재일 조선인'이었으며 마르크스를 신봉하는 공산주의자였다.

이쯤에서 미리 밝혀 두겠는데, 이 소설은 나의 연애를 다룬 것이다. 그 연애는 공산주의니 민주주의니 자본주의니 평화주의니 귀족주의니 채식주의니 하는 모든 '주의'에 연연하지 않는다.

그건 그렇고 아버지가 '하와이'란 말을 했을 때, 슬며시 브이 사인을 그렸던 어머니(조선 국적)는 나중에 내게 이렇게 말했다.

"네 아버지도 가는 세월은 어쩔 수 없는 모양이지."

그해 정월은 혹독한 한파가 몰아쳐 쉰을 넘긴 아버지는 몸을 추스르기가 힘들었는지 툭하면 "관절이 ……" 하고 애처롭게 중얼거리며 몸을 비벼대곤 했었다. 아버지는 기후가 따뜻한 한국의 제주도에서 태어나 어린 시절을 보냈다. 제주도는 '동양의 하와이'를 자처하고 있는 곳이다.

한편, 일본에서 태어나고 자라 열아홉 살에 오카치마치의 시장 골목에서 아버지에게 찍혀 스무 살 어린 나이에 나를 낳은 어머니는, 아버지가 무너지려는 것을 보고는 때는 이때다 하고 재빨리 뒤로 돌아가 슬쩍 등을 밀었다.

"베를린 장벽도 무너졌고 소련도 이제 없다구요. 지난번에 텔레비전에서도 그러던데 소련이 붕괴된 것은 추위 탓이라던가. 추위는 사람의 마음까지 얼어붙게 만든다구요. 무슨무슨 주의까지 얼어붙게 하고 ……."

애절한 말투였다. 그대로 계속하면 <도나도나>라도 불러댈 기세였다.

고개를 약간 숙이고 어머니의 말을 듣고 있던 아버지가 얼굴을 들고 텔레비전 화면으로 시선을 돌렸을 때, 어느 틈엔가 수영복으로 갈아입은 여배우들이 아버지에게 녹아내릴 듯한 미소를 보내면서 "알로하!"라고 속삭였다.

단말마의 중얼거림이었다. 아버지는 깊고도 긴 한숨을 쉬고는 끝내 무너져 내렸다.

그렇게 무너졌다가 다시 일어선 아버지의 동작은 기민하고 신속했다. 신년 연휴가 끝나자마자 하와이로 가기 위해 국적을 조선에서 한국으로 바꾸는 절차를 밟기 시작했다.

설명이 좀 필요할 것 같다. 어째서 한국의 제주도에서 태어난 아버지가 조선 국적이며, 어째서 하와이에 가기 위해서 국적을 한국으로 바꾸지 않으면 안 되는지. 별 볼일 없는 얘기니까 가능하면 길어지지 않도록 설명하려 한다. 가능하면 유머도 섞고 싶은데 그건 좀 어려울지도 모르겠다.

어릴 적 — 전쟁 중의 일이다 — 아버지는 일본 사람이었다. 이유는 간단하다. 옛날에 조선(한국)은 일본의 식민지였으니까. 일본 국적과 일본 이름과 일본 말을 강요당한 아버지는 어른이 되면 '천황 폐하'를 위하여 싸우는 군인이 될 예정이었다. 부모가 일본의 군수공장에 징용을 당하는 바람에 어린 아버지도 함께 일본으로 건너왔다. 일본이 패하고 전쟁이 끝나자 아버지는 더 이상 '일본 사람'이 아니었다. 이어 일본 정부로부터 '볼일이 없어졌으니 돌아가라.'는 일방적인 통보를 받고 허둥대다 보니, 알지도 못하는 사이에 조선반도가 소련과 미국의 알력으로 북조선과 한국, 두 나라로 갈라지고 말았다. 일본에 있어도 상관은 없었지만 어느 쪽이든 선택해야 할 처지에 놓인 아버지는 북조선을 선택하기로 했다. 이유는 북조선이 가난한 사람들에게 친절한 마르크스주의를 내세우고 있다는 것과, 일본에 있는 '조선인'(한국인)에게 한국 정부보다 더 신경을 써 주기 때문이었다. 그런 사연으로 아버지는 조선 국적을 지닌 소위 '재일 조선인'이 되었다.

젊은 나이에 두 번째 국적을 갖게 된 아버지는 나이가 들어 하와이 때문에 세 번째 국적 취득에 나섰다. 이유는 간단하다. 북조선은 미국과 수교가 없어서 비자가 나오지 않기 때문이다. 말이 나온 김에 덧붙이자면 북조선과 국교를 맺고 있는 나라는 극단적으로 적기 때문에 재일 조선인이 여행할 수 있는 나라 역시 극단적으로 한정되어 있다. 요즘에는 상당히 오랜 시간을 소요하면 국교를 맺지 않은 나라에서도 비자가 나오는 모양이지만, 얼마나 걸릴지는 예측할 수 없을뿐더러 절차도 복잡하고 성가시다.

가네시로 가즈키, 『GO』, 김난주 옮김, 북폴리오, 2012, 7~10쪽.

생각 키우기

1. 소설과 영화 모두 프롤로그에 세익스피어의 <로미오와 줄리엣>에 나오는 "이름이란 뭐지? 장미라 부르는 꽃을 다른 이름으로 불러도 아름다운 그 향기는 변함이 없는 것을"이라는 대사가 인용되어 있다. 이 대사가 의미하는 바가 무엇인지 이야기를 나누어 보자.

2. 개인의 능력이나 성격, 자질 등과는 상관없이 개인을 평가하는 관습적인 잣대는 무엇인지 알아보고, 이로 인해 힘들었거나 즐거웠던 경험을 이야기해 보자.

3. 나의 꿈을 실현하는 데에 장애가 되는 사회적인 요인과 개인적인 요인에는 각각 무엇이 있는지 정리해보고 그것을 극복할 수 있는 방안을 생각해 보자.

2) 기억 자아와 스토리텔링

심리학자 다니엘 카너만Daniel Kahneman 교수에 따르면 인간에게는 '경험 자아'(experiencing self)와 '기억 자아'(remembering self)라는 뚜렷이 구분되는 두 존재가 공존하고 있다. 특히 '기억 자아'는 자신의 경험에 대해 끊임없이 의미를 부여하고 스토리텔링을 하는 자아이다. 김주환에 의하면 이 '기억 자아'가 자신의 고난과 역경에 대해 긍정적인 의미를 부여하고 자기 자신에 대하여 긍정적인 시각으로 스토리텔링을 잘하는 사람이 바로 회복 탄력성이 높은 사람이라고 한다.

회복탄력성을 높이려면 내 삶에서 일어나는 모든 사건들을 보다 더 긍정적으로 받아들이는 뇌가 필요하다. 무의식적인 수준에 자동적으로 내가 겪는 경험에 긍정적인 스토리텔링을 해 주는 '기억하는 자아'가 필요한 것이다. 이러한 긍정적이고도 회복탄력적인 뇌는 훈련을 통해서 얻을 수 있다. 다시 말해서 회복탄력성은 뇌에 새겨진 습관의 문제다. 긍정적 스토리텔링을 하는 습관이 나의 뇌에 들도록 훈련해야 한다. 이는 뇌의 긍정적 정보 처리 루트를 활성화한다는 뜻과 같다. 나에게 일어나는 크고 작은 고민거리나 어려운 일들을 순간순간 긍정적으로 받아들이고 대처할 수 있는 '습관'을 들여야 한다.

습관을 들인다는 것은 어떠한 대상이나 사건에 대해 뇌가 자동적으로 반응하는 것을 말한다. 이렇게 습관을 들이는 과정을 우리는 훈련 혹은 연습이라 부른다. 연주를 위해 악기 다루는 법을 배운다거나, 젓가락질을 배우는 것 모두가 연습을 통해 습관을 들여야만 제대로 할 수 있다. 이러한 것은 지식을 머리로 이해하는 것만으로는 배울 수 없다. 즉 악기 다루는 법이나 젓가락질하는 법을 아무리 자세히 가르쳐 주고 또 그것을 잘 이해하고 완벽하게 암기했다고 해서 악기를 다룰 수 있게 되거나 젓가락질이 능숙해지지 않는다. 상당 기간의 연습 없이는 그러한 지식을 체득할 수 없다.

지식에는 두 가지 종류가 있다. 배움을 통해 얻어지는 명시적(explicit) 지식과 익힘을 통해 얻어지는 암묵적(implicit) 지식이다. 명시적 지식은 머리로 배우는 것이고, 암묵적 지식은 몸으로 익히는 것이다. 명시적 지식은 암기해야 내 것이 되지만 암묵적 지식은 습관을 들여야 내 것이 된다. 공자의 『논어』 맨 처음에 나오는 '학이시습'(學而時習)에서의 '학'(學)

이 곧 명시적 지식의 습득이요, '습'(習)은 암묵적 지식의 체화다. 머리로 배우는 명시적 지식은 역사적 사실을 암기하거나, 논리적 추론을 이해하는 지식이다. 역사나 과학, 수학 등의 과목이 이에 해당한다. 이러한 지식은 한 번만 잘 이해하고 암기해 두면 내 것이 된다. 그러나 암묵적 지식은 반복적인 연습과 훈련을 통해서 몸으로 체득해야만 하는 지식이다. 악기 다루는 것, 자전거 타는 것, 그 밖의 다양한 스포츠 기술 등을 배우는 예체능 과목이 대표적인 예다. 영어 같은 외국어 과목 또한 마찬가지다. 특히 영어의 듣기와 말하기는 반복 연습을 필수적으로 요구한다는 점에서 일종의 예체능 과목과 유사하다.

이러한 암묵적 지식은 우리가 흔히 말하는 '몸에 배게 한다.'는 것이며, 이는 곧 습관을 들인다는 뜻이다. 그런데 이러한 지식은 사실 몸에 배는 것이 아니라 뇌에 새겨지는 것이다. 좀 더 정확하게 말하자면 뇌 신경들 사이에 보다 더 단단하고 견고한 신경 연결망이 새로 형성된다는 것이다. 특정한 행동이나 사건에 뇌가 거의 자동적으로 반응할 수 있도록 새로운 신경망 구조를 잘 만들어 둔다는 뜻이기도 하다. 이런 습관을 들이기 위해서는 부단한 훈련과 연습이 필요하다. 모든 종류의 훈련이나 연습은 뇌에 새로운 신경망을 만들어 낸다. 그런데 새로운 신경망이 형성되려면 뉴런의 수상돌기와 축색돌기를 이어주는 시냅스 부분에 새로운 단백질 합성이 일어나 일정한 형태로 '자라야' 한다. 그렇기 때문에 훈련과 연습이 효과를 보려면 보통 수 주에서 수개월 이상 반복해야 하는 것이다.

(중략)

2007년에 발표된 한 뇌 영상 연구에 따르면 프로 골프 선수들과 초보자들은 공을 치는 순간에 뇌를 사용하는 방식과 부위가 완전히 다르다. 겉보기에는 골프 스윙이라는 대단히 유사한 행위를 하고 있는 것처럼 보이지만, 프로 선수와 아마추어 초보자들의 뇌는 전혀 다른 일을 하고 있다고 해도 과언이 아니다.

아마추어 골퍼들은 스윙할 때 뇌의 다양한 부위를 사용한다. 한마디로 생각이 많은 것이다. 아마도 "하체를 단단히 고정시키고, 어깨 회전은 충분히 하고, 손목 코킹 각도 유지하면서 힘 빼고 끌어내리다가 골프채를 던지듯이 치고 ……." 등등 배운 내용을 머릿속에서 정리하는 것이리라. 즉 아마추어 골퍼에게 스윙은 여전히 명시적 지식에 따른 '몸 움직이기'라 할 수 있다. 반면에 LPGA 프로 골프 선수들은 스윙할 때 초보자들과는 전혀 다르게, 아주 특정한 부위의 뇌만을 사용하는 것으로 나타났다. 뇌를 훨씬 적게 사용하는 것이다. 그야말로 머릿속이 복잡하지 않고 '아무 생각 없이' 치는 것처럼 보인다. 이렇게 아무 생각 없이 치려면 골프 스윙이라는 동작이 몸에 완전히 배어 있어야 한다. 다시 말해서 뇌에 그러한 동작을 가능하게 하는 신경망 구조가 잘 형성되어 있어서 골프 스윙을 할 때마다 뇌의 여러 분야에 저장되어 있는 다양한 정보를 다시 긁어모으는 복잡한 일을 할 필요가 없다. 프로선수에게 골프 스윙은 뇌에 깊이 습관화되어 있는 셈이다.

회복탄력성의 습득도 이러한 훈련과 연습의 과정을 거쳐야 한다. 이 책은 회복탄력성이 어떠한 요소로 구성되어 있고 그것을 높이기 위해서 어떻게 해야 하는가를 당신에게 가르쳐 줄 것이다. 그러나 그러한 명시적 지식을 머리로만 이해해서는 회복탄력성 증진에 별 도움이 되지 않는다. 그러한 지식이 암묵적 지식이 되어 당신의 뇌에 확실한 회복탄력성의 신경망 구조를 형성할 때까지 반복적으로 훈련해야 한다. 회복탄력성은 당신이 들여야 할 좋은 습관에 의해 길러진다.

김주환, 「행복을 뇌에 새기는 연습」, 『회복탄력성』, 위즈덤하우스, 2011, 80~84쪽.

생각 키우기

1. 윗글에서 말하고 있는 명시적 지식과 암묵적 지식의 개념은 무엇인지 설명해 보자.

2. 윗글에서 주장하고 있는 것처럼 인간의 행복도 '뇌에 새기는 연습'을 통해서 얻어질 수 있는 것인지 찬반으로 나누어 의견을 말해 보자.

3. 내가 겪은 중요한 고난과 역경 세 가지를 꼽은 후, 그 세 가지 경험에 대하여 긍정적으로 이야기를 만들어 글로 써보자.

심화읽기

자서전이란 자기 자신의 일생을 소재로 쓴 전기이다. 한 사람의 행적을 좇아가면서 일생 동안에 그가 겪은 의미 있는 일들을 기록한 것이 전기(傳記)이며, 글쓴이가 그 한 사람이 되는 전기가 자서전이다. 따라서 자서전은 일인칭 주인공의 이야기이며, 지난 과거의 기록이다. 근래에는 자신의 일생을 돌아보며 추억하거나 성찰하기 위해 자서전을 쓰고 싶으나 글쓰기에 어려움을 느끼는 사람들이 전문인의 도움을 받아 작성하기도 한다.

자서전은 개인에 대한 기록이지만 공감과 교훈을 얻을 수 있기에 이순신, 안창호, 벤자민 프랭클린Benjamin Franklin, 스콧 니어링Scott Nearing 등과 같은 국내외 위인들의 다양한 자서전이 추천 도서에 오르고 있다. 대체로 많은 독자층을 확보하고 있거나 필독서로 제시되는 자서전은 다른 사람들에게 귀감이 될 만한 인물의 자서전이다. 이 때문에 자신을 평범한 인물이라고 생각하는 사람 혹은 아직 오랜 삶을 살지 않아 교훈적인 경험이 적다고 생각하는 사람에게 자서전 쓰기란 가능하지 않은 것처럼 여겨지기도 한다. 하지만 큰 맥락에서 본다면 자서전은 자기를 소개하는 글이므로 누구나 쓸 수 있는 글이다.

고등학교 1학년 때에 있었던 일이 아직까지도 기억에 생생하다. 가까운 친지들을 초대해 집에서 파티를 열었는데, 대화 도중 누군가가 대니얼 웹스터라는 사람의 이름을 입에 올렸다. 학교에서 웹스터에 관해 배운 터라 안 그래도 내 나름대로 그의 인생에 대해 생각하고 있는 바가 있었다. 그의 이름이 나왔을 때, 나는 잠시 대화가 중단된 틈을 타 마음속에 있는 생각을 털어놓았다. “저는 그 사람이 형편없는 속물인 데다 술고래라고 봐요.” 비난의 말들이 나를 향해 빗발처럼 쏟아졌다. 사람들 앞에서 내 나름의 의견을 입 밖으로 내기는 그때가 처음이었다. 나는 그 순간 사회적 비난이 어떤 것인지를 여실히 느꼈다.

그로부터 시간이 흐르면서 나는 그동안 아무런 의심 없이 받아들여 온 익숙한 환경으로

부터 드디어 머리를 내밀게 되었다. 그리고 가족들과 거리를 갖고 독립하여 나 자신을 주장하고 표현하는 방법을 점차 터득하게 되었다.

내가 태어나 자란 곳은 펜실베이니아 주 티오가 카운티의 가파른 언덕과 좁은 계곡들 사이에 위치한 탄광 지대였다. 우리 집은 캐나다솔 송나무, 소나무, 그리고 군데군데 활엽수들이 빽빽이 들어찬 처녀림의 한 가장자리에 있었다. 어린 소년의 눈에는 거대한 나무들이 끝도 없이 멀리까지 이어져 있고, 하늘을 찌를 듯 높이 솟은 것처럼 보였다. 숲속에 들어가면 컴컴하고 인기척이 없어 무섭기도 했지만, 깊이며 표지 같은 것을 하나둘 알게 되면서부터 서서히 익숙해졌다. 숲은 나의 놀이터였고, 키 큰 나무들은 놀이동무였다.

모리스런은 이렇다 할 만한 사건이 거의 일어나지 않는 작은 시골 마을이었다. 이런 시골에는 하찮은 일마저도 커다랗게 부풀려지기가 일쑤였다. 내가 아주 어렸을 때 폭설이 내린 어느 해 겨울의 일이 기억난다. 당시 나는 깊은 눈 속에서 넘어지면 혼자 힘으로 일어서지 못하고 누군가가 뒤에서 잡아당겨 일으켜 주어야 할 정도로 몸집이 아주 작았다. 그해 적설량은 무려 3피트나 되었다. 눈보라가 몰아치고 난 뒤 며칠 동안 모리스런 개천을 따라 구불구불 나 있는 철로가 눈에 파묻혀 기차 운행이 두절되었다. 그러던 어느 날 이른 아침 멀리서 우르릉, 굉음이 들려왔다. 우리는 대문으로 뛰어갔다. 기관차 두 대가 계곡을 뚫고 오고 있었는데, 자세히 보니 앞쪽 기관차에 V자 형태의 제설기가 달려 있었다. 우리 가족은 물론이고 마을 사람들 모두가 나와, 기차가 눈을 헤치며 다가오는 모습을 지켜보았다. 그리고 마침내 기관차가 우리 앞을 통과할 때, 사람들은 일제히 고함을 지르며 환호했다. 그해 겨울의 일은 두고두고 사람들 입에 오르내릴 만큼 엄청난 사건이었다.

(중략)

다섯 살인가 여섯 살 때, 할아버지가 사업차 뉴욕에 가면서 나를 데리고 가셨다. 그때 뉴욕의 모습이 어땠는지는 잘 기억나지 않지만, 우리가 묵었던 집은 아직도 기억에 생생하다. 그 집에 사는 사람들은 다 백발이 성성한 노인들이었다. 혹시 우리가 그 집에 묵는 동안 그 노인들 가운데 누가 죽어 나가기라도 하면, 사람들이 우리 탓을 하지나 않을까 걱정했던 기억이 난다. 어느 날 저녁 할아버지는 나를 극장에 데리고 가셨다. 연극이 절정에 이르렀을 때, 진짜 살아 있는 말 두 마리가 연기를 내뿜은 소방차를 끌고 무대로 나왔다. 아마도 내가 너무 신이 난 나머지 큰 소리로 떠들어댔던 모양이다. 극장 안내인이 할아버지한테 다가와 "아이 좀 조용히 시키거나 데리고 나가세요." 했으니 말이다.

나는 여섯 남매 중 맏이였다. 내 밑으로는 누이동생 셋 — 메리(미시), 도로시(도페이), 베아트리스(베아) — 과 남동생 둘 — 거이와 맥스 — 이 있었다. 우리는 다들 고만고만한 나이라(여섯 남매가 모두 두 살 아니면 세 살 터울이었다) 잘 어울려 지냈다.

우리 집 남매들은 아주 어려서부터 다양한 개성을 드러냈다. 미시는 우리 식구 중에서 예술 쪽으로 재능이 가장 뛰어났다. 바이올린을 연주했는데, 대학 시절에는 연극배우로도 두각을 나타냈다. 뿐만 아니라 노래도 잘하고 글도 잘 썼다.

도페이는 온순하고 마음씨가 고우며 수줍음을 잘 탔다. 우리 집에서는 도페이가 '아버지의 귀염둥이'로 통했다. 도페이가 다섯 살쯤 되었을 때 어머니는 도페이가 집 뒤에 웅크리고 앉아 두려움에 흐느끼고 있는 것을 발견했다. 도페이보다 두 살 아래인 거이가 두 손으로 망치를 든 채 도페이를 딛고 서 있었던 것이다. 도페이는 위기일발의 순간을 무사히 넘기고 착실한 여고생으로 성장했으며, 그 후에는 브린모어 대학에서 열심히 공부했다.

(중략)

산골 마을에서 보낸 어린 시절을 돌아보면 많은 사람들이 마음속에 떠오른다. 말들을 보살피고 우리를 말에 태워 마을을 돌아다녔던 호러스 워드. 우리 가족을 위해 음식을 만들고 우리 육 남매 돌보는 일을 도왔던 스코틀랜드 여자 바버러 로슨. 할아버지의 영국인 가정부 클라라 임즈, 친절한 광산 십장 마이크 드리스콜, 이웃에 살던 농부 짐 코프, 나귀를 타고 다니던 벌목반 반장 프랭크 처치, 광업사 회계원 P. F. 오도넬, 광업사 사무실에서 근무하던 작달막한 남자 윌 팁튼 등, 많은 사람들이 내 어린 시절을 거쳐 갔다. 어떤 이는 내 삶을 잠시 스치고 지나가고, 어떤 이는 더 오래도록 내 삶에 남아 있었다.

스콧 니어링, 『스콧 니어링 자서전』, 김라합 옮김, 실천문학사, 2000, 47~54쪽.

생각 키우기

1. 스콧 니어링에 대하여 조사를 한 후 위에 제시되어 있는 이야기가 스콧 니어링에게 의미하는 바는 무엇인지 이야기해 보자.

2. 추천할 만한 자서전을 제시하고 그 이유를 서로 이야기해 보자.

3. 내 생애에 일어난 흥미롭거나 재미있는 일화(episode)와 그 외에 기억에 남는 중요한 사건(affair)의 리스트를 작성해 보자.

4. 위에서 작성한 일화와 사건 리스트와 관련한 사진 자료를 찾아 정리하고 사진에 대하여 설명하는 글을 써보자.

5. 사진 자료가 확보된 일화나 사건 중심으로 자서전 양식의 글을 써보자.

쓰기와 놀다

✤ 자서전 쓰기

자서전이란 일인칭으로 쓴 회고록으로 자기 표현 글쓰기의 대표적인 장르 중 하나이다. 주로 노년층에서 지나온 일생을 회고하면서 쓰는 글이었으나, 최근에는 주체성을 확립하는 데에 좋은 효과가 있는 것으로 인식되어 젊은이들에게도 자서전 쓰기를 권하고 있다. 무엇보다 자서전은 '나'를 주인공으로 하는 글이며, '나'를 감추지 않고 적극적으로 나타내는 글이다. 그렇다고 해서 자서전이 자기 자랑으로만 채워지는 글은 아니다. 지난 시간을 돌아보며 쓰는 글인 만큼 성찰의 내용이 담기기도 한다.

자서전을 쓰기 위해서는 우선 형식과 주제를 결정해야 한다. 일인칭으로 쓰는 글이라고 해도 편지의 형식을 띤 현재형으로 쓸 것인지 진술의 형식을 띤 과거형으로 쓸 것인지, 또는 주요 사건별로 나누어 전개할 것인지 시간의 흐름에 따라 쓸 것인지 선택해야 한다. 자서전이라고 해서 주제 없이 쓰는 글은 아니다. 지나 온 시간에 벌어진 모든 일들을 기록하는 것이 아니라 그 가운데 선별해서 써야 하기 때문이다. 대개 자서전의 주제는 직업과 깊은 관련이 있다. 농업인, 사업가, 교육자, 정치가, 공무원, 예술가 등 직업을 가지기 위해 노력하고 직업에 복무한 시간이 일생의 기간에서 많은 부분을 차지하기 때문이다. 그렇다고 하더라도 직업 이외에 가족이나 친구, 선후배 등 인간관계가 차지하는 비중 역시 상당히 크기에 아직 어린 청소년들은 인물을 주제로 한 자서전을 써 보는 것도 좋을 것이다.

다음에 제시된 글은 대다수의 지식인들이 추천하는 벤자민 프랭클린 자서전의 일부이다. 미국의 사업가이자 언론인, 정치가, 그리고 과학자였던 프랭클린은 19년이나 걸려 자서전을 완성하였다. 이 자서전은 전 세계로 번역 출판되어 권장 도서로 손꼽히고 있다. 프랭클린 자서전은 단순히 성공한 영웅의 일대기가 아니라, 성실하고 겸손하게 삶을 살아가는 인간의 자세를 모범적으로 보여 준다는 점에서 많은 독자들이 감동을 받고 있다. 예시된 글에는 그가 사랑한 여인과 친구들에 관한 이야기가 담겨 있는데, 남다르다기보다 친근감과 공감을 느낄 수 있는 부분이다.

<자서전의 예>

그 무렵 나는 리드 양과 만나고 있었다. 난 그 여자를 진정 사랑하고 존경했으며 그녀 역시 나와 같은 마음이었던 것 같다. 하지만 나는 오랜 항해를 앞두고 있었고, 더군다나 그녀와 나는 아직 열여덟 살을 갓 넘었을까 말까 하는 나이여서 그런지 리드의 어머니는 상당히 신중한 태도를 취했다. 그녀의 어머니는 당시 둘의 사이가 가까워지는 것은 현명하지 못하다고 생각하는 것 같았다. 결혼을 허락한다 해도 내가 영국에서 돌아온 후, 그리고 내가 계획했던 바대로 인쇄소를 차려서 어느 정도 제 구실을 할 수 있을 때에야 비로소 우리 사이를 허락하실 것 같았다. 나는 내 미래를 확신했지만 리드의 어머니는 그러지 못한 모양이다.

이 무렵 나는 찰스 오즈번, 조셉 왓슨, 제임스 랠프 등 새로운 친구를 만났는데, 그들은 모두 책을 좋아하였다. 오즈번과 왓슨은 읍에서도 유명한 공증인이었던 찰스 브로그넨, 즉 양도증 작성업자의 서기였고 랠프는 어느 상점의 정직한 청년이었다. 왓슨이 신앙심이 깊고 분별력이 있는 정직한 청년이었다면, 나머지 두 사람은 종교적 규율에 그리 구애받지 않았다. 특히 랠프는 콜린스처럼 나의 경향에 영향 받았고, 그 때문에 나를 괴롭혔다.

오즈번은 똑똑하고 솔직하며 담백하고 성실한데다가 친구들과의 우정도 돈독했다. 그리고 문학 이야기가 나오면 비평하기를 아주 좋아했다. 랠프는 재주 있고 태도도 온순하며 대단한 웅변가이기도 했다. 내 생각으로는 그 친구보다 더 말을 잘하는 사람을 만난 적이 없었던 것 같다. 오즈번과 랠프는 시에도 관심이 깊어 곧잘 시작도 했다.

(중략)

그런데 만날 날이 가까워진 어느 날 랠프가 나를 찾아와서 자기 것은 다 되었다고 했다. 난 바쁘기도 하고 마음도 내키지 않아 아직 쓰지 못했다고 하니까 그는 자기가 쓴 것을 보이며 내 의견을 물었다. 내가 보기에 그가 잘 쓴 것 같아 난 그를 칭찬해 주었다. 그랬더니 그는, "터놓고 하는 얘기지만 오즈번은 내 작품이라면 아무리 잘된 것이라도 결코 인정하지 않아. 그는 단순한 질투심으로 별별 결점을 다 끄집어낸단 말이야. 그런데 자네에 대해서는 별로 질투하지 않는 것 같더군. 그러니 괜찮다면 자네가 이걸 갖고 가서 자네 것이라고 해 봤으면 좋겠네. 우린 그 녀석이 이걸 보고 뭐라고 하는지 지켜보는 것이 어때?" 하는 것이었다.

✣ 자서전 쓰는 법

- 앨범이나 일기장 등 자기 자신과 관련된 자료들을 가능한 한 많이 모아 놓는다.
- 모은 자료들을 하나하나 살펴보면서 기억나는 것들을 메모한다.
- 자료와 메모를 검토하면서 쓸거리를 주제에 맞춰 선별한다.
- 자서전은 한 사람의 일대기를 회고한 글이므로 통일된 하나의 큰 주제를 찾기 힘들 경우 작은 소주제를 몇 가지 선택하여 쓸 수도 있다.
- 선별해 놓은 쓸거리와 관련하여 구체적인 자료를 더 수집한다.
- 쓸거리를 시간의 흐름에 따라 배열한 후 하나씩 작은 이야기로 만들고 소제목을 붙인다.
- 작은 이야기들을 시간의 흐름에 따라서 혹은 주제별로 혹은 그 외 다른 방법으로 구성한다.
- 사진이나 그림 등 다양한 증거물들과 함께 다시 배열한다.
- 배열한 이야기들이 자연스럽게 읽힐 수 있도록 이야기와 이야기 사이를 연결하는 문장을 넣는다.
- 작은 이야기의 소제목들을 배열 순서대로 작성하여 목차를 만든다.
- 자서전을 쓰게 된 배경과 그 의미에 대하여 짧은 글을 써서 머리말로 제시한다.
- 퇴고를 거쳐 완성한다.

도움이 되는 책

가네시로 가즈키. 『GO』. 김난주 옮김. 북폴리오, 2012.

김선현. 『그림 속에서 나를 만나다』. 웅진지식하우스, 2012.

김주환. 『회복탄력성』. 위즈덤하우스, 2011.

롤로 메이. 『자아를 잃어버린 현대인』. 백상창 옮김. 문예출판사, 2010.

박완서. 『못 가본 길이 더 아름답다』. 현대문학사, 2010.

벤자민 프랭클린. 『프랭클린 자서전』. 양수정 옮김. 범우사, 2006.

빈센트 반 고흐. 『빈센트 반 고흐 편지 선집』. 박홍규 편역. 아트북스, 2009.

스콧 니어링. 『스콧 니어링 자서전』. 김라합 옮김. 실천문학사, 2000.

이부영. 『자기와 자기실현』. 한길사, 2002.

정재승 · 진중권. 『크로스』. 웅진지식하우스, 2009.

토마스 만. 「토니오 크뢰거」. 『노벨문학상전집 5』. 편집부 옮김. 한국중앙문화공사, 1990.

제2장

타인에 대한 이해와 공감적 글쓰기

가장 성숙한 형태의 공감은 전체 집단이나
심지어 동물 전체의 고통을 자신의 고민으로 경험할 수 있는 능력이다.
부모와 교감하는 정서적 양육, 길어지는 사춘기, 다양한 문화 접촉,
세계 경제의 상호 의존성, 인터넷과 생활 스타일의 국제화는
보편적 공감 능력을 더욱 확장시키고 있다.
이것이야말로 인간의 진화이다.
:: 제레미 리프킨Jeremy Rifkin

위 그림은 폴란드 아우슈비츠 박물관 입구에 걸려 있는 제2차 세계 대전 당시 독일의 수용소 풍경이다. 죽음과 기아의 공포에 떨고 있는 수용자들이 강제 노동을 위해 질서 있게 걸어가는 모습은 총칼을 들고 옆에 서 있는 독일군들의 여유로운 모습과 대조적이다. 유대인들이 겪는 강제 노동의 고통에 대해 독일 군인들이 공감하지 못했던 것은 수용자들의 머리 위로 보이는 'ARBEIT MACHT FREI'(노동이 너희를 자유롭게 하리라)라는 기만적 구호와도 관련 있다. 이 구호는 당시 독일군이 운용하던 유럽 곳곳의 수용소에 공통적으로 걸려 있었다. 유대인들의 고통에 공감하는 것보다 나치가 제공하는 기만적 구호를 믿는 것이 독일 군인들에게는 더 쉬운 선택이었을 것이다. 하지만 쉬운 선택의 결과로 인류는 문명의 진보를 송두리째 부정해 버리는 최악의 전체주의 시대를 경험해야 했다.

이 장에서는 타인에 대한 이해를 바탕으로 공감적 글쓰기 연습을 하려고 한다. 글은 글쓴이와 읽는 이의 만남을 매개하는 의사소통 수단이다. 한 편의 좋은 글을 통해 독자는 글의 내용을 이해하는 데에 그치지 않고 작가와의 인격적 만남을 경험하는 것이다. 거꾸로 말하면, 독자와 작가의 인격적 만남이 없는 글은 좋은 글이 아니다. 그런데 인격적 만남은 서로에 대한 이해를 전제로 한다. 그리고 이러한 이해의 출발은 타인의 입장이 되어 보는 것이다.

우리는 일상생활에서 다른 사람의 입장에서 생각해 보라는 말을 자주 듣는다. 이는 주로 다른 사람의 심정을 이해하고 헤아릴 수 있어야 한다는 의미로 사용된다. 하지만 이 장에서 '타인의 입장'이 되어 본다는 것은 단순히 다른 사람의 심정을 이해하는 차원이 아니다. 이 장에서 '타인의 입장'이 되어 본다는 것은 '타인'의 입장이 되어서 '나'를 다시 보고, 나아가 '나'에 대한 새로운 이해에 이르는 선순환적 과정을 의미한다.

사람의 성격은 다양하지만 우리는 서로 조화를 이룰 수 있다. 서로 다른 성격 간에는 항상 불화가 생길 여지가 많으나, 상호 간의 문제 해결 능력도 배가될 수 있다. 이를 위해 몇 가지 지표를 통해 사람들의 성격을 유형화하고, 감정 이입을 통한 '친구 소개서'를 쓰고, 남녀의 차이에 대해 논의하는 활동 등을 가질 것이다.

타인에 대한 이해는 단순히 특정한 개인에 대한 이해에 머물지 않는다. '공감'을 인간의 근본적 도덕관념으로 내세우는 공감 이론에 의하면, 타인에 대한 이해를 통해 우리는 사회와 문화에 대한 이해, 인간 존재에 대한 근본적 이해로 나아갈 수 있다. 그리고 이러한 공감 능력의 확장이야말로 오늘날 인종, 환경, 계급 등의 영역에서 발생하고 있는 전 지구적 위기를 극복할 수 있는 강력한 대안이다.

1. 나와 타인에 대한 새로운 이해

타인에 대한 이해는 나와 남이 다를 수밖에 없다는 사실을 이해하는 데에서 출발한다. 세상의 수많은 사람들은 각각 서로 다른 유전적 영향과 환경적 영향 아래에서 살아간다. 이처럼 나와 남이 다르다는 사실 때문에 우리는 사회생활에서 어려움을 겪을 수밖에 없다. 하지만 우리는 바로 이러한 차이 때문에 사회가 더 오래 지속되고 건강해진다는 사실을 인식해야 한다. 유전학적 다양성을 지닌 동물들이 생태계의 변화에 더 잘 적응한다는 생물학적 상식을 인간 세상에도 적용할 수 있는 것이다.

그러나 타인에 대한 이해를 위해 사람들 간의 차이를 강조하기만 해서는 안 된다. 세상 사람들이 모두 다르기만 한 것은 아니기 때문이다. 이 세상의 모든 사람들은 99.9%의 유전자를 공유하고 있으며, 동서고금을 막론하고 사람이 살아가는 방식에는 일정한 패턴이 존재한다. 다양한 사람들을 몇 개의 유형으로 나누는 것은 어떻게 보면 몹시 위험한 사고방식이지만, 동시에 수많은 사람들과 관계를 만들어 나가는 과정에서 매우 유용한 도구가 될 수도 있다.

1) 성격의 재발견

사람의 성격은 모두 다르다. 타고난 기질에 따라서 다르기도 하고, 후천적 요인에 의해 바뀌기도 한다. 그런데 이러한 '다름'을 그냥 '다름'으로 두지 않고 몇 개의 유형으로 나누어 그 특징을 비교하려는 연구자들이 있었다. 대표적 인물로 미국의 심리학자 이사벨 브릭스 마이어스Isabel Briggs Myers를 들 수 있다.

그녀는 사람이 크게 네 가지의 양극적인 선호 경향을 갖고 있다고 보았다. 우리가 흔히 생각할 수 있는 내향적 성격과 외향적 성격이 그 첫 번째이다. 외향적 성격을 지닌 사람은 대개 사교적이며, 정열적이기 때문에 폭넓은 대인 관계를 유지한다. 이에 반해 내향적 성격을 지닌 사람은 침착하고 신중하기 때문에 깊이 있는 대인 관계를 유지하는 경우가 많다. 그녀가 분류한 두 번째 양극적 선호 경향은 감각과 직관이다. 이는 정보 수집의 주된 방법이 감각에 의존하는가, 직관에 의존하는가에 따른 분류이다. 이 밖에도 그녀는 판단의 준거를 생각과 감정으로 구분하고 사람에 따라 이 두 가지 중 어느 한 가지에 편향되어 있다고 하였다. 그녀가 제시한 마지막 성격 유형은 판단형과 인식형이다. 판단형 인물은 한번 정한 목표를 수정하지 않고 정해진 기한 내에 엄수하려고 노력하지만, 인식형 인물은 상황에 따라 유연하게 목표를 수정하려는 경향이 강하다.

나는 개인적으로 이런 확신을 갖고 있다. 우리가 삶을 살면서 겪는 비육체적인 고통과 스트레스는 선의의 사람들 사이에서 일어나는 오해의 결과라는 믿음이 그것이다. 아울러 나는 그 고통과 스트레스가 돌이킬 수 없는 불화 때문에 일어나는 것이 아니라는 믿음도 갖고 있다. 만약에 그런 나의 믿음이 사실이라면, 우리의 행복 수준을 높이는 방법도 멀리 있는 것이 아니다. 각자 스스로를 더 잘 이해하고, 주어진 정보를 최대한 활용하여 합리적 결론에 도달하고, 그렇게 해서 일어난 우리의 생각과 바람을 다른 사람들에게 제대로 전달할 수만 있다면 일상에서 삶의 질은 한층 나아질 것이다. 다른 사람들이 나와 어떻게 다른지를 제대로 이해하고 그 다름을 인정할 수 있다면, 그리하여 우리가 그들이 이해하고 편안함을 느낄 방식으로 의사소통을 꾀할 수 있는 길을 발견할 수 있다면, 당연히 사람들 사이에 보다 멋진 협력과 조화가 가능해질 것이다.

(중략)

스미스와 존스라는 가상의 인물을 예로 들어 보자. 스미스가 어떤 일을 제안한다. 그런데 스미스는 존스가 그 일에 동의하기가 지극히 어려울 것이라는 점을 미리 알고 있다. 그럴 경우에는 존스가 스미스의 제안에 동의하지 않더라도 존스의 행동이 그렇게 야박하게 보이지 않을 수도 있다. 존스가 스미스의 것과는 너무나 다른 결론에 도달하더라도, 그것은 존스가 고의로 그러는 것이 아니라 성격 유형이 다른 데서 나오는 자연스러운 결과라는 판단이 가능하기 때문이다.

그런 식으로 성격 유형을 참작할 때 스미스는 한 가지 사실을 마음에 간직할 필요가 있다. 존스의 경우 스미스가 강한 부분에서 약한 면모를 보이지만, 역으로 스미스가 약한 부분에서 강할 수 있다는 사실이다. 예컨대 사색가들은 감정형의 사람에게서 논리의 부족을 간파할 것이며, 그 사람이 논리적이지 못하기 때문에 그의 판단을 과소평가하는 경향을 보인다. 사색가의 입장에서는 감정을 불신할 이유가 있다. 자신의 감정이 산만하여서 그렇게 큰 도움이 되지 않는다는 점을 잘 알고 있는 사색가들은 결정을 내릴 때에는 감정이

개입하지 못하도록 막으려고 노력하며 다른 사람의 감정도 자신의 것이나 똑같이 믿을 가치가 없다고 단정한다. 실제로 보면, 감정형 사람의 감정은 사색가의 사고보다 훨씬 더 노련한 판단이 될 수도 있다. 이를테면 사람들이 가장 소중하게 여기는 것이 무엇인지를 판단할 때가 그런 경우이다.

이와 마찬가지로 직관형의 사람들은 감각형의 사람이 아이디어를 직관적으로 처리하지 않는다는 사실을 알며, 따라서 감각형의 인식을 과소평가하려는 경향을 보이기 쉽다. 그들은 감각형의 현실 파악 능력이 자신들의 능력보다 훨씬 더 예리하다는 사실을 깨닫지 못하는 것이다. 감각 유형의 사람도 그와 비슷한 실수를 저지른다. 자신들의 뛰어난 현실 파악력에 의지하면서, 그들은 직관적인 영감이면 무엇이든 불신하는 경향을 보인다. 제대로 발달하지 못한 그들의 직관이 영감에 그만한 가치를 부여하지 못하기 때문이다.

이상적으로 말하면, 성격 유형이 서로 반대인 사람들은 사업이나 결혼처럼 공동으로 수행하는 일에서 서로를 보완할 수 있어야 한다. 어떤 문제를 놓고 서로 반대되는 두 가지 접근이 이뤄질 때, 반대의 시각이 없을 경우에 자칫 보지 못하고 넘어갈 것까지 노출시킬 가능성이 크다. 그러나 반대의 정도가 지나치게 강할 경우에는 두 사람이 함께 일하는 것이 어려워진다. 심지어 상대방의 성격적 특징을 잘 파악하고 있을 때조차도 공동 작업은 힘들게 된다. 가장 훌륭한 동료는 아마 인식이나 판단 중 하나가 다르면서도 적어도 다른 선호 하나에서는 서로 엇비슷한 사람들일 것 같다. 판단과 인식 중 하나가 다른 것은 유익하며, 두 사람이 공통적인 선호를 두 개 이상 갖고 있다는 사실은 서로를 이해하고 의사소통하는 데 도움이 될 것이다.

이사벨 브릭스 마이어스, 『성격의 재발견』, 정명진 옮김, 부글, 2008, 196~197쪽.

생각 키우기

1. 사람들의 성격을 유형화하는 것은 개인의 다양한 개성을 무시하고, 개인에게 잠재된 정반대의 성격을 억압하는 기제가 되기도 한다. 성격 유형화를 통해 타인을 이해하고, 인간관계를 개선할 수 있다는 윗글의 논리에 대해 찬반 의견을 밝히고, 그 이유를 말해 보자.

2. 다음 문항에 점수를 매겨보자.

(매우 그렇다 4점, 약간 그렇다 3점, 보통이다 2점, 별로 그렇지 않다 1점, 전혀 그렇지 않다 0점)

문항	측정 지표	점수	합계
1	혼자 있을 때보다 남들과 함께 있을 때에 활력을 얻는다.		
2	남의 말을 '듣기'보다는 남에게 '말하기'를 더 좋아한다.		
3	어떤 상황에서도 빠르게 대응하는 것을 좋아한다.		
4	특정한 내용을 설명할 때에, 하나부터 열까지 자세하게 설명하려 하기 때문에 장황스러운 경향이 있다.		
5	비현실적인 이야기를 듣고 있으면 참기 어렵다.		
6	새로운 기술을 익히기보다는 이미 익힌 기술을 활용하고 싶어 한다.		
7	남들이 나를 차갑고, 무뚝뚝해 보인다고 한다.		
8	남의 기분에 맞춰주기보다 공정하고 논리적으로 행동하는 것이 중요하다.		
9	어려운 문제를 해결할 때에 꼼수나 요령을 부리지 않는다.		
10	선택하기 어려운 상황에서도 '결정'을 내리고 나면 속이 후련하다고 느낀다.		
11	무슨 일이든 끝맺음을 확실하게 하지 않으면 불안해한다.		
12	하고 싶은 일보다 해야 할 일을 먼저 하는 편이다.		

1, 2, 3번은 외향형(E) Extraversion과 내향형(I) Introversion을 구분하는 지표이다. 세 지표의 점수 합이 7점 이상이면 '외향형(E) Extraversion'이라고 할 수 있다. 4, 5, 6번은 감각형(S) Sensing, 직관형(N) iNtuition을 구분하는 지표이고, 7, 8, 9번은 사고형(T) Thinking, 감정형(F) Feeling을 구분하는 지표이며, 10, 11, 12번은 판단형(J) Judging, 인식형(P) Perceiving을 구분하는 지표이다. 이를 도표로 나타내면 아래와 같다.

문항	측정 선호 경향	'나'의 선호 경향
1	외향형(E) Extraversion 내향형(I) Introversion	합산 점수 7점 이상 ► E 7점 미만 ► I
2		
3		
4	감각형(S) Sensing 직관형(N) iNtuition	합산 점수 7점 이상 ► S 7점 미만 ► N
5		
6		

7	사고형(T) Thinking 감정형(F) Feeling	합산 점수 7점 이상 ► T 7점 미만 ► F
8		
9		
10	판단형(J) Judging 인식형(P) Perceiving	합산 점수 7점 이상 ► J 7점 미만 ► P
11		
12		

MBTI에서는 위와 같은 지표에 의거하여 사람의 성격유형을 다시 16가지로 분류한다. 누군가 1, 2, 3번 문항의 합산 점수에서 7점 이상을 받고, 4, 5, 6번 문항의 합산 점수에서 7점 미만을 받고, 나머지에서 각각 7점 이상을 받았다면 그의 성격 유형은 'ENTJ'형이 되는 것이다.

3. 한국 MBTI 연구소(www.mbti.co.kr) 웹사이트를 방문하여 마이어스가 밝힌 네 가지 지표(외향/내향, 감각/직관, 사고/감정, 판단/인식)에 대해 더 조사해 보자. 사이트의 'MBTI의 이해' 하위에 있는 '16가지 성격 유형' 메뉴를 참고하여 각자의 성격 유형이 어떤 특징을 갖고 있는 조사해 보자. 성격 유형에 대한 MBTI 연구소의 설명과 자신이 평소 알고 있는 '자기'에 대한 설명이 일치하는가?

2) 조해리의 창(Johari Window)

미국의 심리학자 조셉 루프트Joseph Luft와 해리 잉햄Harry Ingham은 인간의 마음을 네 가지 영역으로 구분할 수 있다는 가설을 세웠는데, 이를 '조해리의 창'이라 한다. 조해리의 창을 간단하게 도해하면 X축을 '자신'으로 하고, Y축을 '타인'으로 하는 좌표 평면 위에서 네 분면을 모두 지나고 있는 사각형의 모양이 된다. 이때 플러스 축은 '공개'를, 마이너스 축은 '은폐'를 의미한다.

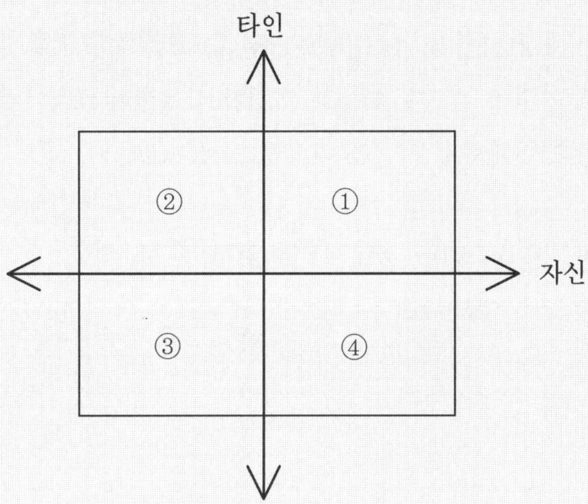

위 그림에서 ①은 자신과 타인에게 모두 공개된 영역, ②는 자신에는 은폐되어 있으나 타인에게는 공개된 영역, ③은 자신과 타인 모두에게 은폐된 영역, ④는 자신에게는 공개되어 있으나 타인에게는 은폐된 영역을 의미한다. 사람은 누구나 위와 같은 네 가지 면을 갖고 있지만, 대개의 경우 특정 영역이 다른 영역에 비해 좀 더 크며, 그에 따라 각각의 성격을 유형화할 수 있다.

▷ 제1유형: ① 나도 알고 남들도 알고 있는 '나'가 큰 경우

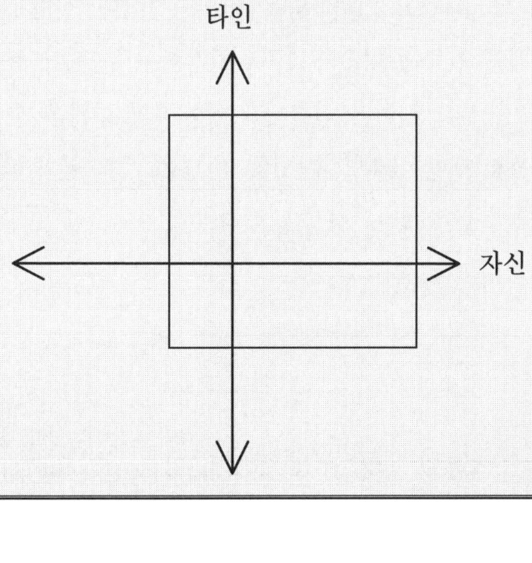

제1유형은 자신과 타인에게 모두 공개된 영역을 가장 많이 갖고 있는 경우이다. 외향적인 성격을 가진 사람들은 대개 제1유형에 속한다. 다른 사람에게 자신의 속내를 잘 털어놓고, 누구와도 격의 없이 지낸다. 타인과 공감하는 능력이 대체로 높지만, 의외로 자신과 다른 성격의 타인을 이해하지 않으려는 고집스러움이 있다.

▷ 제2유형: ② 남들만 알고 있는 '나'가 큰 경우

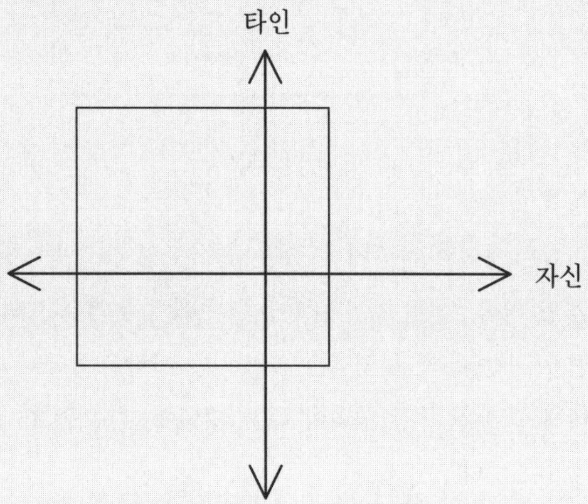

제2유형은 자신에게는 은폐되었지만 타인에게는 공개된 영역이 큰 경우이다. 다른 사람들이 남보다 나에 대해서 더 잘 알고 있는 경우가 많은 것이다. 살다보면 우리는 타인의 시선을 통해 자신을 새롭게 발견하는 경우가 있다. 자신이 시 창작에 특별한 재능이 있다고 생각하지 않았는데, 수업 시간에 국어 선생님의 공개적인 칭찬을 통해 자신의 재능을 새롭게 발견한 경우를 상상해 보면 이해할 수 있다. 반면에 이 유형의 인물들 중에는 공주병이나 왕자병에 걸렸다고 놀림을 받는 경우도 있다.

▷ **제3유형: ③ 나도 모르고 남들도 모르는 '나'가 큰 경우**

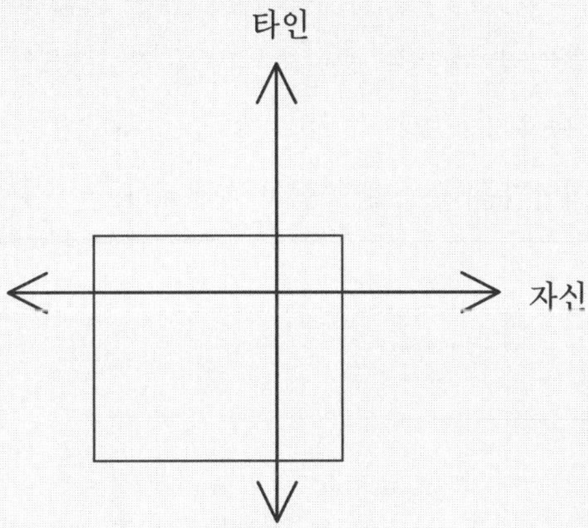

프로이트는 인간의 뇌 활동을 자각할 수 있는 의식의 영역과 자각할 수 없는 무의식의 영역으로 구분하였다. 그리고 자각할 수 있는 의식의 영역은 마치 빙산의 일부처럼 아주 작은 부분에 지나지 않는다고 하였다. 그의 말을 모두 받아들이기는 어렵겠지만, '나'에게는 나와 타인 모두가 의식하지 못하는 또 다른 자아가 있으며, 의식할 수 없는 그 자아 역시 소중한 '나'임을 이해하는 것은 정신건강에 큰 도움이 된다. 다만 3번 영역이 너무 큰 경우에는 스스로가 자신을 제어할 수 없는 지킬 박사 같은 신경증 환자가 될 수 있다.

▷ **제4유형: ④ 남들은 모르지만 나만 알고 있는 '나'가 큰 경우**

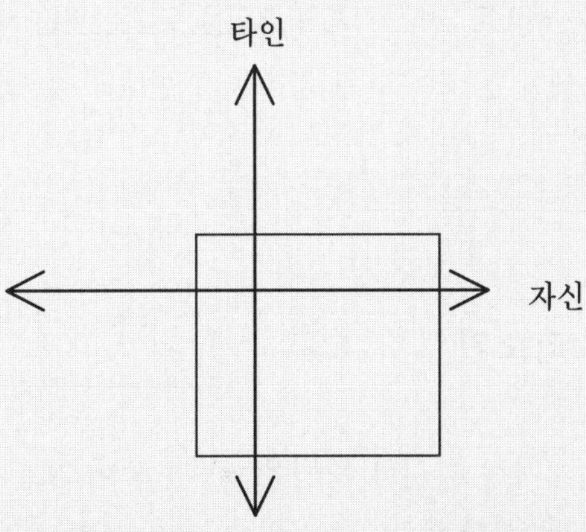

우리는 가끔 친하다고 생각했던 친구에게서 의외의 모습을 발견하기도 한다. 우리가 누군가를 온전히 이해한다고 자신하는 것만큼 어리석은 생각이 없다. 대개의 사람들은 주변 사람들의 시선만으로는 결코 알 수 없는 그만의 내면을 갖고 있다. 하지만 이러한 영역이 너무 크면 진실한 친구를 만나기 어려울 수 있다. 아무리 사귀어도 도무지 이해할 수 없는 사람과는 마음 속 깊은 이야기를 나누기 어렵기 때문이다.

생각 키우기

1. 자신의 성격을 유형화하여 조해리의 네 가지 창 중에서 하나를 선택한다면, 자신은 어느 유형에 속한다고 생각하는가? 왜 그렇게 생각하는지 말해 보자. 그리고 주변에서 친하게 지내는 친구들의 의견을 들어 보자. 혹시 친구들의 의견과 나의 의견이 서로 다르다면 왜 그런지 분석해 보자.

2. “열 길 물속은 알아도 한 길 사람 속은 모른다.”는 말이 있다. 특정한 개인은 몇 마디의 말만으로는 결코 온전히 규정할 수 없다. ‘외향적이다, 내향적이다, 감정적이다, 직관적이다’ 등의 말들이 그 사람의 특징을 이해하는 데에 도움을 주기도 하지만, 역설적으로 그러한 말들을 통해 그 사람을 오해하는 결정적 계기가 되기도 한다. 각자의 경험을 토대로 어떤 사람에 대한 특정한 표현(말)이 그 사람을 이해하는 데에 큰 도움이 된 경우와 그 반대의 경우를 찾아보자.

2. 타인의 시선으로 바라보기

다른 사람을 이해할 수 있는 가장 확실한 방법은 ‘그’가 되어 보는 것이다. 세상 사람들에게는 모두 제각각의 특수한 상황이 있다. 자신이 직접 그러한 상황에 놓인다면 이해하기 어려웠던 그 사람의 말이나 행동들을 새롭게 이해할 수 있을 것이다. 물론 ‘내’

가 '그'가 될 수는 없다. 하지만 사람은 감정이입을 통해 다른 존재가 처한 상황을 보다 내밀하게 이해할 수 있다. 감정이입을 통해 우리는 힘없고 억울한 사람이나, 심지어 버려지고 학대받는 애완동물의 처지까지도 공감하고 이해할 수 있는 것이다.

1) 감정이입을 통한 이해

감정이입은 다른 사람의 몸과 마음을 통해 세계를 지각하는 것이다. 『열린 사회와 그 적들』의 저자 칼 포퍼Karl Popper는 새로운 이해를 얻을 수 있는 가장 유용한 방법으로 감정이입을 지적하기도 했다. 감정이입을 통해 내가 '나 자신'이 아니라 '스스로 이해하고 싶은 것'이 될 때 세계에 대한 가장 완벽한 이해에 이를 수 있다는 것이다. 우리는 정말 타인을 이해할 수 있을까? 만약 이해할 수 있다면 어떤 원리를 통해 우리는 타인의 사고와 감정을 이해하는 것일까?

(가) 너는 내가 아니므로 너는 영원히 나를 이해할 수 없다. 나를 이해한다는 너의 발언 속에는 나를 속여 안심시킨 후, 너의 이익을 얻으려는 불순한 의도가 숨어 있을 것이다. 설령 너에게 아무런 흑심이 없다고 해도 결론은 마찬가지이다. 나를 진정으로 이해하는 것은 불가능하므로, 너는 나를 이해한다고 잘못 생각하고 있는 것이다. 즉 너는 너 스스로를 기만하고 있는 것이다. 친구와 다투고 나서 우울해하는 나를 가정해 보자. 너는 나와 다툰 그 '친구'와 다퉈 본 적이 없지 않은가? 만약 네가 바로 그 '친구'와 다퉈 본 적이 있다고 해도, 내가 오늘 다퉜던 때와 동일한 상황, 동일한 이유 때문에 다투지는 않았을 것이다. 따라서 오늘 내가 경험한 '우울함'은 나만의 특수한 시공간적 경험 속에 이루어진 유일무이한 사건이다. 나의 이 '우울함'을 너는 결코 이해할 수 없을 것이다.

(나) 갓 태어난 어린 아이들은 주변 환경과 자신의 심리 상태를 잘 구분하지 못하는 경향이 있다. 주위에서 자기 또래의 아이들이 울기 시작하면 대부분의 경우 다른 아이들도 비슷한 감정 상태에 빠진다. 주위의 아이들이 까르륵 웃을 때에도 마찬가지이다. 대부분의 아이들은 주변 아이들이 웃는 모습을 보면서 자신도 따라 웃는다. 이들의 행동 양식을 보

면 인간이 타인의 감정을 공감하는 것이 타고난 본능임을 알 수 있다. 인간은 감정이입의 능력을 타고 났기 때문에 사회를 이루고 문명을 발전시킬 수 있었다. 타인의 감정에 공감할 수 있는 능력을 전제하지 않는다면 사회적 존재로서의 인간의 본질은 논의할 가치조차 없는 것이다.

생각 키우기

1. 타인의 몸과 마음 상태를 이해하는 것에 대해 (가)와 (나) 글의 입장을 비교해 보자.

2. 자신의 몸과 마음 상태를 이해하지 못하는 타인을 만났을 때의 경험에 대해 이야기해 보자.

3. 자신의 몸과 마음 상태를 잘 이해해 주는 타인을 만났을 때의 경험에 대해 이야기해 보자.

4. 절친한 친구를 한 명 선택하여, 아래의 '친구 소개서 작성하기'에 따라 글을 써보자.

❖ 친구 소개서 작성하기

- 마치 자신이 그 친구가 된 듯이 감정을 이입하여 적는다.
- 친구의 성장 과정, 현재 상황, 미래 예측까지 모두 적는다.
- 친구의 장점과 단점, 아픔과 기쁨, 희망과 포부 등에 대해, 친구가 놀랄 정도로 친구에게 감정이입하며 적는다.

2) 이성에 대한 이해와 공감

우리는 살아가면서 특정한 사람들과는 쉽게 공감할 수 있었지만, 또 다른 사람들과는 공감하기 어려웠던 경험도 갖고 있을 것이다. 이러한 경험은 특히 나와 다른 환경에서 성장한 사람들과의 관계에서 더욱 두드러지게 나타난다. 사람들은 '나와 다른 환경'이라고 하면 흔히 국적, 인종, 계층적 차이를 떠올리지만, 사실 우리의 일상 속에서 가장 흔히 만나게 되는 '다른 환경'의 존재는 바로 '이성'이다. 남성과 여성은 여러 가지 사회적, 역사적, 그리고 유전적 배경 속에서 서로 다른 존재로 성장한다. 그러므로 이성이라는 존재가 자신과 어떻게 다르고, 또 어떻게 동일한지에 대해 깊게 성찰하고 이해하는 것은 세상의 모든 남성과 여성이 거쳐야 할 일종의 성인식이다.

하지만 우리가 한 가지 간과하는 것이 있다. 서로 다른 환경에서 성장한 타인과의 내밀한 만남을 통해 우리는 가속화된 정신적 성숙을 경험한다. 타인과의 만남이 없으면, 나의 성장도 없다. 나의 존재도 없다.

(가) 연애를 하는 20명의 남, 여에게 서로를 이해하기 가장 힘들 때에 대해 물었다.

남성들의 대답 순위는 아래와 같았다.

① 아무것도 안 했는데 갑자기 삐치는 것

② 화났을 때 이유를 말해 주지 않는 것

③ 살찌는 것 걱정하면서 다 먹을 때

④ 괜찮은데 자꾸 살 뺀다고 할 때

여성들의 대답 순위는 아래와 같았다.

① 화났는데 왜 화났는지 눈치 없이 물어보는 것

② 화났을 때 빈말로 한 말 진짜로 믿는 것(예를 들어 "가! 가란 말이야!")

③ 여자 친구보다 술과 게임이 더 중요한 것처럼 보일 때

④ 끊임없이 눈치 주었는데 못 알아차릴 때

위의 조사 결과를 분석해 보면 여자는 남자가 자신의 심리를 모른다는 것에 대해 화가 난 경우가 많다. 그러나 안타깝게도 대부분의 남성들은 여성의 심리를 제대로 알아차리지 못하고 있는 것 같다. 여성들은 상대방을 배려하기 위해 때로 내심과 다른 표면적인 행동을 보이기도 하는데 그것이 남성을 더욱 헷갈리게 만든 것이다. 대부분의 남성은 순간의 감정에 충실하게 행동하는 것이 상대방을 오히려 배려하는 것이라 생각한다.

(나) 여자들의 "헤어져!"는 "나한테 좀 더 관심 좀 가져줘.", "나 너에게 서운해."이지만, 남자들의 "헤어져!"는 말 그대로 "헤어져!"이다. 남자는 직설적으로 말해야 알지만 여자는 돌려 말한다. 여자는 남자가 왜 그리 롤(LOL: League of Legend, 온라인 게임)에 미치는지 모르겠다. 남자는 여자가 "오빠, 나 뭐 달라진 거 없어?"라는 질문을 받을 때마다 정말 당황스럽다. 아무리 봐도 진짜 모르겠다. 남자는 여자가 그냥 여자 사람인 친구를 왜 그리 경계하는지 모르겠다. 여자는 그 여자 사람 친구가 여우짓 하는 게 보인다. 그걸 왜 남자가 모르는지 모르겠다. 남자는 관심 없는 여자에게 돈과 시간을 쓰지 않는다. 여자는 관심 없는 남자에게도 비싼 화장품과 팩을 쓴다. 남자들은 오해하지 마라. 그녀의 화장이 당신에 대한 관심은 아니다.

생각 키우기

1. 윗글에서 가장 흥미롭고 공감이 가는 내용은 무엇인가? 왜 그렇게 생각하는가? 자신의 경험 속에서 유사한 사례를 제시해 보자.

2. 윗글에서 가장 동의하기 어려운 내용은 무엇인가? 왜 그렇게 생각하는가? 사례를 통해 자신의 의견을 뒷받침해 보자.

3. (가) 또는 (나)의 형식으로, 주제와 내용을 달리하여 한 편의 글을 써보자.

3. 공감의 진화

다양한 집단과 조직으로 세분화되고 전문화된 현대 사회에서 개인들은 그 어느 때보다 파편적이고 분절적인 삶을 살아가고 있다. 하지만 전 세계가 하나의 네트워크로 연결되고 집단과 집단, 개인과 개인의 접촉이 활발해지면서, 오늘날의 인류야말로 유사이래 가장 진화된 공감 능력을 갖게 되었다고 주장하는 학자들도 있다. 그들은 공감 능력을 통해 우리가 타인을 진정으로 이해할 수 있고, 사회와 문화에 대한 이해, 인간 존재에 대한 근본적 이해로 나아갈 수 있다고 주장한다. 그리고 이러한 공감 능력의 확장이야말로 오늘날 인종, 환경, 계급 등의 영역에서 발생하고 있는 전 지구적 위기를 극복할 수 있는 유력한 대안이라고 한다.

1) 공감의 시대

17세기 계몽주의자 토마스 홉스Thomas Hobbes는 인간의 본성을 공격적이고 이기적인 것으로 보았다. 자연 상태에서 인간은 가장 강한 최후의 한 명만 남을 때까지 '만인의 만인에 의한 투쟁 상태'에 빠질 것이라고 하였다. 홉스의 주장에 따르면 인간이 사회를 만든 것은 각 개인의 이기심을 억제하기 위한 불가피한 선택이다. 인간은 본질적으로 악하기 때문에 사회가 개인에게 행사하는 억압은 필요악이 되는 것이다. 하지만 인간의 본성을 불신하고, 개인의 억압을 정당화하는 홉스의 주장은 오늘날 자원 봉사자들의 증가와 전 지구적 유대감의 강화를 설명하기 어렵다. 홉스의 주장대로 인간은 점점 더 악해졌고, 이를 억제하기 위해 더욱 복잡한 사회적 관계가 필요한 것일까.

사회 구조가 복잡해질수록 역할은 더욱 차별화되고 자아의식은 더욱 뚜렷해진다. 동시에 다른 고유한 사람들이 분투하는 모습을 보면서 자신의 모습을 돌아보고 그들에게 더 많은 공감을 하게 될 가능성도 커진다. 공감이 확대되면 다른 사람의 곤경이나 형편을 마치 자기 자신의 것인 양 느끼게 되고, 동시에 거기 그 자리에 있었다는 이유로 자신의 자아의식이 강화되고 심화되는 역현상이 나타나기도 한다.

공감의 확장은 갈수록 복잡해지는 사회적 교류와 인프라를 가능하게 하는 사회적 접착제이다. 공감이 없는 사회생활이나 사회적 조직은 상상조차 할 수 없다. 자아도취에 빠진 사람, 반사회적 이상성격자, 자폐적 불구자들로 가득 찬 사회를 생각할 수 있는가? 사회는 사교적이어야 하고 사교적이 되려면 공감이 확대되어야 한다.

사회가 복잡할수록 자아의식은 더 확실해야 하고 다양한 종류의 다른 사람들과 접촉이 많아야 하며 공감이 확대될 수 있는 가능성이 더 커져야 한다. 인간 본성을 근본적으로 다시 생각하게 만드는 새로운 견해가 최근에 모습을 드러내며 위력을 나타내고 있다. 아울러 앞으로 몇 세기 동안 우리의 사회적, 환경적 관계를 새로이 파악하여 적응할 방법을 논의하는 원대한 계획에도 조금씩 탄력이 붙고 있다. 이제야 우리는 우리의 모습에서 '호모 엠파티쿠스'(homo empathicus)를 찾은 것이다. 하지만 여기에도 역설은 있다. 엔트로피의 증가라는 대가를 지불해야 한다는 점이다. 사회 구조가 복잡해지고 에너지의 처리량과 엔트로피가 크게 증가하면서 보다 다양한 타자, 심지어 동물에까지 공감을 확대할 수 있는 조건이 형성되었다는 것은 공감과 엔트로피가 동시에 증가하는 인류사적 모순이다. 우리 모두의 생존을 위협하는 엔트로피의 보복에 정비례하여 공감을 가능하게 해 주는 우리의 관심과 감성도 함께 커진 것이다.

지금 우리는 세계적 차원에서 공감을 인식하는 과정과 세계적 차원의 엔트로피 증가에 의한 파괴가 충돌하는 인류 여정의 중대한 교차로에 서 있다. 인간이 본래 철두철미하게 이기적이고 실리적이고 쾌락만을 추구하는 존재라면 공감과 엔트로피의 역설을 해결할 가능성은 별로 없어 보인다. 그러나 근본적으로 정에 민감하고 우애를 갈망하고, 사교적이며, 공감을 넓히려는 성향이 인간의 본성이라면, 우리는 공감과 엔트로피의 딜레마를 벗어날 수 있는 돌파구를 찾아내어 생물권에서 지속 가능한 균형을 회복할 수 있을 것이다.

제레미 리프킨, 『공감의 시대』, 이경남 옮김, 민음사, 2010, 54~55쪽.

생각 키우기

1. 윗글에서 말하는 '공감과 엔트로피의 딜레마'는 무엇을 의미하는가?

2. 윗글에 나오지 않은 다양한 논거를 활용하여, 호모 엠파티쿠스(homo empathicus)를 정말 인간의 본성이라고 할 수 있을지에 대해 각자의 의견을 적어보자.

3. 윗글의 저자가 쓴 '엔트로피'의 핵심 내용에 대해 조사해 보자.

엔트로피 / 엔트로피 증가의 법칙

엔트로피(entropy) 다시 사용할 수 있는 상태로 환원시킬 수 없는, 무용의 상태로 전환된 질량(에너지)의 총량을 말한다. 열역학 제1법칙과 제2법칙, 즉 질량 보존의 법칙과 관성의 법칙에 의해 대부분의 자연적 변화는 어떤 일정한 방향으로만 진행한다. 이것은 새로운 에너지를 투입하지 않는 한 이미 진행된 변화를 되돌릴 수 없다는 의미이다. 따라서 자연계에서 엔트로피의 총량은 계속 증가할 수밖에 없다. 이것을 엔트로피 증가의 법칙이라고 한다.

때때로 자연 현상은 국부적으로 엔트로피가 감소하는 비자연적 변화를 따르는 것도 있지만, 그것에 관계되는 물질계 전체를 다루어 보면, 항상 엔트로피를 증가시키는 방향으로 현상이 변화한다. 즉 물질의 재활용을 위해서는 또 다른 에너지를 소모해야 하기 때문에 전체적으로는 엔트로피가 상승하는 결과를 가져올 뿐이다.

엔트로피 증가의 원리는 분자 운동이 확률이 적은 질서 있는 상태로부터 확률이 큰 무질서한 상태로 이동해 가는 자연 현상으로 해석할 수 있다. 예를 들면, 마찰에 의해 열이 발생하는 것은 역학적 운동(분자의 질서 있는 운동)이 열 운동(무질서한 분자 운동)으로 변하는 과정이다. 그 반대의 과정은 무질서에서 질서로 옮겨가는 과정이며, 이것은 자발적으로 일어나지 않는다.

산업화를 통한 기계화는 지구에 한정된 화석 자원을 급속하게 고갈시켜 가고 있으며 점차 막대한 에너지를 소비하는 사회로 진화되어 가는 현상을 우려하는 목소리가 높아지고 있다. 현재처럼 엔트로피가 증가하게 되면 머지않은 장래에 석유, 석탄 등 전통적인 자원이 고갈될 것이며 이를 대체하는 에너지를 생산하는 일은 추가적인 생산 에너지를 필요로 하기 때문에 엔트로피의 증가는 한층 심화될 것이라고 경고한다.

2) 사랑, 보살핌, 상호부조

환경에 가장 잘 적응한 생물이나 집단만이 살아남는다는 의미의 '적자생존'은 진화생물학의 상식에 속한다. 끊임없는 경쟁은 모든 생명체의 본성이며, 경쟁에서 살아남기 위해 진화를 선택하였다는 것이다. 얼핏 보면 그럴 듯해 보이는 이러한 주장은 조금만 다른 각도에서 바라보면 전혀 다른 결론에 이르게 된다. 자연계에서 대부분의 생물들은 서로 돕고 의존하며 살아간다고 볼 수도 있기 때문이다. 러시아의 지리학자 크로포트킨 Kropotkin은 이러한 생각을 바탕으로 『상호부조론』이라는 사회학 저서를 쓰기도 했다.

하지만 공감적인 글들이 비합리적 의사결정을 부추기는 경우도 많다는 사실에 유의해야 한다. 물품 판매를 목적으로 하는 대부분의 광고 카피가 그 대표적인 사례이다. 이 장의 맨 앞에서 보았던 'ARBEIT MACHT FREI'(노동이 너희를 자유롭게 하리라)라는 구호 역시 비슷한 기능을 하고 있다. 짧고 감각적인 문구들을 읽은 독자들이 합리적 판단력을 마비당한 채, 글쓴이의 의도를 맹목적으로 따르게 될 수도 있는 것이다.

아래의 글은 늙어가는 부모가 성장한 자식에게 보내는 편지이다. 수많은 네티즌들이 자신의 블로그에 소중하게 퍼다 나른 이 글을 읽고 사람들이 쉽게 공감하는 이유는 무엇일까? 자식에 대한 부모의 사랑이라는 가장 일반적인 감정을 자극하기 때문일까? 부모

자식 간 돌봄의 관계가 역전된 상황이 주는 긴장감 때문일까? 특정한 한 가지 이유만으로는 설명하기 어려울 것이다. 개념적인 내용 서술보다는 감정적인 스토리텔링 기법과 친근하고 쉬운 구어체 표현도 독자의 공감을 불러일으키는 데에 크게 일조했을 것이다.

내 사랑하는 아들딸들아

언젠가 우리가 늙어 약하고 지저분해지거든 인내를 가지고 우리를 이해해다오. 늙어서 우리가 음식을 흘리면서 먹거나, 옷을 더럽히고, 옷도 잘 입지 못하더라도, 네가 어렸을 적 먹이고 입혔던 그 시간들을 떠올리면서 미안하지만 우리의 모습을 조금만 더 참고 받아다오. 늙어서 우리가 말을 할 때 했던 말을 하고 또 하더라도, 말하는 중간에 못하게 하지 말고 끝까지 들어주면 좋겠다. 네가 어렸을 때 좋아하고 듣고 싶어 했던 이야기를 네가 잠이 들 때까지 셀 수 없이 되풀이하면서 들려주지 않았니?

훗날에 혹시 우리가 목욕하는 것을 싫어하면 우리를 너무 부끄럽게 하거나 나무라지는 말아다오. 수없이 핑계를 대면서 목욕을 하지 않으려고 도망치던 너를 목욕시키려고 따라다니던 우리의 모습을 기억하고 있니? 혹시 새로 나온 기술을 잘 모르면 그 방법을 자상하게 가르쳐다오. 우리는 네게 얼마나 많은 것을 가르쳐 주었는지 아니? 상하지 않은 음식을 먹는 법, 옷을 어울리게 잘 입는 법, 힘들 때 이겨내는 방법 등…….

점점 기억력이 약해진 우리가 무언가를 자주 잊어버리거나 말이 막혀 대화가 잘 안 될 때면, 성급해하지 말고 기억하는 데 필요한 시간을 좀 내어 주지 않겠니? 그래도 혹시 기억을 못해도 너무 염려하지는 말아다오. 우리에게 가장 소중한 것은 너와의 대화가 아니라 우리가 너와 함께 있다는 것이고, 말을 들어주는 네가 있다는 것이 중요하기 때문이란다. 또 음식 먹기를 싫어하거든 억지로 먹이려고 하지 말아다오. 언제 먹어야 하는지, 혹은 먹지 말아야 하는지는 우리도 잘 알고 있단다.

다리가 힘이 없고 쇠약하여 잘 걷지 못하게 되거든 걷는 것이 위험하지 않게 도와다오. 네가 뒤뚱거리며 처음 걸음마를 배울 때 우리가 네게 한 것처럼 네 손을 우리에게 빌려다오. 그리고 언젠가 우리가 더 이상 살고 싶지 않다고 말을 하면 우리에게 화내지 말아다오.

너도 언젠가 우리를 이해하게 될 테니 말이다. 노인이 된 우리의 나이는 그냥 단순히

살아온 것을 이야기하는 것이 아니라 우리가 어떻게 생존해 있는가를 말하고 있음을 이해해다오. 비록 우리가 너를 키우면서 많은 실수를 했어도 우리는 부모로서 줄 수 있는 가장 좋은 것들과 부모로서 보여 줄 수 있는 가장 좋은 삶을 너에게 보여 주려고 최선을 다했다는 것을 언젠가는 너도 깨닫게 될 것이다.

사랑하는 아들딸들아 ……. 너희가 어디에 있든지, 무엇을 하든지, 너희를 사랑한다. 너희의 모든 것을 사랑한단다.

생각 키우기

1. 윗글을 읽고 난 뒤 각자의 느낌을 돌아가며 말해 보자.

2. 윗글의 공감적 글쓰기 전략을 분석해 보자.

3. 윗글과 유사한 공감 전략이 활용된 다른 글을 찾아서 분석해 보자.

4. 공감적 글쓰기의 방법으로 자신의 평소 소신을 주장하는 한 편의 글을 써보자(예: ‘성형 수술은 당사자의 인생을 긍정적으로 바꿀 수 있다.’ 또는 ‘성형 수술은 미적 감수성을 획일화시키고, 신체적 후유증을 낳을 수 있는 위험한 행위이다.’ 등).

심화 읽기

타인에 대한 진정한 이해는 특정 개인에 대한 이해에 머물지 않는다. 나와 너의 경계를 허무는 타인에 대한 이해는 필연적으로 인간 존재에 대한 근본적 이해로 나아간다. 아래 글을 읽으면서 계몽주의 시대의 공감 이론을 통해 공감의 의미에 대한 철학적 성찰을 시도하려고 한다. 그리고 우리가 익히 알고 있는 『국부론』의 저자 아담 스미스Adam Smith와 『종의 기원』의 저자 찰스 다윈Charles R. Darwin의 공감 이론을 통해 이들 사상가들의 새로운 면목도 살펴볼 것이다.

'공감'(sympathy: 현대 공감 이론에서는 'sympathy'를 '동정심'으로 쓰고 'empathy'를 '공감' 또는 '감정이입'으로 사용하는 경우가 있다. 하지만 논의 전개의 편의를 위해 이 글에서는 'sympathy'와 'empathy'를 구분하지 않고 모두 '공감'의 의미로 사용하였다)은 스코틀랜드 계몽 철학의 핵심 키워드였다. 컴벌랜드R. Cumberland(1613～1718), 섀프츠베리A. Shaftesbury(1671～1713)는 '인애심'(benevolence) 혹은 '이웃에 대한 관심'(social nature of mankind)에 주의를 기울였다. 이 초보적 공감 도덕론의 포착 이후 공감이라는 '기묘한' 감정에 대한 관심은 허치슨F. Hutchson(1694～1746)의 '도덕 감각'(moral sense)을 거쳐, 데이빗 흄David Hume(1711～1776)과 아담 스미스Adam Smith(1723～1790)로 이어졌다. 흄과 스미스는 '동정심', '인애심'의 차원을 포괄할 뿐만 아니라 타인의 감정(또는 입장)을 지각하는 감정으로 '공감'을 이해하고, 도덕 철학의 중심 개념으로 다루었다.

왜 도덕 철학에서 공감 개념이 이토록 중요한가? 흄은 "미움·분노·존경·사랑·용기·명랑함·우울함 이 모든 감정을 나는 내 자신의 자연적 기질과 성향에서보다도 소통으로부터 더 많이 느낀다. 이렇게 현저한 현상은 우리의 관심을 받을 만하고, 그 제1원리에로까지 추적되어야 한다."고 말한다. 흄은 인간의 사회적 본능의 중요 현상이 공감으로 해명될 수 있다고 보았다. 또한 흄은 이 공감 원리가 단순한 하나의 감정 수준을 넘어서는 국가 공동체의 제일성의 원리라고 제기하고 있다.

> 우리는 같은 국민 구성원들의 기질과 사고방식에서 우리가 관찰할 수 있는 커다란 제일성을 이 원리 탓으로 돌린다. 이 유사성이 토양과 기후의 어떤 영향력으로부터 생기기보다 공감으로부터 생겨난다는 것이 훨씬 더 많은 개연성이 있다.

아담 스미스는 『도덕감정론』(*The Theory of Moral Sentiments*) Part I의 제1장을 "공감"(Of sympathy)에 할애하며, 인간의 본성이 이기적이라는 '공유된' 전제를 정면으로 반박한다. 스미스는 인간이 아무리 이기적이라고 가정하더라도 이기심과 또 다른 몇몇 원리가 인간 본성에 내재함을 갈파하였다.

> 인간이 아무리 이기적이라고 상정될지라도 인간의 본성 속에는 타인들의 운명에 관심을 갖게 하고, 타인들의 행복을 보는 기쁨 외에 이 타인의 행복으로부터 아무것도 얻지 못하더라도 이 행복을 그에게 필수적이게 하는 몇몇 원리들이 있다.

공감은 이렇듯 인간의 사회성을 설명할 수 있는 도덕 철학의 핵심 개념으로 다루어져 왔다. 이 글은 현대 공감 이론 연구자 중 세계적 영장류 학자로 알려진 프란스 드 발Frans de Waal의 공감 연구에 주목하고자 한다. 영장류 연구는 드 발의 보노보(Bonobo) 연구 이전까지 대부분 침팬지 연구에 집중되어 있었다. 침팬지 연구는 인간 사회의 남성적 폭력성을 설명하는 유력한 도구로 활용되어 왔다. 그러나 드 발은 기존 침팬지 연구와 달리 보노보 연구를 통하여 영장류에게도 강한 평화적·이타적 성향이 있다는 사실을 밝히고 있다. 드 발의 영장류 연구가 주목받는 이유는 영장류 연구에서 드물게 '침팬지' 연구와 '보노보' 연구를 접목하여 보다 다양한 영장류의 본성을 제시하고 있기 때문이다. 『내 안의 유인원』(2009)의 서문에서 드 발이 "앞선 연구들과 달리 친척 영장류에 대해 우리가 알고 있는 지식을 바탕으로 비슷한 점과 차이점을 비교해 가면서 인간의 행동을 새롭게 조명"하고 있음을 밝히고 있는 것과 같이, 드 발은 『내 안의 유인원』에서부터 인간 본성에 관한 통섭적 연구로 연구 범위를 확대하고 있다.

동·생물학과 관련한 진화론 분야에서 공감 연구가 활성화되는 데에는 스코틀랜드 계몽 철학의 세례를 받은 다윈의 역할이 컸다. 드 발의 통섭적·진화론적 공감 연구도 다윈의 진화론적 공감 이론을 배경으로 하고 있다. 다윈 역시 도덕성의 기초가 이기성(selfishness) 또는 '최대 행복 원리'에 있다고 보지 않았다. 다윈은 "(이기성 또는 최대 행복 원리에서 도덕성을 도출하는) 도덕도출학파(derivative school of morals)와 달리 도덕 감각이 근본적으로 사회적 본능과 동일한 것"이라고 주장하고 있다.

이 사회적 본능은 확실하게 (다른 개별 타자의 행복을 위한 것이라기보다는) 공동체의 일반 복리(the general good)를 위해 발달했다. 공감을 포함한 사회적 본능은 언제나 이 지침으로 기능했을 것이다. 다윈의 사회적 본능은 곧 '양심'이다. 다윈은 미래 세대에서 사회적 본능이 더 약화될 것을 두려워할 필요가 없다고 말한다.

다윈의 견해를 따르는 드 발은 홉스, 스펜서, 헉슬리처럼 '자연 상태'에서 인간은 잔인한 짐승이며 문화나 종교, 또는 강한 정부를 통해서만 우리의 본성을 억제하고 초월할 수 있다고 믿는 견해에 비판적이다. 드 발은 스코틀랜드 계몽주의의 도덕 철학적 입장과 같이 인간에게 도덕적 행위의 본유적 능력이 있고, 이 능력은 이성과 무관한 도덕 감정이라고 주장한다. 드 발은 특히 흄, 스미스, 다윈의 영향을 많이 받았다. 이처럼 이성과 감정의 대립 구도에서 본다면 드 발은 정확히 감정의 편에 서 있다. 그는 인간의 본성이 비도덕적(또는 반도덕적)이기 때문에 야수적이고 이기적 본능을 숨기거나 억제해야 한다는 입장을 단호하게 거부한다. 드 발에게 인간의 도덕적 본성은 공감이고, 이 공감은 "특별한 시점에 취해진 의식적 결정이 아니라, 사회적 진화의 산물"로 파악된다.

헉슬리는 다윈의 '자연 선택'(natural selection)을 '검투사적 생존 이론'으로 해석하였다. 다윈과 교감을 나누었던 것으로 알려진 스펜서도 다윈의 자연 선택을 '적자생존'(the survival of the fittest)으로 해석한다. 그러나 다윈의 진화론이 이렇게 일면적으로 해석될 수 있는 것은 아니다. 오히려 드 발은 스펜서와 헉슬리의 해석이 반(反)다윈주의적인 것이라고 주장한다. 최재천도 "다윈의 이론이 갖는 의미는 경쟁이 아니라 모든 인류가 한 종이라는 것을 밝힌 것"이라고 해석하며, 드 발과 같이 공생의 능력을 강조한다.

다윈은 도덕성을 진화의 산물로 간주했기 때문에 인성으로부터 아무런 도움의 손길을 받지 않고, 문화적으로 부과된 인공적 도덕성을 믿는 헉슬리와 그 추종자들의 세계보다

생존 가능성이 월등하게 더 높은 세계를 비전으로 떠올렸다. 다윈은 다음과 같이 말한다.

> 잘 두드러진 사회적 본능을 부여받은 어떤 동물이든 부모와 새끼들의 애정이 여기에 포함되기에 동물의 지성적 능력이 마찬가지로 발전하자마자 또는 거의 인간에게서만큼 발전하자마자 불가피하게 도덕감각이나 양심을 획득할 것이다.

결국 드 발의 다윈 해석에 따르면, 도덕과 정의의 문제가 인간 본성으로부터 도출되는 것이고, 공감 능력으로 인해 인간이 도태되지 않고 현재에 이르고 있는 것이다. 드 발은 "이 진화적 기원의 설명이 전혀 신비로운 것이 아니다."라고 강조한다. "코끼리에서 늑대와 사람에 이르기까지 협업에 의존하는 모든 종자는 집단 충성심(group loyalty)과 돕는 성향(helping tendencies)을 보여 준다. 이러한 성향은 호의를 되갚을 수 있는 친족들과 동료들에게 혜택을 베푸는 밀접하게 짜여진 사회생활의 맥락에서 진화했다." 이와 같은 드 발의 입장은 인간 본성적 공감 도덕론을 전개하고 있는 스코틀랜드 계몽철학의 도덕론과 일맥상통하는 것이다.

이영재, 「현대 공감 이론을 통한 공맹 철학의 재조명 — 프란스 드발의 통섭적 공감 이론을 중심으로」, 『정신문화연구』 35권 2호, 한국학중앙연구원, 2012.

생각 키우기

1. 윗글을 읽고 도덕 철학에서 공감이 중요한 이유가 무엇인지 서술해 보자.

2. 윗글에서 인간의 본성에 대해 상반되는 두 가지 입장을 정리하고, 각각의 주장이 갖는 논리적 장점과 단점에 대해 논의해 보자.

3. '어떤 동물이라도 인간과 같은 지적 능력이 발생하면 불가피하게 양심이 생길 것'이라는 다윈의 주장에 찬성하는가? 그 이유는 무엇인가?

4. 일반적으로 아담 스미스와 찰스 다윈은 구성원 간의 '경쟁'을 공동체 발전의 중요한 원리로 내세웠다고 알려진다. 하지만 윗글에서는 두 사람이 모두 '공감'을 가장 중요시했다고 주장한다. 일반적으로 동일한 인물에 대해서는 여러 사람이 비슷한 평가를 내린다. 하지만 위의 예처럼 동일한 인물에게 서로 상반된 평가가 공존하는 경우도 있다. 그 이유를 분석하고, 이와 유사한 다른 사례를 찾아보자.

5. 오늘날 우리 사회에서 '공감'을 통해 현저하게 완화될 수 있는 주요한 병리 현상의 예를 두 가지 이상 생각해 보자.

쓰기와 놀다

✤ 공감적 글쓰기란?

'empathy' 또는 'sympathy'의 번역어인 '공감'(共感)은 다른 사람의 심리적 상태를 그 사람의 입장이 되어 느끼는 것이다. 이는 다른 사람의 사고나 감정을 자신의 내부에 투사하여, 다른 사람의 체험과 동일한 심리적 상태를 만드는 심리적 기제이다. 구체적으로 글쓰기에서는 글쓴이가 특정한 대상에 대해 공감하는 경우와 독자가 특정한 글을 읽으면서 그 내용에 공감하는 경우로 나눌 수 있다.

글쓴이가 특정한 대상에 대해 공감한다는 것은 일반적인 친구 사이에서 나타나는 감정적인 친밀도와 조금 다르다. 공감은 대상을 이해하는 방식과 관련이 있다. 엄밀히 말해서 '나'는 '그'가 결코 될 수 없지만, 공감을 통해 '나'는 '그'의 생각과 느낌을 이해할 수 있는 것이다. 공감 능력이 부족한 사람은 대개 사회성이 부족하다. 타인을 이해하지 못하기 때문이다. 공감 능력의 결핍이 반사회적인 범죄자들에게서 공통적으로 발견되는 것도 바로 이 때문이다.

공감적인 글을 쓰기 위해서는 대상을 객체화하지 않고, 자신과 함께 살아가는 존재로 인식하는 태도가 필요하다. 에리히 프롬Erich Fromm의 저서 『소유냐 삶이냐』를 통해 세계적으로 유명해진 아래의 두 시를 비교해 보자.

> 갈라진 암벽 사이에 핀 한 송이 꽃
> 나는 갈라진 틈에서 너를 뽑아낸다.
> 작은 꽃이여,
> 만일 내가 너를 뿌리만이 아니라
> 모든 것을 이해할 수만 있다면
> 신과 인간이 무엇인지를 이해할 수 있으리라.
>
> 알프레드 테니슨Alfred Tennyson

> 가만히 살펴보니
> 냉이꽃이 피어 있네
> 울타리 밑에!
>
> 마쓰오 바쇼松尾芭蕉

두 시인은 모두 산책을 하던 중에 예쁜 꽃을 발견했고, 그때의 감흥을 시로 썼다. 하지만 꽃에 대한 두 시인의 반응은 서로 다르다. 꽃에 대한 테니슨의 반응은 그것을 소유하려는 것이었지만, 바쇼는 다만 꽃을 가만히 바라볼 뿐이었다. 테니슨은 삶과 자연의 의미를 이해하기 위해 그 꽃을 자신의 것으로 가지려 했다. 하지만 테니슨이 꽃을 뽑는 순간 그 꽃의 생명은 파괴된다. 누군가의 소유욕이 다른 누군가의 존재를 위협한 것이다. 테니슨에 비해 바쇼가 원하는 것은 단지 '보는 것'이다. 나아가 꽃과의 감정이입을 통해 꽃과 하나가 되려고 한다.

에리히 프롬은 꽃에 대한 테니슨의 태도가 진리를 탐구하기 위해 생명의 희생을 도외시하는 과학자들의 목표지상주의를 연상시킨다고 하였다. 시인 테니슨이 의식하지는 않았겠지만, 그의 시에서 목표지상주의적이고 소유지향적인 인식 태도를 읽어낸 에리히 프롬의 비판은 충분히 타당하다.

또한 공감적 글쓰기는 대상에 대한 깊은 연민과 애정을 필요로 한다. 위 시에서 바쇼가 아름다운 꽃을 꺾지 않고 바라보기만 한 것 역시 꽃에 대한 애정의 표현이었을 것이다. 깊은 애정을 보여 줌으로써 공감을 불러일으키는 것은 사람과 사람 사이의 관계에서 더욱 잘 드러난다.

대상에 대한 글쓴이의 공감 능력이 공감적 글쓰기를 위한 필요조건이라면, 글에 대한 독자의 공감 능력은 공감적 글의 충분조건이라고 할 수 있다. 공감적인 글을 쓰기 위해서는 대상에 대한 글쓴이의 공감 능력을 바탕으로 독자의 공감을 최대한 이끌어 낼 수 있는 진솔한 내용과 적절한 수사적 기법이 필요하다.

❖ 공감적 글쓰기의 방법

- 진솔한 내용으로 독자가 쉽게 이해할 수 있도록 쓴다.
- 개념적 서술을 자제하고 스토리텔링 기법을 활용한다.
- 적절한 사례들을 통해 내용에 대한 인지적 반응보다는 대상이나 상황에 대한 정서적 반응을 이끌어 내도록 한다.
- 참신하면서도 보편적인 윤리 감각에서 벗어나지 않는다.
- 구체적이며 명확하게 표현하고, 문장의 길이는 가급적 짧게 한다.

도움이 되는 책

로버트 루트번스타인·미셸 루트번스타인. 『생각의 탄생』. 박종성 옮김. 에코의 서재, 2007.

마쓰오 바쇼. 『바쇼의 하이쿠 여행』 1·2·3. 김정례 옮김. 바다출판사, 2008.

알프레드 테니슨. 『테니슨 시선』. 윤명옥 옮김. 지만지, 2011.

에리히 프롬. 『소유냐 삶이냐』. 정성화 옮김. 홍신문화사, 2007.

이사벨 브릭스 마이어스. 『성격의 재발견』. 정명진 옮김. 부글, 2008.

이영재. 「현대 공감 이론을 통한 공맹 철학의 재조명」. 『정신문화연구』 35권 2호. 한국학중앙연구원, 2012.

제레미 리프킨. 『공감의 시대』. 이경남 옮김. 민음사, 2010.

____________. 『엔트로피』. 이창의 옮김. 세종연구원, 2000.

존 그레이. 『화성에서 온 남자, 금성에서 온 여자』. 김경숙 옮김. 동녘 라이프, 1997.

폴 에얼릭·로버트 온스타인. 『공감의 진화』. 고기탁 옮김. 에이도스, 2012.

Section
II

눈으로 보고 마음으로 그리다

제1장

감각의 거짓말

눈을 통해 응시하는 우리 앞에 우주의 아름다움이 드러난다.
눈은 얼마나 탁월한 것인지, 눈을 잃고 살아야 한다면
모든 자연의 작품들을 맛보기를 포기하는 셈이 된다.
눈은 영혼에게 창조의 무한한 다양성을 표상한다.
:: 모리스 메를로 퐁티Maurice Merleau-Ponty

위 그림은 레오나르도 다빈치Leonardo da Vinci가 그린 <수태고지>(受胎告知)이다. 마리아에게 천사가 나타나 아기를 잉태할 것임을 알려 주는 장면을 묘사한 이 그림은 수백 년 동안 원근법의 원리에 충실하지 못한 그림이라 하여 긍정적인 평가를 받지 못하였다. 식탁의 위치, 마리아의 팔 길이 등이 자연스럽지 않고 어딘가 어색했기 때문이다. 하지만 후에 이 그림이 보는 사람의 위치를 철저하게 계산하여 그려진 그림이라는 사실이 알려지면서 사람들은 깜짝 놀라지 않을 수 없었다. 이 그림에 대한 부정적인 평가는 모두 이 그림을 정면에서 보았을 때 나온 것이었다. 이 그림은 원래 건물의 오른쪽 벽 위쪽에 걸려 있던 그림이었다. 따라서 오른쪽에서 이 그림을 올려다보면 어색해 보였던 마리아의 오른팔 길이도 짧아지고, 식탁의 위치도 자연스레 화면 안으로 들어가 전체적으로 아주 자연스러운 그림이 된다. 다빈치는 처음부터 비스듬히 올려다 볼 사람들의 시선을 철저하게 고려하여 그림을 그렸던 것이다.

사람들은 그림을 정면에서 봐야 한다는 고정관념에 사로잡혀 있다. 이런 고정관념으로 인해 이 그림은 오랜 시간 문제가 있는 그림이라는 비판을 받았다. 이처럼 같은 그림이라도 누가, 어디서, 어떻게 보느냐에 따라 각기 다르게 보인다. 그렇다면 내가 보는 것, 내가 인식하는 것은 과연 진실일까? 이 장은 이러한 의문에서부터 출발한다.

이 장에서는 창의적 문제 해결에 꼭 필요한 생각 도구인 '관찰'과 그러한 행위의 이면에 자리하는 '감각'의 위험성에 대해 이야기해 보고자 한다. 우리가 알고 있는 많은 지식들 혹은 위대한 발견들은 대개 관찰로부터 비롯되었다. 나를 둘러싸고 있는 주변 세계에 대한 호기심과 관찰에서부터 문제에 대한 인식이 이루어지고, 이것이 위대한 발견으로 이어진 사례가 많다. 우리가 잘 아는 다윈이나 파브르와 같은 과학자, 앙리 마티스, 빈센트 반 고흐 같은 뛰어난 화가, 베토벤, 모차르트 같은 천재적인 음악가 등은 모두 관찰을 중요한 창조의 도구로 활용한 인물들이다.

이러한 관찰은 단지 보는 것 즉 시각에만 국한되지 않는다. 청각, 후각, 촉각, 미각이 다 훌륭한 관찰의 도구가 된다. 그런데 이러한 감각의 이면에는 커다란 위험성이 존재한다. 그것은 감각이 가지는 주관성이다. 우리의 감각은 객관적인 것이 결코 아니다. 앞서 다빈치의 <수태고지> 그림을 설명하며 잠시 언급한 것처럼 감각 주체의 위치, 의도, 관점에 따라 대상은 달리 파악된다. 즉 무엇인가를 감각을 통해 인식하는 행위란 감각의 주체인 '내'가 객체가 되는 '대상'을 물화(物化)시켜 내 잣대로 평가하고 판단하는 행위로, 여기에는 나와 대상 사이에 보이지 않는 관계가 존재한다.

그렇다면 감각의 한계와 위험성을 알고 사물의 본질을 보기 위해서는 어떤 노력을 해야 할까? 이 장에서는 창조적 사고를 이끄는 관찰의 방법에 대해 학습하고, 우리가 감각의 한계와 위험성을 넘어 올바른 인식에 이를 수 있는 방법에 대해 함께 고민해 보고자 한다.

1. 관찰과 일상의 재발견

지식의 발견에 기여하는 관찰은 의외로 일상에서부터 출발하는 경우가 많다. 예리한 관찰자들은 모든 감각 정보를 활용하여 일상을 관찰하고 그로부터 문제를 발견, 해결해 왔다.

1) 그림 속에 담긴 진실

다음 그림은 김홍도의 <씨름도>이다. 씨름이라는 일상적인 장면을 예리하게 포착한 화가의 시선이 흥미롭다. 그림을 자세히 관찰하며 화가의 시선을 분석해 보자.

생각 키우기

1. 위 그림에 등장하는 사람은 모두 몇 명인가?

2. 다음 씨름에 나갈 사람은 누구인가?

3. 씨름에서 이긴 사람은 누구인가?

4. 씨름이 행해진 때는 어느 계절인가?

5. 씨름하는 사람이 벗어 놓은 신발과 신발 주인을 맞추어 보자.

6. 그림 속의 씨름이 오늘날 씨름하고 다른 점은 무엇인가?

7. 씨름판이 시작되고 시간이 상당히 경과되었음을 보여 주는 단서는 무엇인가?

8. 진 사람이 넘어질 방향은 오른쪽일까? 왼쪽일까?

9. 구경꾼의 신분을 짐작하게 해 주는 것은 무엇인가?

10. 그림에서 잘못된 부분을 찾아보자.

11. 이 외에 이 그림에서 발견하게 된 사실을 모두 적어 보자.

스치듯 보면 단지 씨름하는 사람과 구경꾼을 그린 풍속화인 것처럼 보이지만 붓놀림 하나, 붓 삐침의 각도 조절만으로도 그림 속 인물들의 얼굴 표정이 달라지고 나이와 성격이 만들어진다. 또 차림새, 소품 등을 하나하나 살펴보면 씨름이 벌어진 지역, 계절, 풍습 등에 관한 많은 정보를 얻을 수 있다. 조금 더 지켜보면 그림의 한 장면을 가지고 재미있는 한 편의 이야기를 만들어 낼 수 있을 정도이다. 화가들은, 그림을 그리는 재능과 관찰력은 매우 밀접한 관계에 있으며 "손이 그릴 수 없는 것은 눈이 볼 수 없는 것이다."라는 말을 자주한다.

2) 관찰하는 법

관찰을 통해 위대한 발견에 이르는 비결이 있을까? 위대한 발견에는 특별한 관찰대상과 방법이 필요하다고 생각할지 모르겠지만 위대한 발견은 의외로 일상적인 것, 나를 둘러싼 세속적 세계의 통찰로부터 이루어지는 경우가 많다. 몸을 담그자 욕조의 물이 넘치는 것을 보고 물질의 비중과 배수량의 관계를 발견한 아르키메데스Archimedes나 망치질 소리를 듣고 물체의 길이와 음의 높낮이의 관계를 발견한 피타고라스Pythagoras의 예에서처럼 일상적 관찰로부터 위대한 발견이 이루어지는 경우가 많다. 이렇듯 일상적 관찰로부터 위대한 발견이 가능하다면 관찰력을 기르기 위해서는 어떠한 노력을 기울여야 할까? 많은 학자들은 관찰에 필요한 특별한 조건은 없으며, 단지 시간과 참을성만 있다면 관찰력 훈련이 가능하다고 이야기한다. 시인이자 예술비평가였던 허버트 리드Herbert Read는 "원래 집중력이 뛰어난 사람, 선천적으로 관찰한 것을 잘 그려낼 수 있는 사람은 따로 있지만 대부분의 경우 눈이나 다른 감각기관은 훈련될 수 있다."고 말한다. 그래서 많은 과학자들이 관찰력을 기르기 위해 선택한 방법 중 하나가 미술 공부였다. 집중력을 가지고 관찰한 것을 세밀하고 정확하게 묘사하는 것을 통해 시각적 감지 능력을 키울 수 있기 때문이다. 그럼 다음 글을 참고로 감각을 사용하여 관찰력을 기르는 훈련을 해 보자.

기억이나 아이디어를 유발하는 관찰은 실제로 매우 쓸모가 있다. 그러나 그와 반대로 이러한 관찰은 동시에 관찰 대상에 있던 관심을 과거의 경험이나 생각으로 돌릴 때도 있기 때문에, 관찰력을 증진하는 데 최선의 방법을 제공하지 않는 경우도 있다. 특수한 관찰력을 발달시키려면, 할 수 있는 한, 완전히 현재의 시점에서 세상을 바라보고 지능이나 기억력 대신 감각을 사용할 필요가 있다. 오로지 감각만을 유지한다는 것은 힘든 일이다. 그뿐 아니라 주변의 외부세계에서 세부적인 것을 모으고 주목하는 데 감각만을 사용하는 것 또한 어려울 것이다. 이렇게 하려면 훈련이 필요하다. 여기서 한 가지 방법을 예시한다.

연습: 감각을 사용하라

노트와 펜을 준비하고 20분 정도 앉아 있을 만한 곳을 찾아보라. 원한다면 집안이라도 상관없다. 하지만 카페라든가 공원 벤치, 즐겨 찾는 강변의 어느 한 곳 등 다른 곳으로 가는 것이 더 재미있을 것이다. 이국적인 나비나 식물을 채집하기 위해 야생의 자연을 찾아 나서는 과학 탐험가처럼 자신이 탐험여행을 한다고 상상할 수도 있다. 하지만 여러분이

하는 이 탐험은 단순히 노트에 탐험한 것을 기록하기 위해, 감각으로 세계를 탐험하는 것이므로 집으로 표본을 가지고 올 수는 없다.

장소가 정해지면 그곳에 앉아 그저 관찰하라. 사람에게는 시각, 청각, 후각, 미각, 촉각의 오감이 있다는 사실을 염두에 둔다. 될 수 있는 대로 많은 감각을 사용한다. 예를 들어 나무를 본다면 가까이 다가간 다음 어떤 느낌인지 알아보기 위해 손가락으로 나무껍질을 만져볼 수 있다. 또 나무 냄새를 맡아보기 위해 나무에 코를 대볼 수도 있을 것이다. 하지만 확실히 알지 못하는 경우에는 가지를 꺾어 맛을 보면 될 것이다. 또 이와는 달리 카페에서 커피를 마신다면 커피의 맛은 확실히 모을 수 있는 세부적인 감각이 될 것이다.

'완벽하게' 관찰하려고 걱정할 필요는 없다. 이때의 관찰이 흔히 하는 행동이 아니라면 처음에는 어렵게 생각될 수도 있다. 그래도 상관없다. 이것은 단순한 훈련이라는 것을 염두에 두고 인내를 가지고 자신의 관찰 기능을 단련하면 된다. 훈련을 하면서 발생하는 일의 하나는 세부적인 감각이 제공하는 것을 여러분이 배우기 시작한다는 점이다. 여러분은 세부적인 색깔과 빛, 모양, 틀, 크기, 거리, 동작과 시각적 구조에 대해 눈이 제공하는 것을 배우게 될 것이다. 또 귀는 소리의 강약과 거칠고 부드러움, 속도, 지속 기간, 리듬, 음의 고저처럼 소리의 질을 주목한다. 손가락과 피부는 무엇보다 대상의 따뜻함과 차가움 같은 구조를 알아낸다. 코와 입은 단맛과 쓴맛, 열기와 냉기 같은 질적 특성을 알기 위해 흔히 협동작용을 할 때가 많다.

훈련을 하는 동안 통일성 있는 문장과 문단을 구성하려는 것이 아님을 기억하는 것이 중요하다. 여러분은 단순하게 재료를 모을 뿐이다. 그것도 오직 자신의 외부에서 모으는 것이다. 과거의 경험을 기억나게 하는 뭔가가 있다면 관심 밖으로 밀어내고 현재 감각으로 끌어 모으는 것에만 초점을 맞춘다. 만약 도움이 된다면 자신을 정확하게 세계를 관찰하는 과학자로 상상하라.

정확한 어휘를 찾는 일로 고심하지 마라. 어떤 단어가 생각나든 관찰한 것을 적으면 된다. 문장을 쓰려 하지 말고 그저 세부적인 것을 수집하라. 가령 "빛을 반사하는 물질로 만들어진 하얀 테이블, 담배 연기의 냄새, 금발 여인이 '그 사람 때문에 미치겠어.'라고 말했다." 하는 식이다. 이 훈련의 핵심은 자신의 주변세계를 좀 더 가까이서 관찰하기 위해 관찰력을 단련하는 것이지 더 적합한 어휘를 찾는 것이 아니다. 그러므로 단순하게 '푸른

잎' 하고 쓰는 것보다 나뭇잎으로 가까이 다가가 바라보는 것이 중요하다. 지금 무엇을 관찰하는가? 될 수 있는 한 특별하고 세부적인 관찰을 시도하라. 또 지금 판단을 하는 게 아니라 관찰을 한다는 사실을 명심하라. 그러므로 '못생긴 개'라든가 '짜증스러운 소리' 같은 말을 썼다면 '못생긴'과 '짜증스러운'이라는 단어가 판단이 개입된 표현이라는 점을 알아야 할 것이다. 마음속에 그런 판단을 내리게 한 개와 소리의 특성을 찾아보라. 그 개가 긴 몸에 다리와 머리는 작고 침을 입 밖으로 흘리고 있는가? 소리는 끊임없이 날카로운 기계음향을 내고 있는가?

이 훈련을 적어도 20분가량 했다면(원한다면 그 이상) 그만 멈추고 휴식하라.

(하략)

바바라 베이그, 『하버드 글쓰기 강의』, 박병화 옮김, 에쎄, 2011, 126~129쪽.

생각 키우기

1. 여러분은 무언가를 유심히 관찰해 본 경험이 있는가? 관찰을 통해 새로운 깨달음에 이르게 되었거나 혹은 새롭게 발견한 문제가 있었던 경험을 이야기해 보자.

2. 윗글에서처럼 주변의 사물이나 대상을 오감을 사용하여 유심히 관찰하는 연습을 해보자.

3. 여러분 뇌리에 선명하게 기억되고 있는 하나의 기억을 꺼내어 그것을 세부적인 감각을 동원하여 묘사하는 글을 500자 내외로 써보자.

묘사란?

묘사란 사물이나 상황, 대상을 그림을 그리듯 그대로 재현해 내는 것으로, 묘사하는 글은 언어를 사용하여 사물이나 상황, 대상으로부터 받은 인상이나 느낌을 감각적으로 재현하는 글을 말한다. 즉 묘사는 글을 쓰는 사람이 받은 인상과 느낌을 글을 읽는 사람에게 생동감 있게 전달하고자 하는 목적에서 쓰는 글이다. 따라서 묘사하는 글을 쓸 때에는 글쓴이의 경험을 독자가 동일하게 느끼거나 상상적으로 체험할 수 있도록 감각적이고, 구체적이며, 정확하게 표현하는 것이 중요하다.

묘사를 위해서는 대상에 대한 주의 깊은 관찰력이 요구된다. 관찰을 통해 사물이나 대상의 특징을 포착해 낸 후 그것을 실제처럼 재현해 내는 것이 묘사이기 때문이다. 그러나 묘사하고자 하는 대상과 무조건 유사하게 표현한다고 해서 좋은 묘사가 되는 것은 아니다. 대상에 대한 글쓴이의 느낌이나 인상이 생생하게 살아 전달되는 묘사가 좋은 묘사이다. 그러기 위해서는 한 가지 요령이 필요하다. 그것은 묘사를 할 때 대상 전체가 아니라 대상의 지배적인 인상을 전달하는 데 집중하는 것이다. 가령, 한 인물을 묘사한다고 할 때 그 인물의 머리끝부터 발끝까지를 다 세밀하게 묘사하기보다는 그리고자 하는 인물의 개성적인 특징 혹은 인상을 부각시킨 후 그것과 다른 부분들의 특징이 통일성 있게 나타나도록 하는 것이다. 그러기 위해서는 대상을 묘사하기 전에 본인이 중요하게 부각시키고자 하는 것과 그렇지 않은 것을 미리 구분해 두어야 한다.

그런데 이 장에서 이야기했듯이 대상을 관찰하는 행위에는 글쓴이의 관점이 개입한다. "아는 만큼 보인다."는 말도 있듯이 같은 대상을 보더라도 대상에 대한 지식의 정도, 경험의 내용, 대상을 바라보는 위치에 따라 관찰한 내용이 다르다. 이는 곧 묘사가 단순히 글쓴이의 언어 표현 능력과 관계되는 문장 기술 방법이 아님을 의미한다. 묘사에는 대상에 대한 글쓴이의 관심, 태도, 가치관이 반영되게 마련이다. 그래서 묘사를 할 때에는 대상에 대한 올바른 지식, 대상과 세계의 관계에 대한 통찰, 대상을 전체적으로 조망할 수 있는 폭넓은 시야, 대상 전체와 그것을 구성하고 있는 부분들과의 관계 및 각 부분들 간의 관계를 파악할 수 있는 예리한 눈이 요구된다. 그래야 가치 있고 생동감 있는 묘사가 가능해지는 것이다.

<묘사 글 예시>

그리스에서 로마로 옮겨 놓은 우수한 많은 조각 작품 가운데 최고의 작품으로 존중된 것이 바로 이 군상이다. 미술이 쇠퇴한 후대에서 이 그리스 조각 작품은 실로 더 이상 훌륭한 작품은 존재할 수 없다고 간주될 정도로 매우 가치 있는 경이로운 작품이다. 학자는 탐구의 눈으로 주목했고 예술가는 많은 것을 배우려고 노력했다. 왜냐하면 이 조상 속에는 눈으로 발견되는 그 이상의 것이 잠재되어 있기 때문이다. 이것을 만든 예술가의 오성은 그의 작품보다도 훨씬 숭고하다는 것을 알 수 있다. 이 라오콘은 격심한 고통에 직면하여 온 정신의 힘을 집중하여 저항하는 남자를 재현한 것이다. 라오콘은 격심한 고통으로 인하여 근육은 팽창되어 있고 신경은 끊어질 듯이 위험한 상태로 되어 있으나 이마에는 강한 정신력이 나타나 있다. 그리고 그는 고통을 내부로 숨기기 위하여 가슴을 팽창시켜 숨을 죽여 고통의 절규를 억제하고 있다. 그의 가슴 속으로 들어 온 공포의 탄식은 마치 내장을 위에서 누르는 듯이 복부를 텅 비워 버렸다. 그럼에도 불구하고 그는 옆에서 구원을 바라면서 절규하고 있는 아이들의 고통에 비하면 자신의 고통은 아무것도 아니라고 생각하는 듯, 그의 눈에는 아버지의 애정과 동정의 그림자가 나타나 있다. 그의 얼굴은 괴로운 표정을 짓고 있지만 절규하는 소리는 지르지 않았다. 그의 눈은 신의 구원을 기다리고 있고, 입가에는 비애가 가득차 있다. 아랫입술은 고통으로 무겁게 침묵하고 있고 윗입술에는 비애와 고통이 혼합되어 있다. 그리고 불룩한 코 주변에는 부당한 수난에 저항하는 듯한 분노가 엿보인다. 더구나 이마의 아래 부분에는 고요한 표현으로, 고통과 이에 대한 저항의 갈등이 동시에 새겨져 있다. 예리하게 표현된 눈에는 고통이 엿보인다. 그러나 눈썹은 치켜세워져 강하게 눈언저리를 누르며 고통의 압박에 저항하고 있다. 이 예술가는 자연을 미화시켜 묘사하려는 것이 아니라 오히려 더욱 강하고 더욱 긴박한 자연을 나타내려고 노

력했다. 그리하여 최대의 고통이 존재하는 곳에 최고의 미가 존재한다는 결과를 얻은 것이다. 이와 같이 이 작품이 고통에 직면하여 비통하게 절규하는 것이 아니라 고요한 정신의 위대함을 잘 표현한 것은 이 작품의 기적이며 동시에 모든 그리스 미술을 관철하는 정신이다.

빈켈만, 「라오스 조각상 해설」, 『글과 삶』, 연세대학교출판부, 1999, 566~567쪽.

윗글은 그리스 조각 '라오콘 군상'의 아름다움을 빼어나게 묘사한 글이다. 트로이의 제관(祭官) 라오콘Laocoon이 바다의 신 포세이돈의 노여움을 사 두 아들과 함께 뱀에 물려 죽는 장면을 조각한 이 작품에서 깊은 감명을 받은 독일의 미학자 요한 빈켈만Johann Winckelmann은 이 작품의 아름다움을 "고귀한 단순과 위대한 고요"라 극찬하였다. 빈켈만은 작품의 아름다움을, 격렬한 고통 속에서도 끝내 저항하며 침착함을 잃지 않는 인간 영혼의 위대함이라고 보고, 그러한 영혼이 작품 전체 그리고 각각의 부분들에 어떻게 표현되어 있는지를 생동감 있게 묘사하였다. 윗글에는 라오콘의 근육, 눈빛, 표정, 입술, 코, 이마, 눈썹 등에서 뿜어져 나오는 육체적 고통의 격정과 그에 대항하는 정신적 저항의 견고함이 세밀하게, 그러면서도 전체적으로 통일감 있게 묘사되어 있다. 이러한 탁월한 묘사는 독자로 하여금 마치 조각상을 직접 보고 있는 듯한 강렬한 인상을 준다. 이처럼 대상에서 받은 지배적인 인상 혹은 그로부터 촉발된 정서를 참신한 비유와 생동감 있는 필치로 재현하는 것이 묘사의 방법이다.

❖ 묘사의 방법

- 관심을 갖고 대상을 찬찬히 관찰하며 그 결과를 자세히 기록한다.
- 대상의 특징 혹은 지배적인 인상을 포착하고 이를 잘 드러낼 수 있는 방법을 고민한다.
- 주된 것과 부차적인 것, 집중적으로 묘사할 것과 그렇지 않을 것을 판단한다.
- 지배적 인상을 중심으로 전체와 부분, 부분과 부분이 유기적으로 연결되도록 표현한다.
- 비유적이고 참신한 표현을 사용한다.

2. 본다는 것의 의미

앞에서 관찰이 위대한 발견을 이끄는 중요한 방법임을 이야기하였다. 그리고 관찰을 할 때는 시각뿐 아니라 청각, 촉각, 후각 등 다른 모든 감각을 동원하여야 함을 이야기하였다. 그런데 관찰을 할 때 반드시 염두에 두어야 할 것이 있다. 그것은 감각이 갖는 위험성과 한계에 대한 인식이다.

1) 다르게 보이는 그림들

내가 보는 것이 무엇인지, 내가 보는 것을 믿을 수 있는지 스스로 질문해 본 적이 있는가? 우리는 가끔 내가 보는 것이 실체 그대로의 것인가 하는 의심을 하곤 한다. 그것은 우리의 감각이 주관적이며, 가끔 나 자신을 속이기도 하기 때문이다. 아래 그림들을 보자. 아래 그림들에서 여러분이 보는 것은 무엇인가?

<그림 1>

<그림 2>

위 그림들은 모두 두 가지로 보이는 그림이다. 왼쪽의 그림은 덴마크의 심리학자 에드가 J. 루빈Edgar John Rubin이 고안한 <루빈의 잔>(Rubin's vase)으로 그림에 나타난 형상에 초점을 맞추면 배경이 보이지 않고 배경에 초점을 맞추어 그것을 하나의 형상으로 보면 전에 보았던 형상은 보이지 않게 되는 신기한 그림이다. 오른쪽 그림은 영국의 풍

자화가 윌리엄 일리 힐William Ely Hill의 <아내와 장모>(My Wife and My Mother-in-Law)로 젊은 여성의 옆모습과 늙은 노파의 얼굴이 하나의 형태 안에서 차례로 나타나 보이는 그림이다.

게슈탈트Gestalt 이론을 소개할 때 자주 인용되는 위 그림들은 착시 그림의 대표로 뽑힌다. 게슈탈트란 우리가 어떤 사물이나 현상을 지각할 때 떠오르는 '형태'를 의미하는 말이다. 형태 심리학이라고도 불리는 게슈탈트 심리학에서는 우리가 사물을 실제와 다르게 보는 것은 여러 자극이 주어졌을 때 인간의 시지각이 그것 하나하나를 지각하지 않고 몇 개의 자극을 서로 관련시키거나 분리시켜 '통합된 자극'으로 지각하기 때문이라고 설명한다. 즉 여러 자극들이 통합·분리·분절·군집되어 지각되고 경험되는 것은 주체의 경험 혹은 파악 방법 등에 따른 것이기도 하지만 그보다는 '주어지는 자극의 내용적 관계'에 의존한다는 것이다. '근접성', '유사성', '연속성', '폐쇄성', '형상과 배경' 등이 그러한 요인으로 지적된다.

위 그림에서는 착시 즉 시각에서 생기는 착각에 대해 말하였는데 위에서 말한 착시와는 조금 다른, 관점에 따라 달리 보이는 그림의 예도 다음에서 살펴볼 수 있다. 아래 그림을 보자.

<그림 3>

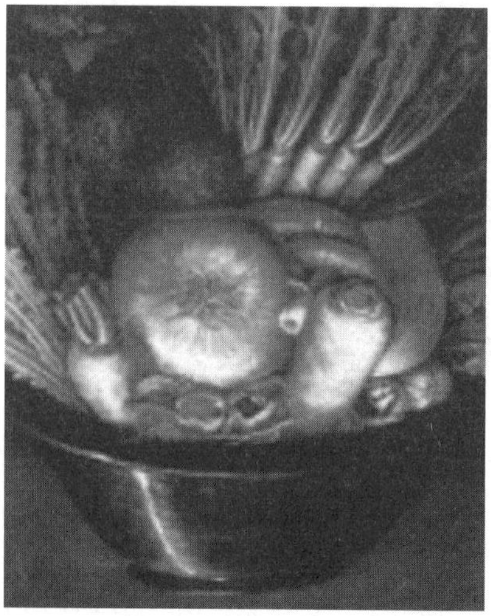

<그림 4>

위의 그림은 주세페 아르침볼도Giuseppe Arcimboldo의 <채소 기르는 사람>이다. 왼쪽

의 그림에서는 제목에 명시된 바와 같이 채소를 기르는 사람의 형상이 보인다. 그런데 그림을 180도 회전시켜 거꾸로 놓고 보면 사람의 모습은 사라지고 그릇에 담긴 채소만이 화면에 존재한다. 같은 그림이지만 어떻게 보느냐에 따라 전혀 다른 그림이 되는 것이다.

생각 키우기

1. 게슈탈트 심리학에서 말하는 '근접성', '유사성', '연속성', '폐쇄성', '형상과 배경' 등의 시지각 법칙에 대해 더 자세하게 조사해서 발표해 보자.

2. 생활 속에서 경험한 '감각의 착각' 사례를 이야기해 보자.

3. 그러한 착각이 일어난 원인에 대해 이야기를 나누어 보자.

2) 마음으로 듣는 소리

보는 것에서 일어나는 착각은 다른 감각에서도 동일하게 일어난다. 이는 우리의 모든 감각이 우리의 마음 혹은 정신과 밀접하게 관련되어 있기 때문이다. 박지원의 『열하일기』 속 한 대목을 함께 읽어 보자.

황하 물은 두 산 사이에서 흘러나와 바위에 부딪치며 사납게 흐른다. 놀란 파도, 성난 물결, 노한 물보라, 구슬픈 듯 굼실대는 여울이 부딪치고 굽이치고 곤두박질치면서 울부짖고 포효하는 것이 언제나 만리장성을 무너뜨릴 기세이다. 만 대의 전차, 만 마리의 기병대, 만 대의 대포, 만 개의 전투 북을 가지고도 무너뜨릴 듯 포효하는 저 야단스러운 소리를 형용하기에 충분치 않다.

모래 위에는 큰 바위가 우뚝하니 서 있고, 강가 제방의 버드나무는 어두컴컴하여 마치 물귀신들이 앞 다투어 튀어나와 사람을 놀라게 할 듯하고, 교룡과 이무기가 양옆에서 서로 잡아 채가려는 듯하다. 혹자는 이곳이 옛날 전쟁터여서 강물이 이렇게 사나운 소리를 낸다고 말하기도 한다. 그러나 그런 까닭이 아니다. 무릇 강물 소리란 듣는 사람이 어떻게 듣느냐에 달려 있을 뿐이다.

내가 살던 연암협 산중에는 집 앞에 큰 시내가 있는데 해마다 여름에 소낙비가 한차례 지나가면 개울물이 갑자기 불어서 언제나 수레 소리, 말 달리는 소리, 대포 소리, 북소리가 나 귀에 병이 날 지경이었다. 나는 문을 닫고 누워서 그 소리를 다른 소리와 견주어 들어보았다.

깊은 소나무 숲에서 나는 퉁소 소리 같은 것은 청아한 마음으로 들은 것이요, 산이 쪼개지고 언덕이 무너지는 것 같은 소리는 성난 마음으로 들은 것이다. 개구리 떼가 다투어 우는 것 같은 소리는 교만한 마음으로 들은 것이요, 일만 개의 축이 울리는 것 같은 소리는 노한 마음으로 들은 것이요, 천둥, 번개가 치는 것 같은 물소리는 놀란 마음으로 들은 것이다. 찻물이 보글보글, 부글부글 끓는 것과 같은 소리는 아취 있는 마음으로 들은 것이요, 거문고가 가락에 맞게 우는 것 같은 소리는 애잔한 마음으로 들은 것이요, 문풍지가 바람에 떠는 것 같은 소리는 의심하는 마음으로 들은 것이다. 이러한 소리는 모두 바른 소리가 아니라 마음속에 품은 생각대로 귀가 들은 것이다.

오늘 나는 한밤중에 황하를 아홉 번이나 건넜다. 강물은 장성 밖에서 흘러 들어와 장성을 뚫고 유하와 조하, 황화·진천 등 여러 물줄기와 한데 어울려 밀운성 아래를 지나서 백하가 되었다. 나는 어제 배를 타고 백하를 건넜는데, 그곳은 바로 이 물의 하류였다. 내가 아직 요동 땅에 들어서지 못했을 때는 마침 한여름이어서 뙤약볕 아래를 걷고 있었는데 갑자기 큰 강을 만났다. 붉은 흙탕물이 산같이 일어나 끝이 보이지 않았다. 아마도 천리

밖에 폭우가 내렸기 때문일 것이다.

물을 건널 때 사람들이 모두 고개를 젖히고 하늘을 보기에 나는 하늘을 우러러 기도를 올리는가 생각했다. 그러다 한참 뒤에야 그것이 아니라는 것을 알았다. 물을 건너는 사람들이 넘실대며 세차게 돌아 흐르는 강물을 보면, 마치 자기 몸은 물을 거슬러 올라가는 것 같고, 눈은 강물을 따라 내려가는 것 같아서, 갑자기 어지럼증이 일면서 몸이 빙글 돌아 물에 빠지게 되기 때문에 물을 아예 보지 않으려고 고개를 젖혀 하늘을 보는 것이었다. 그도 그럴 것이 어느 겨를에 경각에 달린 목숨을 위해 기도를 드리랴.

위태로움이 이와 같은데도 강물소리는 들리지 않았다. 모두 이르기를 '요동의 벌판은 넓고 평평하기 때문에 물소리가 요란하게 나지 않는다.'고 하였다. 그러나 이는 물을 몰라서 하는 말이다. 요하가 소리를 내지 않는 것이 아니라, 단지 밤에 건너지 않았기 때문이다. 낮에는 눈으로 물을 볼 수 있어서 눈이 온통 위험한 데로 쏠려 벌벌 떨면서 눈으로 보는 것을 걱정하는 판이니 무슨 소리가 귀에 들리겠는가? 오늘 내가 밤중에 물을 건너매 눈으로는 위태로움을 볼 수 없으니 그 위험함이 오직 듣는 데로만 쏠려 귀가 무서워 벌벌 떨면서 걱정을 이길 수 없었다.

나는 오늘에서야 도가 무엇인지 깨달았다. 마음에 잡된 생각이 없는 사람, 곧 마음에 선입견이 없는 사람은 육신의 귀와 눈이 탈이 되지 않고, 귀와 눈을 믿는 사람일수록 보고 듣는 것을 더 자세하게 살펴 그것이 결국엔 큰 병폐를 만들어 낸다는 사실을.

오늘 마부가 말에게 발이 밟혀서 뒤에 따라오는 수레에 실렸다. 나는 하는 수 없이 고삐를 놓고 혼자 말을 타고 강물에 들어갔다. 무릎을 굽혀 발을 모으고 안장 위에 앉으니, 한 번 곤두박질치면 그대로 강물이었다. 강물을 땅이라 생각하고, 강물을 옷이라 생각하며, 강물을 내 몸이라 생각하고, 강물을 내 성정이라 생각하며, 마음속으로 한번 떨어질 각오를 하자 마침내 내 귓속에서 강물 소리가 사라졌다. 그리하여 무릇 아홉 번이나 강물을 건넜는데도 아무런 두려움이 없는 것이 마치 방안 자리에서 앉고 눕고 생활하는 것 같았다.

옛날 우임금이 강을 건너는데 배가 황룡의 등에 올라앉아 매우 위태로웠다. 그러나 죽고 사는 판가름이 이미 마음속에 분명해지니, 그의 앞에는 용인지 도마뱀인지 크기가 문제가 되지 않았다.

소리와 빛깔은 내 마음 밖에 있는 바깥 사물인데 이 바깥 사물이 항상 사람의 귀와 눈에 탈을 만들어 사람으로 하여금 바르게 보고 듣지 못하게 한다. 한세상 인생살이를 하면서 겪는 험함과 위태로움은 강물보다 훨씬 더하니 보고 듣는 것의 병폐에 있어서랴. 내가 장차 연암협 산중으로 돌아가 다시 앞 시내의 소리를 들으며 이를 시험해 보리라. 그리고 자신의 이익에 밝고 자신의 총명만을 믿는 사람에게 이를 가지고 경계하리라.

박지원, 「일야구도하기」, 『열하일기』.

생각 키우기

1. 윗글에서 "소리란 듣는 사람이 어떻게 듣느냐에 달려 있다."는 말의 의미는 무엇인가?

2. 소리를 마음으로 들었던 경험이 있는가? 마음 상태에 따라 다르게 보거나 들었던 경험이 있다면 이야기해 보자.

3. 박지원이 말한 바와 같이 "바깥 사물이 항상 사람의 귀와 눈에 탈을 만들어 사람으로 하여금 바르게 보고 듣지 못하게 한다."면 이런 위험에서 벗어나기 위한 방법은 무엇일지 생각해 보자.

3. 봄 그리고 타자화

우리의 감각 기관 가운데 가장 중요한 것은 아마도 '눈'일 것이다. 보는 눈이 없다면 무엇을 인식하고 개념화하는 인간의 사유도 불가능하기 때문이다. 그래서 본다는 것은 곧 인식하는 것으로 연결된다. 그런데 이 본다는 행위에는 어쩔 수 없는 위험성이 존재한다. 그것은 감각이 가지는 주관성과 그로 인한 사물의 왜곡이다. 우리는 눈으로 바라봄으로써 다른 사람이나 사물을 자신의 방식으로 인식하고 자신의 주체를 형성해 나간다. 이러한 타자를 향한 주체의 시선은 자신과 타자의 존재를 구분 짓고, 주체의 틀로 타자의 특성을 규정하는 것과 같은 경계 짓기를 통해 이루어진다. 봄과 타자화의 관계를 다음에서 살펴보도록 하자.

1) 눈의 위험성

우리는 무엇인가를 볼 때 부분밖에 보지 못한다. 그러나 스스로는 그러함을 알지 못하고 전체를 인식한다고 생각한다. 이러한 한계에서 비롯되는 눈의 위험성의 예를 우리는 주변에서 흔하게 볼 수 있다. "인간의 눈이 펼친 역사는 바로 이러한 눈의 위험성으로부터 펼쳐진 억압과 지배, 폭력의 역사이다."는 말의 의미를 아래 글을 읽으며 생각해 보자.

눈은 우리의 모든 감각 중에서 가장 중요한 감각이다. '인식 작용'을 통해 대상을 개념화하는 것이 인간의 고유한 능력이라고 할 때 이러한 인식 작용은 주로 '봄'〔見〕을 통해 가능해지는 것이기 때문이다. 다른 동물들도 눈을 가지고 있지만, 그들의 '봄'은 개념화를 가능하게 하는 인식 작용으로 이어지지 않는다. 인간만이 '봄'을 통해 사유한다. 인식의 전제 조건인 '봄'이 없었다면, 즉 '봄'의 눈이 없었다면, 인간의 모든 사유뿐만이 아니라 인간의 역사, 인간의 문명 자체가 불가능했을 것이다. 아니 인간이라는 존재 자체가 불가능했을 것이다.

이러한 눈의 중요성, 즉 인식 작용에 미치는 눈의 영향력은 이미 고대 그리스인들의 언어에서부터 유추가 가능하다. '나는 안다'의 '오이다'(oida) 동사가 그 대표적인 예다. '오이다' 동사는 원래 '나는 본다'는 의미의 동사 '에이돈'(eidon)의 과거형이다. '나는 보았다'는 의미의 과거형 동사이지만 '나는 안다'는 현재 동사의 의미로 주로 사용된다. 이는 보는 순간 '나'의 봄이 '나'의 '앎'으로 이어진다는 것을 함축하고 있다. 영어나 불어 등에서 '본다'는 동사가 '안다'는 의미로 쓰인다는 점도 같은 맥락에서 이해될 수 있다. 보는 것이 아

는 것이라는 것, 그것은 곧 감각 작용이 바로 인식 작용으로 이어진다는 것을 말해 준다.

그러나 눈의 중요성만큼이나 주목하지 않을 수 없는 것이 눈의 위험성이다. 우리가 어떤 대상—그것이 물질적이든 관념적이든 간에—을 인식할 때, 그 대상을 전체로서 인식한다는 것은 불가능하다. 우리가 어떤 것을 '안다'고 할 때, 그것은 항상 이 '안다'는 부분에 속하지 않는 '알지 못하는' 부분에 대한 배제를 수반하기 때문이다. 언제나 부분밖에 파악하지 못하는 것, 이것이 모든 인식 작용의 한계다. 언제나 부분만을 파악하면서도 그 부분을 전체라고 규정하는 것이 인식 작용의 모순이며, 이러한 모순이야말로 인식 작용의 숙명적인 한계인 것이다. "본다는 것 자체는 심연(深淵)을 본다는 것이 아니겠는가."라고 한 니체의 진술도 전체로서 완전하게 인식될 수 있는 것은 아무것도 없다는 것, 즉 인간은 끝 모를 심연 말고는 어떠한 실체도 전체로서 파악할 수 없다는 니힐리즘을 표현한 것이다.

눈이 있다는 것은 본다는 것이며, 본다는 것은 인식한다는 것이며, 인식한다는 것은 전체 중의 부분만을 파악한다는 것이기에 눈이란 진정 감옥이다. 인식한다는 것은 모든 대상을 있는 그대로 두지 않고 부분이라는 틀, 인식의 틀 속에 가두는 것이기 때문이다. 비트겐슈타인은 "철학은 모든 것을 있는 그대로 두는 것"이라고 주장했지만, 인식의 세계는 모든 것을 있는 그대로 두는 것이 아니라 전체 가운데 부분을 떼어내어 그것을 전체인 것처럼 '틀짓는' 감옥의 세계, 관견(管見)의 세계다. 이런 점에서 볼 때 인식의 이름으로 행하는 모든 논리적 사유—이성적 담론—는 일면 가장 비철학적이다. 인식의 역사는 감옥의 역사이며, 인간 사유의 역사는 '틀짓기'의 역사다. 틀짓기의 역사는 전체를 부분으로 난도질하는 '비틀기'의 역사다. 눈이 있고 그 눈이 바라보는 대상이 있는 한, 즉 인식의 주체인 '나'가 있고 인식의 대상인 '너'가 있는 한 '틀짓기'의 역사, '비틀기'의 역사는 필연이자 숙명인 것이다.

(중략)

일반적으로 눈은 그 '본 바'를 '타자화'하며, 이 '타자화'는 '차별화'를 전제로 한다. 그리고 이 '차별화'에는 전체에서 부분을 떼어내어 그것이 마치 전체인 양 틀 짓는 인식의 작란이 자리 잡고 있다. 이런 작란의 결과물인 차별화는 '타자'를 '욕망'이나 '억압' 아니면 '지배' 대상으로 삼는, 이른바 인식의 '제국주의' 놀이를 감행한다. 차별화를 통해 대상을 타자화할 때 인식의 주체가 남성이면 여성이 주로 주체의 욕망이나 억압의 대상이 된다. 인식의 주체가 강자면 물론 약자가 억압이나 지배의 대상이 된다.

임철규, 『눈의 역사 눈의 미학』, 한길사, 2004, 31~37쪽.

생각 키우기

1. 윗글에서 필자가 눈을 감옥이라고 표현한 까닭은 무엇인가?

2. 인간 사유의 역사란 '틀 짓기'의 역사란 말의 의미는 무엇인가?

3. 필자가 말한 '틀 짓기'의 사례를 찾아 발표해 보자. 아울러 이에서 벗어나는 방법에 대해 함께 이야기해 보자.

2) 타자와 시선

우리는 눈으로 바라보는 것으로써 자신의 정체성을 형성해 나간다. 즉 다른 사람이나 사물을 보고 자신의 방식으로 인식하면서 자신의 주체를 형성해 나간다. 타자를 향한 주체의 시선은 자신과 다른 타자의 존재를 구분 짓고, 주체의 틀로 타자의 특성을 규정하는 것과 같은 경계 짓기를 통해 이루어진다. 그런데 이러한 타자화의 과정에서 주체가 타자를 바라보는 시선에는 언제나 권력이 작용한다. 바라보는 주체의 기준에 따라 바라보이는 대상을 판단하고 평가하기 때문이다. 바라보는 주체가 갖고 있는 인식, 이념, 사상, 문화 등에 기댄 타자화는 개인은 물론 사회, 민족, 국가 간에도 두루 존재한다. 우리가 아는 제국주의도 그러한 예이다. 제국주의란 특정 국가가 다른 나라, 지역, 식민지 등을 군사적·정치적·경제적으로 지배하려는 정책 또는 그러한 것을 목적으로 하는 사상을 가리킨다. 과거 서양 여러 나라들이 다른 나라에 대한 폭력과 지배를 정당화했던 이 이념에는 품위 있는 서양인이 미개한 동양인을 복종시켜야 하며, 우월하고 선진적인 서양이 열등하며 후진적인 동양을 지배해야 한다는 오리엔탈리즘이 깔려 있다. 다음 글을 읽으며 이러한 오리엔탈리즘에 대해 생각해 보자.

내가 현장 연구를 위해 남태평양의 오지 섬 파푸아뉴기니를 처음 방문한 때는 1989년이었다. 나의 뉴기니 여행은 그야말로 충격의 연속이었다. 마닐라에서 밤늦게 뉴기니 국적기인 에어 뉴기니 항공사의 비행기를 타고 밤새 태평양을 종단하여 새벽에 뉴기니 포트모르즈비 공항에 도착하였다. 충격은 기내에서부터 시작되었다. 스커트를 입은 키가 큰 승무원이 내 앞에 섰는데, 나는 깜짝 놀라고 말았다. 날씬하고 매력적인 스튜어디스에 익숙해 있던 내 앞에는 우람하고 얼굴은 검으며, 팔목은 두껍고 심한 곱슬머리인데다가 이마와 볼에 서너 가지 문신을 퍼렇게 새기고, 귀 밑으로는 구레나룻까지 난 기이한 여성이었기 때문이었다. 남성과 여성이라는 생물학적 차이에 대한 생각조차도 순식간에 무너지는 순간이었다.

(중략)

그곳에서 나는 원주민 청년들이 마련한 야외 바비큐 파티에 초대된 적이 있다. 저녁노을이 질 무렵 한적한 마을의 뜰에 모여서 양고기 바비큐를 즐기는 것은 너무도 좋았지만, 무섭게 달려드는 모기떼는 거의 공포에 가까웠다. 말라리아 약도 먹지 않은 탓에, 모기에 물려 병에 걸려 죽는 건 아닌지 겁을 잔뜩 먹었다. 물론 다행스럽게도 수도인 포트모르즈비의 모기들은 말라리아를 거의 전염시키지 않았고, 아무 일도 없었기에 지금도 나는 건강하게 살고 있다. 그런데 파티가 끝나고 난 후 원주민 운동 단체의 사무실에 간 나는 이야기를 나누다가 벽에 걸린 지도를 보고 깜짝 놀랐다. '그들의 세계 지도'는 인류학도의

머리에 각인된 고정되고 편향된 세계 지도와는 전혀 다른 세계를 보여 주는 것이었다. 그들은 우리가 알고 있는 지도와는 완전히 '거꾸로 된' 세계 지도를 벽에 걸어 두고 있었다. 그 단체는 호주 원주민과 연대하여 백인이 지배하는 세계로부터 자신들의 고유한 전통을 지켜내기 위해 원주민 독립 운동을 하는 사람들의 모임이었다.

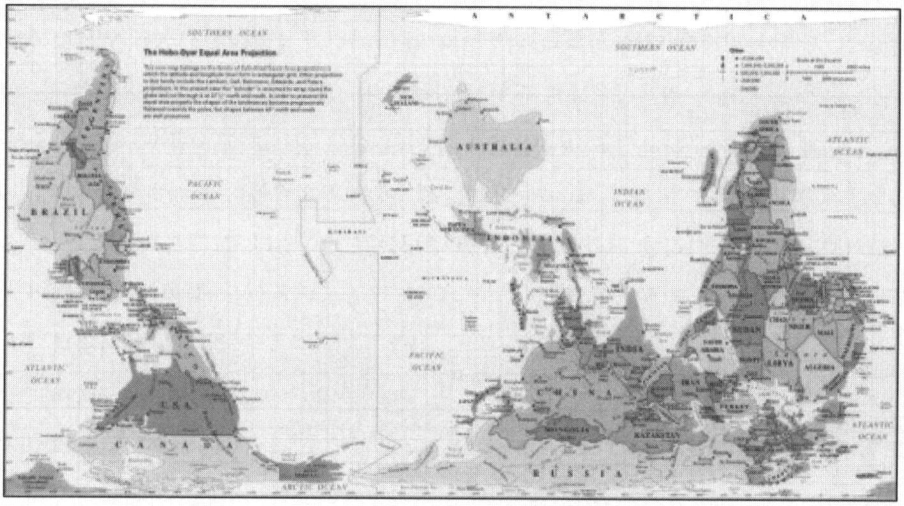

거꾸로 된 세계 지도를 상상해 보라. '그들의 세계 지도'에는 뉴기니와 호주가 중앙부 상단에 붉은 태양처럼, 세계의 머리처럼 높이 떠올라 있었다. 아메리카 대륙도 유럽도 그들의 머리, 세계의 태양을 떠받들고 있는 한낱 지체들이었다. 그때 나는 순간적으로 깨달았다. 그렇다! 세계 지도는 위와 아래를 바꿀 수도 있고, 동서가 바뀌어 돌고 도는 것이며, 어디가 세계의 중심인가에 따라 주변도 달라질 수 있는 '마술과도 같은 것'이었다. 지도는 불변의 과학이라고 배워 왔던 내게 거꾸로 된 지도는 그야말로 충격이었다.

아주 오랫동안 우리의 세계 지도는 구대륙과 신대륙을 두 축으로 하여 태평양 혹은 대서양을 중심으로, 그리고 북반구를 중심으로 그려져 왔다. 우리가 신·구대륙 밖의 세계와 남반구의 세계에 무지하고 무관심한 이유는 바로 잘못 각인된 세계 지도 탓이기도 하다. 그러면 우리가 알고 있는 이러한 세계 지도를 누가 만들었는가? 그리고 세계 지도가 세계와 세계를 보는 우리 시선을 형상화한 것이라면, 누가 신·구대륙과 북반구 중심의 세계관을 그려냈는가? 유럽인들에게 동양은 어디였는가? 동으로 동으로 항해하면 지구를 한 바퀴 돌아 결국 다시 자기 땅에 도달하게 되는데, 서양과 동양은 어디서부터 어떻게 구분되는 것인가?

(중략)

1500년대까지만 해도 유럽인들에게 세계는 지금과는 전혀 다른 모양이었다. 중세 시대 사람들은 세계가 평평한 땅과 바다로 이루어져 있고 가다가 끝에 다다르면 결국 떨어지게 된다고 믿었다. 세계는 질서정연하게 닫힌 공간이었다. 또한 대다수의 책들은 성서를 바탕으로 중심과 변방을 구분하였고 예루살렘과 같은 유럽의 신성한 도시들을 세계의 중심이라고 생각했다. 세계는 노아의 세 아들인 햄, 셈, 야벳의 자손들이 번성하여 이루어진 것이고 역사와 지리는 이러한 신학적 세계관을 증명하는 것이었다. 그래서 이민족과 타문화는 '괴물'로 그렸으며, 야만적이라고 여겼다. 그리고 '야만인은 당연히 노예'라고 아리스토텔레스적인 견해를 지니고 있었다. 다른 모든 근대 지식 체계와 학문이 그런 것처럼 지리학과 인류학도 유럽인들이 발명한 것이다. 콜럼버스가 신대륙을 '발견'한 다음해인 1493년에 안톤 코베르거라는 성공한 출판업자가 출간한 『뉘렘베르크 연대기』를 비롯해 당대 유럽의 주요 책자들에 소개된 세계 지도는 그야말로 고대 프톨레마이오스의 『지리학』에 나오는 상상의 대륙을 그대로 따르고 있다. 그 책에는 천지 창조로부터 일곱 시대로 구분되는 성서 이야기를 표현한 그림과 상상을 바탕으로 유럽 일부와 아프리카 대륙만 부분적으로 묘사한 지도 등이 실려 있다. 탐험의 시대 이후에 신대륙과 중국, 인도 등이 하나하나 세계 지도에 등장하기 시작했는데, 그

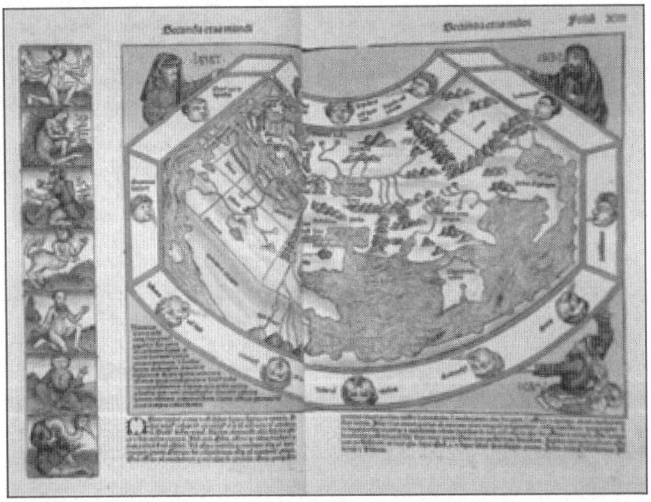

하르트만 쉐델Hartmann Schedel의 『뉘렘베르크 연대기』에 나오는 세계 지도

나마도 유럽인들은 영국을 인도보다 더 크게 그렸으며, 유럽을 다른 대륙보다 몇 배나 더 크게 그렸다. 그들은 과거에 유라시아에서 떨어져 나간 변방이었던 유럽을 세계의 중심에 놓고자 하였으며, 중국과 인도와 같이 크기도 크고 인구도 많은 대륙을 대륙이라 칭하지도 않았다. 유럽을 세계의 중심에 두고 다른 대륙보다 훨씬 더 크게 그리는 이른바 메르카토르(Mercator)식 지도 작성법이 오랫동안 유행하였다. 유럽의 우월성은 메르카토르의 세계 지도에 의해 확인되고 더욱 강화되었다.

16세기 네덜란드의 지리학자인 메르카토르가 만든 세계 항해 지도에는 영국이 인도만큼 크게 그려져 있다. 이 지도에는 스칸디나비아 반도가 인도 면적과 동일한 크기로 그려졌는데, 실제는 인도의 반밖에 되지 않는다. 또 북방의 그린란드는 중국보다 두 배나 크게 그려져 있는데, 실제로 중국이 그린란드보다 네 배나 크다. 이처럼 유럽인이 제작한 지도에는 서양의 우월성을 지도로서 확인하고자 하는 의도가 숨겨져 있었다. 이러한 지도가 세계의 모든 학교와 회사에 걸려, 세계의 중심은 유럽이고 서양과 북반구가 문명의 중심이라는 인식이 자연스럽게 우리 머릿속에 각인된 것이다. 지도는 모두에게 '약속된 거짓말'로 작용했던 것이다.

그 이후 지도는 수백 년에 걸쳐 조금씩 수정되어 세계의 국가와 대륙을 실제 크기에 맞게 그린 오늘에 이르렀다. 1974년의 피터스 투영도에서 유럽을 축소하고 남반구와 비서구 사회를 적절하게 표현해 비로소 세계 국가들을 실제 크기에 맞게 그려서 유럽 중심주의를 극복하였다.

이처럼 서양인들은 오랫동안 유럽이 세계의 배꼽이고 심장이라고 생각했으며, 다른 나라들은 모두 변방의 이민족으로 보았다. 세계 역사는 고대 이집트와 메소포타미아 문명에서 그리스, 로마를 거쳐 중세 유럽을 지나 유럽의 르네상스와 산업 혁명으로 진보하는 것이었고, 아시아와 아프리카, 아메리카, 그리고 오세아니아 대륙은 모두 유럽인들이 나중에 '발견'한 것처럼 기술하였다. 이들 변방에 사는 민족은 때로는 유럽 '문명인'을 침공하고 괴롭히는 '야만족'이었고, 자신들에 의해 문명화된 세계로 편입된 미개한 사람들이었다.

그런데 과연 그러한가? 세계 지도에 그려진 것처럼 북반구와 유럽이 세계의 중심이고 다른 변방은 유럽인이 발견할 것일까? 아니면 본래는 유럽보다 더 문명이 발달한 화려한 세계를 서들이 '야반'과 '비개'라고 '날조'한 것인가? 최근 역사학자들과 인류학자들은 유럽 중심의 역사, 즉 서구 중심주의 세계관과 문명관이 유럽 지식인들이 만들어 놓은 '상상의 동양과 날조된 지식'에서 비롯된 것이라고 지적한다. 에드워드 사이드는 이를 오리엔탈리즘(orientalism)이라고 하면서 유럽 중심의 잘못된 세계관과 편견을 체계적으로 분석하였다. 오리엔탈리즘이란 동양이 서양보다 열등하고 미개하므로 지배당하는 것이 당연하다고 여기게끔 조직적으로 만들어 낸 허위 지식 체계이며, 동양을 계몽해야 한다는 생각을 정당화하는 이데올로기다. 이러한 상상의 지리와 오리엔탈리즘을 그대로 표현하고 있는 것이 바로 세계 지도인 것이다.

이태주, 「거꾸로 된 세계 지도 이야기」, 『문명과 야만을 넘어서 문화 읽기』, 프로네시스, 2006, 19~29쪽.

생각 키우기

1. 필자는 우리에게 익숙한 세계 지도에서 발견할 수 있는 문제점을 무엇이라고 설명하는가?

2. 서구인들이 작성한 여행기에는 서구인들에 의해 타자화된 우리의 모습이 드러나 있다. 서구인들이 작성한 '신비한 동방과 야만인들에 관한 여행기'를 찾아 읽고, 그들에 의해 타자화되어 있는 우리의 모습이 묘사되어 있는 부분을 찾아 발표, 토의해 보자.

3. 아래 글을 보고 타자의 시선에 대한 여성들의 인식과 그 문제점에 대해 이야기해 보자.

영국 웨스트 잉글랜드대학의 필리파 디에드릭스Phillippa Diedrichs 박사는 18~65세 영국 여자 320명을 대상으로 설문조사를 했다. 그 결과 전체 응답자 가운데 30%는 이상적인 몸매를 위해서라면 일찍 죽어도 좋다고 생각하는 것으로 나타났다. 자기 몸매와 수명 1

년을 바꿀 수 있다고 대답한 사람은 16%, 2~5년은 10%, 6~10년은 2%였으며 비록 1%이지만 21년 이상 바꿀 수 있다는 사람도 있었다. 또 약 13%의 여자는 좋은 몸매 값이라면 연봉에서 5천 파운드(약 950만 원) 깎여도 좋으며, 8%는 직장에서 승진을 못해도 괜찮다고 응답했다고 한다. 또 6%는 학교에서 최고 학점을 포기할 용의가 있다고 답했다. 또 이상적인 몸매를 가진다면 가족과 보내는 시간이 없어도 감수하겠다는 여자가 7%, 친구들과 어울릴 시간이 없어도 된다는 여자가 9%였다. 7%는 건강도 몸매와 맞바꿀 용의가 있다고 응답했다고 한다.

조사를 주도한 디에드릭스 박사는 "가장 충격적인 것은 이 설문에 참여한 사람 대부분이 정상체중이거나 저체중이라는 사실"이라며 "이 연구 결과는 여자가 자기 외모를 얼마나 중시하는지 보여 준다."고 말했다.

심화읽기

인간은 타인의 시선 앞에서 두려움과 공포심, 수치심을 느낀다. 타자를 '나를 바라보는 자'라고 정의한 장 폴 사르트르Jean Paul Sartre에 의하면 누군가의 방을 들여다볼 심산으로 열쇠 구멍을 들여다보던 내가 누군가의 발자국 소리를 들었을 때 문득 수치심을 느끼는 것은 내가 중심으로 있던 세계가 완전히 와해되는 것이라고 설명한다. 타인의 시선에 노출된 사람은 자유를 잃고 종속되며, 반대로 가시성을 확보한 사람은 그를 지배하는 권력을 갖게 된다. 시선에서 발생하는 지배와 권력의 역학 관계를 다음 글을 통해 살펴보도록 하자.

고생물학적으로 말해 눈은 다른 몇 개의 신체 기관과 마찬가지로 대상을 지각하는 감각 기관이다. 그 자체가 대상을 지각하는 기관일 뿐만 아니라 우리가 그것을 지각 대상으로 삼을 수 있는 신체 기관이기도 하다.

우리는 앞에 있는 사람의 눈이 검다, 푸르다 등등으로 지각하고 판단한다. 그러나 시선은 나의 지각의 대상이 아니다. 시선이란 생물학적으로 말해 보면 두 개의 안구가 하나의 대상을 향해 초점을 맞추는 행위이다. 눈에서 나오는 것이지만 시선은 눈이라는 대상의 어떤 성질 가운데 하나가 아니다.

일상생활 속에서 우리가 남의 눈을 바라보는 것은 안과 의사가 환자의 눈을 보듯 그렇게 눈의 생물학적 양태에 관심을 두는 것이 아니다. 다시 말하면 이 세상의 수많은 물건 중의 하나로서의 눈을 보는 것이 아니다. 우리가 타인의 눈을 바라보는 것은 시선과 시선의 마주침이다.

우리가 다른 물체를 바라볼 때는 지각이 곧 인식이었다. 접시 위의 사과를 바라보며 나는 사과의 색깔이 빨갛다는 것을 안다. 그런데 유독 시선에 대해서만 우리는 양자택일을 해야만 한다. 즉 시선에 관심을 두지 않고 두 눈의 생물학적 양태만을 바라볼 것인가, 아니면 그것을 가리고 있는 시선을 포착할 것인가를.

타자의 시선을 의식한다는 것은 타자의 눈을 지각할 수 없다는 것을 의미한다. 타인의 두 눈이 여전히 내 지각의 영역 안에 있지만 나는 그 눈이 아름다운지 미운지, 그 색깔이 무엇인지 전혀 알 수 없다. 시선이 그의 두 눈을 덮어 가리고 있기 때문이다. 내가 시선을 포착할 때 나의 눈은 지각하기를 멈춘다. 눈과 시선의 관계는 비양립적이다. 시선에 관한 한 우리는 지각과 인식을 동시에 할 수 없다.

여기에 시선의 지배 관계가 있다. 바라보는 자는 시선이고, 바라보여지는 자는 눈이다. 두 대자 존재의 대결에서 시선으로 남는 자가 이기는 자이고, '눈'이라는 대상으로 전락하는 사람은 패배한 자이다. (중략)

타인과의 관계는 투쟁의 관계이다. 상대방의 냉혹한 시선에 위축되었던 나는 다시 정신을 차려 경멸과 차가운 평가의 시선을 그에게 던진다. 나의 주체성을 거부하고 나를 물체로 규정하는 그를 나도 대상으로 규정해 버리는 것이다. 그에게 있어서 나는 주체가 아니라 대상이었는데, 이제 내가 그를 대상으로 만들어 버리자 나는 다시 주체가 되었다.

알고 보니 나를 대상으로 삼는 그 주체도 언제든지 '나'에 의해 바라보일 수 있는 존재였다. 다시 말하면 그도 언제든지 나의 대상으로 뒤바뀔 수 있는 것이다. 모든 타자가 불순하고 나만 순수한 것은 아니다. 나를 대상으로 포착하는 상대방을 나도 대상으로 포착하려 온갖 노력을 다한다.

그리하여 마침내 타자가 나의 대상으로 보이는 순간 그의 주체성은 전락하여 단순한 대상의 성질이 되고 만다. 나의 대상이 된 타자는 물론 인간이므로 그의 안에 의식, 다시 말해 무(無)가 들어 있기는 하지만 그것은 이미 속이 텅 빈 상자 이상의 것이 아니다.

이쯤 되면 나는 나를 다시 찾은 것이다. 상대방을 대상으로 간주한다는 것만으로 나는 남에게 빼앗겼던 자신의 존재를 거둬들인 것이다 왜냐하면 하나의 대상은 다른 대상을 가질 수 없는데, 내 앞에 있는 타자가 대상이라면 그 앞에 있는 나는 결코 대상이 될 수 없다. 나는 엄연한 주체로서 나의 완전한 주관성을 소유하고 있는 것이다.

그러나 내게 중요한 것은 남에게도 중요한 법이다. 내가 타인의 손아귀에서 벗어나 자유스럽게 되기를 시도했듯이 타인 역시 나의 지배에서 벗어나려고 애쓴다. 내가 남을 예속시키려 하는 동안 남도 나를 예속시키려 하는 것이다. 마치 상대방에게 먹히지 않기 위해 사력을 다해 싸우는 맹수처럼 두 대자 존재의 시선은 날카롭게 부딪친다.

> 그러나 여기에는 승자도 패자도 없다. 그것은 우리를 더 절망하게 만든다. 내가 상대방의 시선을 노려보는 순간 상대방의 시선은 사라지고 거기에는 두 눈만 남는다. 이 순간 타자는 하나의 즉자 존재가 되어, 나는 자유를 되찾고, 그 즉자 존재를 소유한다. 나의 목표는 달성된 듯이 보인다. 왜냐하면 나의 대상성의 열쇠를 쥐고 있는 존재를 내가 소유하고 있기 때문이다. (중략)
>
> 우리의 모든 대타(對他) 관계가 그러하다. 내가 싸워 이겼다고 생각한 상대편 사람은 대상이 되어, 나의 손에는 주체로서의 타자가 아니라 한갓 물체로 전락한 타자만이 남겨졌기 때문이다. 하나의 돌멩이가 다른 돌멩이를 대상으로 삼을 수 없듯이, 하나의 대상은 다른 존재를 대상으로 만들 수도 없지만, 동시에 그 존재의 자유를 인정해 줄 수도 없다.
>
> 나의 실망은 크다. 나는 타자의 자유를 나의 것으로 소유하려 했는데, 그 자유가 내 시선 앞에서 허무하게 무너져 버린 것이다. 내가 타자를 이겼다고 생각하는 것은 이런 절망적인 상황 속에서일 뿐이다.
>
> 박정자, 『시선은 권력이다』, 기파랑, 2008, 41~45쪽.

생각 키우기

1. 인간이 왜 타인의 시선 속에서 수치심을 느끼는지를 윗글을 근거로 생각해 보자.

2. 나는 바라볼 수 없는데 누군가 나를 은밀하게 바라보는 것으로부터 형성되는 권력 관계의 예를 주변에서 찾아 발표해 보자.

3. 우리 사회에는 명품 선호, 다이어트, 성형 열풍, 몰래 카메라 등 '타자의 시선'과 관련하여 논의해 볼 수 있는 여러 현상이 있다. 이들 중 하나를 골라 그 문제점과 원인을 나름대로 진단해 보고, 이를 개선 혹은 해결할 수 있는 구체적인 방안을 1,000자 내외로 서술해 보자.

쓰기와 놀다

❖ 문제 해결식 구성이란?

글을 구성하는 방법에는 여러 가지가 있다. 글의 종류에 따라, 내용에 따라, 필자의 의도에 따라 다양한 방식의 글의 구성이 가능하다. 예컨대 서론－본론－결론의 삼단, 기－승－전－결의 4단으로 글을 구성할 수도 있고, 먼저 어떤 의견에 대한 문제점을 지적하고 자신의 주장을 펴는 비판－주장형, 어떤 문제의 원인을 진단하고 그 해결책을 제시하는 원인－해결책형, 논란이 되는 문제의 쟁점을 요약하고 논평을 하는 요약－논평형으로 구성할 수도 있다. 글의 구성은 글에 일정한 질서를 부여하는 것으로, 어느 글에나 적용되는 정형화된 틀이 있는 것은 아니다. 글쓴이가 서술하고자 하는 내용들 사이에 논리적, 인과적 연관을 효과적으로 보여 줄 수 있으면 된다. 여기서는 글의 다양한 구성 방식 가운데 대학생들이 흔히 쓰는 보고서, 논술 등에서 자주 볼 수 있는 문제 해결식 구성에 대해 안내하고자 한다.

문제 해결식 구성이란 해결이 필요한 어떤 사안의 현황 혹은 문제점을 제시하고, 그러한 문제를 해결할 수 있는 구체적인 방안이나 대책을 제시하는 유형의 구성을 말한다. 보통 다루고자 하는 문제와 관련된 현황 혹은 문제점을 먼저 기술하고, 이어서 문제점을 초래한 원인을 분석, 진단한 후, 그러한 원인으로부터 도출된 해결 방안을 제시하는 형식으로 구성한다. 필요한 경우, 해결책의 구체적인 실행 방법과 그것의 장점을 기술하는 내용까지도 포함시킨다. 그럼 "대학생 학습 윤리의 문제점과 해결 방안"에 대해 서술한 글을 예시로 문제 해결식 구성에 대해 조금 더 상세하게 알아보도록 하자.

문제 해결식 구성에서는 보통 문제와 관련된 현황이 먼저 제시되는데 문제 현황 혹은 문제점을 제시할 때는 이 글에서 주요하게 다루고자 하는 사안이 무엇이며, 그것이 현재 어떤 폐해, 손실을 야기하고 있는지, 왜 이 문제를 해결하지 않으면 안 되는지에 초점을 맞추어 서술한다.

<문제 현황 기술의 예>

우리나라 대학생들의 학습 윤리 실태는 매우 심각한 수준이다. 인터넷 리서치 업체인 엠브레인이 2006년 대학생 258명을 대상으로 실시한 설문에서(리포트 표절 시대, http://imnews.imbc.com/magazine/campusrpt/1995915_2795.html) '인터넷 리포트 구매 경험이 있느냐'는 질문에 67.1%의 학생이 '그렇다.'고 답하였고, 5.8%가 '리포트 전체를 그대로 활용했다.'고 응답하였으며, 2007년 KAIST 학생 138명을 대상으로 실시한 표절 실태 설문 조사 결과(KAIST 연구진실성위원회, 「보고서 표절, 이대로 방치할 수 없다」, 『KAISTAR』 15호, 2007.11.20)에서도 조사 대상자의 72%가 과제를 베껴서 제출하고 있다고 응답했으며 그 가운데 43%는 표절 행위에 대해 아무런 죄책감도 느끼지 않는다고 응답했다고 보고되어 있다. 이러한 현실에서 학생들의 낮은 도덕성이나 도덕적 불감증도 문제가 되지만 이보다 더 심각하고, 본질적인 문제는 이러한 행동이 되풀이되면서 학생들의 창의적인 사고 능력, 문제 해결 능력이 현저하게 떨어지게 되었다는 점이다.

문제점을 서술한 후에는 문제의 원인에 대한 필자의 진단을 제시한다. 문제 해결책은 원인에 대한 진단으로부터 도출되기 때문에 문제의 원인에 대한 바르고 정확한 진단은 무엇보다 중요하다. 다양한 관련 자료의 섭렵과 깊이 있는 분석을 통해 정확한 진단이 이루어질 수 있도록 해야 한다.

<문제 원인 진단의 예>

이러한 문제의 원인으로는 입시 위주의 교육 환경, 윤리 의식의 부재 등 여러 가지를 들 수 있겠지만 학습 윤리 교육의 부재를 가장 큰 원인으로 꼽을 수 있다. 우리나라 대학에서는 아직까지 학습 윤리에 대한 교육이 거의 이루어지지 않고 있다. 교수, 연구원 등 전문 연구자들에게 필요한 연구 윤리 지침이 각 대학과 학회에 마련되어 있고 이에 대한 교육과 규제가 점차 강화되고 있는 데 반해 대학생들을 위한 학습 윤리 규정이나 지침, 교육 프로그램 등은 전무한 현실이다. 미국의 대학들이 1950년대부터 학문적 정직성에 깊은 관심을 두고서 대학생들의 시험 부정행위나 글쓰기에서의 표절 등을 제한하는 세부 지침(guideline)을 마련해 놓고, 글쓰기 센터의 프로그램이나 웹 사이트를 통해 철저하게 교육하고 있는 것과는 대조적이다.

문제의 해결책을 제시할 때는 필자가 제시하는 해결책이 문제를 어떻게 해결할 수 있는지에 초점을 맞춘다. 또 해결책이 과연 실현 가능한지, 바람직한지, 효과적인지도 함께 서술한다. 만일 문제의 근본 원인을 제거함으로써 문제를 해결하려 하는 것이라면 원인을 제거하는 방법에, 현재의 상황을 개선하는 것으로 문제를 해결하려는 것이라면 그 방법에 초점을 맞춘다. 어느 방법을 택하든 제시한 해결책이 실현 가능하고 구체적인 것이어야 독자의 공감을 얻을 수 있다.

<해결책 제시의 예>

> 대학생들 사이에 만연한 표절, 리포트 구매, 조별 활동에서의 무임승차 등의 문제를 해결하기 위해서는 무엇보다 학습 윤리 교육을 강화해야 한다. 다양하고도 지속적인 교육 프로그램의 개발과 학습 윤리 관련 기구의 상설화가 그 해법이 될 것이다. 대학생을 위한 윤리 교육은 연구자들을 대상으로 하는 것과는 그 방식이 달라야 한다. 엄격한 규정을 만들고 제재를 가하는 방식보다는 다양한 교육 기회를 제공하여 학생들이 스스로 그러한 윤리를 체화할 수 있도록 하는 것이 효과적이다. 이를 위해서 다음 세 가지를 제안한다. 첫째, 학습 윤리를 개인적으로 알아서 지켜야 할 의무로서가 아니라 제도적 규약으로 확립할 수 있게끔 구조적으로 사고한다. 둘째, 단기간 내에 목표를 달성하려고 하는 조급함을 버리고 장기적인 안목과 계획을 가지고 꾸준히 시행한다. 셋째, 최소한의 규준만을 제시하고, 그것만 준수하면, 혹은 그것만 하지 않으면 된다는 식으로 교육하지 말고 학생들에게 올바르고 바람직한 방향을 제시해 주는 방향으로 교육안을 구성한다.

대개의 경우 문제 해결식 구성은 해결책을 제시하는 것으로 마무리되지만 해결책이 오히려 더 많은 문제점을 야기하지는 않을지, 다른 대안보다 나은 점은 무엇인지를 궁금해 하는 독자들이 있을 수 있으므로 필요하다면 해결책의 장점도 함께 서술해 준다.

✜ 문제 해결식 구성 방법

- 문제 해결식 구성은 보통 문제의 현황(문제점)－원인－해결 방안으로 구성한다.

- 글쓴이의 의도에 따라 문제의 원인에, 혹은 문제 해결책 제시에 더 많은 지면을 할애할 수 있다.
- 문제의 원인과 해결책은 반드시 유기적으로 관련되어 있어야 한다.
- 해결책은 창의적이고 타당한 것이어야 한다.
- 필요한 경우, 해결책의 실행 방법과 장점을 함께 제시해 준다.

도움이 되는 책

미셸 루트번스타인·로버트 루트번스타인. 『생각의 탄생』. 박종성 옮김. 에코의 서재, 2007.

바바라 베이그. 『하버드 글쓰기 강의』. 박병화 옮김. 에쎄, 2011.

박지원. 『열하일기』 1~3. 김혈조 옮김. 돌베개, 2009.

임철규. 『눈의 역사 눈의 미학』. 한길사, 2004.

이태주. 『문명과 야만을 넘어서 문화 읽기』. 프로네시스, 2006.

박정자. 『시선은 권력이다』. 기파랑, 2008.

오주석. 『오주석의 한국의 美 특강』. 솔출판사, 2005.

변광배. 『장 폴 사르트르』. 살림, 2004.

메를르 퐁티. 『보이는 것과 보이지 않는 것』. 남수인 옮김. 동문선, 2004.

서동욱. 『차이와 타자』. 문학과지성사, 2000.

미셸 푸코. 『감시와 처벌』. 오생근 옮김. 나남출판, 2003.

얀 칩체이스·사이먼 슈타인하트. 『관찰의 힘』. 야나 마키에이라 옮김. 위너스북, 2013.

제2장

유토피아와 상상력

마을에 돌아와 태수에게 이러한 사정을 이야기하니,
태수가 사람을 보내 그가 온 곳을 따르게 하여 표시한 곳을 찾았으나
끝내 길을 잃고 찾을 수 없었다.
:: 도연명陶淵明

위 그림은 유명한 안견의 <몽유도원도>(夢遊桃源圖)이다. 조선이 낳은 걸출한 화가의 대표적 산수화 한 점은 꿈과 연관되어 있다. 기암괴석으로 둘러싸인 구름처럼 피어난 산들 사이에 은밀한 공간이 있고 그곳에는 복사꽃이 만발해 있다. 이곳은 잘 알려진 바처럼 꿈속의 세계다.

이 작품은 어느 화창한 4월의 봄날(세종 29년), 안평대군이 꿈꾼 도원의 풍경을 당대 최고의 화가인 안견이 사흘 만에 완성한 것이다. 중국 시인 도연명(365~427)의 <도화원기>(桃花源記)에는 길을 잃은 어부가 물에 떠내려 오는 복사꽃을 따라 계곡을 거슬러 올라가다가 발견한 숨겨진 마을 즉 무릉도원의 이야기가 나온다. 그런데 이 이야기를 듣고 이 도원을 찾으려는 사람들이 있었으나 이룰 수 없었다. 이룰 수 없는 꿈, 갈 수 없는 곳이 되면서 이 무릉도원은 사람들의 마음 아득한 곳에서 유토피아로 남아있게 되었다.

인간은 왜 유토피아를 꿈꾸는가? 낙원, 천당, 샹그릴라, 극락, 파라다이스, 엘도라도, 무하유지향(無何有之鄕) 그리고 율도국까지 ……. 이 장에서는 유토피아를 통해 인간의 꿈과 상상력을 살펴보고 상상을 통한 글쓰기의 방법도 연습해 보기로 하자.

이 장에서는 창의적 글쓰기를 위한 하나의 도구로서 '상상'에 대해 알아보고, 이를 유토피아라는 본 장의 주제와 연결시켜 살펴보려 한다.

사람이라면 누구나 매양 느끼고 생각을 하면서 살아간다. 사람은 사람마다 자신이 존재하고 있는 시간과 공간, 속해 있는 공동체, 마음속에서 쌓아 온 주관이 다르고, 그래서 사람마다 처지가 다르다. 하나의 특정한 사물을 바라볼 때에도 그 사람의 자라온 환경과 경험의 유무와 정도 그리고 당시의 감정 상태에 따라 느낌이나 생각이 달라진다.

유명한 예술 작품을 놓고 작가의 의도와 전혀 다른 상상을 하고, 다른 주제나 메시지를 도출해 낸다 하더라도 그것이 잘못된 감상이나 왜곡된 이해라고 단정 지을 수는 없다. 하나의 작품이 작품으로 완성되어 대중에게 제시된 순간, 그것은 이미 작가의 손을 떠난 하나의 객체로서 감상하는 이의 감상 대상일 뿐이기 때문이다. 훌륭한 작가라면 자연과 인생에 대해 예리한 감각과 사려 깊은 통찰력으로 작품을 만들어 내겠지만, 그래도 그 작품을 보고 어떻게 생각하고 느낄 것인가는 온전히 감상하는 이의 몫이 된다.

좋은 글을 쓰기 위해서는 관찰과 함께 상상이 중요하다. 관찰이란 자세히 보는 일이다. 잘 관찰하는 것은 자신이 속한 사회나 인간들에 대한 이해의 바탕 위에서 대상을 자세히 살펴보는 일이다. 대상을 잘 살펴보고 이를 바탕으로 다른 것을 생각해 내거나 자세히 살펴보아서 없거나 모자란 것을 드러내 보는 일은 상상이 하는 일이다.

이런 관점에서 이 장에서는 유토피아라는 주제를 통해 우리네 인간들의 상상의 여러 차원을 살펴보고자 하는데, 이는 곧 상상을 위한 나의 생각 연습과 연결짓는 일이 될 것이다.

1. 상상력과 이상향(理想鄕)

1) 허구적 상상력과 별세계(別世界)

이상향이란 사람들이 가고 싶어 하지만 현실 세계에는 존재하지 않는 공간이다. 그럼에도 불구하고 사람들은 갈 수 없는 나라인 허구의 세상을 상상해 내곤 한다. 사람은 언제나 현재보다 더 나은 삶을 갈망하며, 상상력을 통해 그러한 삶의 청사진을 제시한다. 인류의 탄생 이래 주어진 삶의 조건을 뛰어넘고자 하는 욕망과 더 좋은 세상에 대한 동경은 항상 있었으며, 이러한 소망이 다채로운 모습의 이상향을 그려 냈다.

고대 그리스의 시인 호메로스Homeros는 <오디세이아>에서 '파라다이스'(Paradise)를 노래했고, 헤시오도스Hesiodos는 '황금시대'(Golden Age)를 이야기했다. 사악한 도시 공간과 대비되는 순수한 전원 세계인 베르길리우스Vergilius의 이상향 '아르카디아'(Arcadia)가 있는가 하면, 그리스도의 재림과 더불어 이룩되는 새로운 종교적 이상향 '천년왕국'(Millennium)이 있고, 16세기에 토마스 모어Thomas More가 유토피아로 제시한 과학적 이상 국가도 있다.

동양에 있어서도 그러한 사정은 마찬가지이다. 모든 이가 복락을 누리는 『예기』의 '대동 세계'가 있고, 전원 세계에서 펼쳐진 탈정치적 공간인 '무릉도원'이 있으며, 만물의 생명력이 넘치고 물질적 풍요가 보장되는 장자의 '막고야산'(邈姑射山: 『장자』 내편에 나오는 신선들이 사는 별천지)이 있다. 미륵 하생이나 후천 개벽의 종교적 유토피아는 물론, 청나라 말에 강유위가 구상한 과학적 유토피아도 존재한다. 우리나라에도 '율도국'이나 '이어도'와 같은 다양한 이상향의 모습이 보인다.

문학적 상상력은 주어진 현실에 안주하지 않고 더 나은 세계와 행복한 삶을 추구한다는 점에서 유토피아적 상상력과 닮은 점이 많다. 고전 문학에는 우리 선인들이 꿈꾸었던 다양한 모습의 이상향이 존재한다. 이러한 상상력의 기반을 잘 살펴보면 우리는 우리 선인들이 당대의 문제적 현실을 초극하여 보다 아름답고 행복한 세계를 만들고자 했던 내력을 알 수 있다.

공간적 상상력은 문학적 상상에서 하나의 핵심 축을 이룬다. 일상 세계와 다른 낯설고 신기한 세계는 분방한 환상적 상상력의 터전이 된다. 우리 고전 문학에는 이계(異界)라고 일컬어지는 신비한 별세계의 형상이 다양하게 담겨 있다. 그 속에는 옛사람들의 세계관과 인생관이 함축되어 있기도 하다. (중략)

꿈을 꾼다는 것은, 현실을 떠나 상상을 펼쳐 나간다는 것은 어떤 일일까. 생각해 보면 그것은 무언가 '다른 세계'로 옮겨 가는 것을 기본 전제로 한다. 우리의 의식이 몸으로부터 벗어나 어디론가 낯선 곳으로 여행을 떠나면서 꿈과 상상은 시작된다. 어쩌면 꿈과 상상이란 낯설고 특별한 세계를 하염없이 떠돌아다니는 일인지도 모르겠다.

사람들이 꿈에서 다다르는 공간은 매우 다양하다. 그것은 때로 실제적이고 경험적인 삶의 공간이기도 하다. 그곳은 예컨대 집이나 학교, 거리, 직장 같은 나날의 일상이 펼쳐지는 생활공간일 수 있으며, 예전에 살았던 마을이나 집, 또는 여행을 통해 찾았던 장소일 수도 있다. 종종 사진이나 영화에서 보았던 장소가 꿈의 배경이 되기도 한다. 그리고 이와는 성격이 다른 완전히 낯설고 특별한 공간이 등장하는 경우가 있다. 한 번도 가 본 적 없고 상상해 본 적 없는, 짐작조차 할 수 없는 미지의 공간들 말이다.

문학적 상상이 도달하는 공간 또한 어디가 끝인지 알 수 없을 정도로 넓고 다양하다. 그것은 흔히 현실적 경험 공간의 한계를 훌쩍 넘어선 낯설고 특별한 세계로 무한히 뻗어 나가곤 한다. 그 문학적 표상이 초월적 공간으로서의 이계(異界)이다. 이계로 접어드는 순간 우리의 상상은 현실의 경계를 뛰어넘어 꿈과 환상의 세계로 날아가게 된다. 이계의 등장은 낯설고 신비한 사건이 펼쳐지게 되리라는 표지가 되며, 몸과 마음을 열고 그것을 받아들이라는 신호가 된다.

꿈과 환상을 추구하는 문학에서 이계의 형상은 상상의 질(質)을 규정하는 핵심 요소가 된다. 현실계에서 이계로 넘어가는 경계가 어떠하고, 그 넘어섬이 어떻게 이루어지며, 넘어선 뒤의 세계가 어떤 형상을 하고 있는가 하는 등의 문제이다. 그 형상이 생생히 살아날 때 꿈과 환상의 판타지는 마음껏 힘을 내면서 재미와 의미를 생성하게 된다. 성공한 환상문학이란 곧 이계의 형상화에 성공한 문학이라 해도 과언이 아니다. '호그와트 마법 학교'가 등장하는 <해리 포터>나 '중간계'가 펼쳐지는 <반지의 제왕>처럼 말이다.

신동흔 외, 『살아있는 고전문학 교과서』 1, 휴머니스트, 2011, 31~32쪽.

생각 키우기

1. 문학적 상상력을 통해 설정된 '이계'가 지니는 의미는 무엇이라고 생각되는가?

2. 우리나라 문학 작품 그리고 나아가 대중문화 속에서 찾을 수 있는 '이계'적 공간은 어떤 것들이 있는가?

3. 인류가 상상력을 통하여 고안해 낸 이상적 공간들은 어떤 것들이 있는지 찾아보자.

4. 각각 다른 이름을 지니고 있는 이상향들은 서로 어떤 공통점과 차이점이 있는가?

5. 내가 꿈꾸는 이상향은 어떤 모습일지 상상력을 발휘하여 설정해 보자.

상상력의 중요성

우리가 사는 세상에는 보이는 세계와 보이지 않는 세계가 있다. 현상과 본질, 물질과 관념, 현실과 이상, 형식과 내용 등에서 보듯이 우리 앞에 놓인 혹은 보이는 세계는 실상은 세계의 일부일 뿐이다. 상상이란 보이지 않는 것, 경험하지 않은 것을 그려내는 기능이며 상상력이란 감각 세계에 실제로 존재하지 않는 것을 그려내게 하는 정신적 힘이다.

많은 사람들이 글쓰기를 할 때 상상력을 충분히 발휘하지 못하는 이유는 현대인의 일상적 삶의 모습에서 찾을 수 있다. 현대인들은 너무 바쁘고 그래서 여유가 없다. 지식과 정보를 단순히 검색하고 수집하고 이를 처리해 내기에 너무도 바쁜 일상을 보내고 있다. 그런데 이런 지식과 정보는 추상화되고 관념화된 것으로 우리의 오관을 통한 감각적 실제와는 차이가 있다. 모니터로부터 눈을 돌려 새로운 사물들을 보고 만지고 세상이 내는 소리에 귀 기울이는 데 할애할 시간이 너무 부족하고 그런 시도에 인색하다.

또한 현대인들은 잘 가공된 이미지들에 익숙하며 그런 이미지들을 수동적으로 수용하기만도 바쁘다. 더욱이 현대 사회에서 이미지들은 날이 갈수록 엄청난 속도로 양산되고 증폭되고 있고 텔레비전과 영화, 광고들은 하루 종일 현대인들에게 폭격하다시피 제공된다. 그리고 그런 이미지 제공의 매체 역시 가공할 속도로 발전하고 있다. 이런 와중에서 자신의 감각을 통해서 새로운 감각적 이미지들을 능동적으로 구현해 보려는 노력이 틈입하기가 쉽지 않은 것이다.

하지만 상상력은 훈련을 통해서 발전되는 것이다. 신체의 일부를 쓰지 않으면 퇴화하듯이 우리의 감각들도 자신의 의지로 적극 활용하지 않으면 퇴화되어 무용지물처럼 전락할 것이다. 상상력은 에리히 프롬이 말하는 바의 '자동인형'처럼 남의 생각을 마치 자기의 생각처럼 가장하면서 스스로 그런 점을 인식하지도 못하는 것이 아니다. 잘 만들어 놓은 것들을 주워섬기는 것이 아니라, 내가 만들고 내 몸으로 발전시켜 나가는 것이다.

감각을 통해 새로운 것을 그려 내는 일의 중요성을 깨닫고 연습해 간다면, 다음으로는 감각을 통해 그려 낸 그림을 목적이나 주제에 따라 현실과 견주어 재해석하고 재구성하는 과정이 필요하게 된다. 이러한 과정을 주도하는 일 역시 상상력이다.

2) 현실에 구속되는 상상력, 플라톤의 이상 국가

유토피아란 현실적으로는 어디에도 존재하지 않는 이상적인 장소를 가리키는 말이다. 원래 토마스 모어가 그리스어의 '없는'(ou-), '장소'(topos)라는 두 말을 결합하여 만든 용어인데, 동시에 이 말은 '좋은'(eu-), '장소'라는 뜻을 연상하게 하는 이중 기능을 지니고 있다.

유토피아는 사회 질서의 변화에서 생기는 사회 모순에 대한 단적인 반성으로서, 또는 근대 과학 기술 문명의 발전과 그 미래에 대한 기대에서 생겨난 것이다. 그런데 이러한 유토피아에 대한 열망은 이상향이란 아무 데도 존재하지 않는 세계라고 하면서도, 사실은 어디까지나 현세와의 시간적·공간적 연속선상에서 꿈꾼 결과이다. 즉 유토피아는 현실과 단절된 세계로서 나타나는 것이 아니라 현실을 기반으로 하고 있는 것이다.

이런 관점에서 플라톤의 이상 국가를 통해 엿볼 수 있는 상상력은 현실과 어떤 연관관계를 맺고 있는지에 주안점을 두면서 아래의 제시문을 읽어 보자.

그의 이상 국가는 상상 국가이다. 플라톤 스스로 이 점을 고백하고 있는 것은 놀라운 사실이 아니다.

> "그것(이상 국가)은 우리의 추론에만 존재한다. 그것은 지상의 어느 곳에도 없기 때문이다. 이상 국가는 단지 하늘에 그 모델이 있을 것이다."

그의 이상 국가론은 어디까지나 사고의 유희, 상상의 유희였던 것이다. 그렇다면 이성적 이데아에 집착했던 플라톤이 왜 이러한 극단적인 상상을 한 것일까? 그의 상상 국가에는 사고의 유희를 넘어 그의 시대에 대한 깊은 통찰이 근저에 깔려 있다. 기원전 427년 아테네에서 태어난 플라톤은 역사의 슬픈 시대를 목도한다.

황금시대를 누리고 있었던 아테네가 스파르타와의 전쟁에서 패배한 후 압제적이고 부패한 폭군들의 통치에 빠지게 되자 플라톤은 조국의 비참한 상태를 개탄하며 완전한 정의가 실현되는 철학자의 나라, 이상 국가를 상상하게 된 것이다.

그의 이상 국가론이 스파르타의 국가 지상주의적 정치 체제를 모델로 삼고 있는 것은 당연한 일이다. 플라톤은 질서에 대한 집착으로부터 그러한 이상 국가를 아니 상상 국가를 꿈꾸었다. 그의 상상은 어디까지나 현실에 뿌리박고 있었던 것이다. 그렇다면 상상은 결국 현실을 떠날 수 없다는 말이 아닌가. 다시 말해서 모든 상상은 곧 현실의 다른 모습

이 아니겠는가.

가장 완벽한 이성적 진리인 이데아에 집착했던 플라톤은 가장 비이성적인 이상 국가를 상상했다. 이 지점에서 우리는 상상력의 역사에서 아주 중요한 인식을 얻게 된다. 어쩌면 이성과 상상이 또는 현실과 상상이 그리 먼 관계가 아니라는 사실 말이다. 그들은 서구 문화와 예술에서 오랫동안 각축전을 벌여 온 역사를 가지고 있다. 그러나 또 한 편으로는 그 둘은 상호 보완적 관계를 지니고 있기도 했다. 그것들은 서로를 배타하면서도 함께 존재할 수밖에 없는 운명을 가지고 있었다. 어쩌면 그 둘은 동전의 양면일 수 있다.

그래서 이성의 역사에서 상상력의 역사를, 카오스에서 질서를, 억압적 문화 속에서 꿈틀거렸던 상상력의 자유를 읽어내는 작업이야말로 상상하는 인간의 본질을 조명하는 작업인 것이다.

임정택, 『상상』, 21세기북스, 2011, 23~25쪽.

생각 키우기

1. 플라톤이 말하는 이상 국가의 성격을 정리해 보자.

2. 플라톤이 이상 국가를 꿈꾸게 된 계기를 살펴본 후, 옛 사람들이 '무릉도원', '율도국', '이어도'와 같은 또 다른 이상향들을 상상하게 된 계기가 무엇이었을지 유추해 보자.

3. 꿈이 현실을 벗어날 수 없다는 데 동의하는가? 동의한다면 이 같은 맥락에서 '꿈'이란 어떤 의미인지 세 문장 이상으로 정의해 보자.

4. 위의 생각에 동의할 수 없다면, 꿈이라는 것이 현실과는 무관한 혹은 배타적인 어떤 것임을 주장할 수 있는 근거들을 제시해 보자.

2. 유토피아(Utopia)와 디스토피아(Distopia)

1) 라퓨타의 상상력과 테크놀로지의 미래

SF 영화에서 세상을 바라보는 눈은 크게 두 가지로 나눌 수 있다. 먼저 낙관적인 세계관을 보이는 쪽을 '유토피아적 비전'이 제시된 영화들이라고 할 수 있겠는데, 이러한 입장을 취하는 영화에서는 테크놀로지의 발달이 궁극적으로 문명의 진보와 인류의 행복을 보장할 것이라고 이야기하고 있다. SF 영화 초기작인 <달나라 여행>이나, <백 투 더 퓨처> 등이 그런 유형의 대표작이라고 할 수 있다. 한편 비관적 세계관, 즉 '디스토피아적 비전'을 제시하는 영화에서는 테크놀로지가 지닌 파괴적인 측면을 경고하면서 암울한 인류의 미래상을 보이고 있다. <터미네이터>, <매트릭스>, <이퀼리브리엄>, <아이로봇> 등이 대표적 작품이다.

대중문화를 선도하는 영화의 세계관이 대척되는 두 국면으로 나뉘는 것처럼, 테크놀로지의 발달을 바라보는 현대인의 심정과 태도도 역시 두 갈래로 대립된다. 인간의 과학적 상상력이 속속 현실화되어 가고 있는 마당에 이 같은 테크놀로지의 발달의 추세는 우리가 사는 세계를 장밋빛 유토피아로 이루어 갈 것인가, 아니면 암울한 디스토피아로 전락하게 할 것인가? 제시문의 내용을 참고하면서, 우리 시대의 대중문화에서는 테크놀로지의 발달이 가져올 미래상을 어떻게 상상해 내고 있는지 생각해 보자.

걸리버의 세 번째 여행지인 하늘을 나는 섬 라퓨타의 모습은 공상 과학소설이나 영화에 나올 법한 테크놀로지의 유토피아 공간이다. <걸리버 여행기>에서 섬의 모습과 작동 원리는 매우 구체적으로 묘사된다. 라퓨타는 천연 자석을 이용해 공중으로 뜰 수 있으며 위

치를 이동한다. 그리고 뛰어난 천문학자들이 섬의 움직임이 원활히 이루어지도록 세심하게 계산한다.

이렇게 하늘을 나는 거대한 물체에 대한 상상은 사실 라퓨타 전후로도 지속적으로 나타나는 상상 중의 하나이다. 그리스 신화의 이카로스를 필두로 하여 릴리엔탈의 글라이더 개발, 라이트 형제의 비행기 발명도 이러한 상상에서 시작한 것이었으며, 얼마 전 개봉했던 영화 <업>(Up)에서는 수천 개의 풍선을 달아 그 부력으로 집이 하늘을 나는 모습을 보여 주기도 했다.

미야자키 하야오 감독의
<천공의 성, 라퓨타>의 모티브가 된 도시

최근 한 건설사가 제시한 미래형 주택의 경우 라퓨타의 재현이라 할 수 있다. 그 건물은 디자인을 한국의 방패연에서 차용하고 있는데, 이는 하늘을 나는 집에 대한 상상을 본격화하여 현실로 끌어들인 것이라고 볼 수 있다. 이처럼 하늘에 대한 공간 상상은 계속되어 왔고 또한 현실화되고 있는, 어찌 보면 가장 일반적이고 대중적인 상상일지도 모른다.

상상은 여기에서 그치지 않는다. 라퓨타 섬의 레가도 아카데미에서는 온갖 상상적인 과학 기술들이 실험되고 있는데, 한 학자는 거미에게 실을 뽑고 직접 실을 짜게 하는 방법을 연구하고 있다. 누에는 실을 뽑기만 하지 거미처럼 그물을 칠 수 없기 때문에 비경제적이란 것이다. 또한 거미에게 색깔을 지닌 파리를 먹여 온갖 색의 비단실을 쉽게 만들 수 있다. 이런 기술들은 오늘날 가상 현실, 유전자 조작 기술의 발달을 예고하는 듯하다.

한 언어학자는 세계에 공통적으로 통용될 수 있는 언어 기계를 발명하고 있는데, 걸리버는 그의 연구에 크게 감명을 받는다. 하지만 쓸데없는 수다를 좋아하는 여자들이 언어학자의 연구를 방해한다. 또한 일부 학자들은 자신만의 세계에 빠져 쓸데없는 기술을 연구하고 있기도 하다.

이러한 레가도 아카데미의 모습은 영국 왕실학회의 모습을 비유적으로 드러내고 있는 것이다. 당시 영국 왕실학회의 학자들은 놀랍고 삶에 이로운 연구를 하기도 했지만, 전혀 쓸데없는 것을 만들어 내느라 시간과 돈을 낭비하기도 했다. 그리고 현실에서도 무식한 대중 때문에 귀중한 연구가 엎어지기도 한다.

이처럼 스위프트는 상상적인 레가도 아카데미의 비유를 통해 현실의 문제를 꼬집은 것이다. 또한 라퓨타의 사람들은 너무 많은 지식으로 인해 늘 걱정과 불안에 시달리고 있는 모습을 보여 주는데, 특히 그들은 언젠가 태양이 사라져 버릴 거라며 항상 근심한다. 너무 알아서 오히려 고통이 되는 것이다. 그렇다면 쌓여 가는 지식은, 과학의 발달은 정말 인간의 행복을 보장해 주는 것이라고 할 수 있을까? 어쩌면 스위프트는 오늘날 수많은 소설 속에 그려지고 있는 디스토피아의 모습을 수백 년 전에 상상했다고 볼 수도 있다. 무분별한 테크놀로지의 발달은 오히려 인간의 행복을 저해할 수도 있는 것이다.

임정택, 『상상』, 21세기북스, 2011, 214~216쪽.

생각 키우기

1. 상상력과 테크놀로지가 결합된 결과가 문명 전환의 계기가 된 예를 들어 보자. 또, 상상력과 테크놀로지가 결합된 결과가 우리 생활의 필수품 혹은 히트 상품이 된 예를 찾아보자.

2. 테크놀로지의 발달이 인간의 삶에 긍정적으로 기여한다고 보는가? 근거와 함께 각각의 견해를 제시해 보라.

3. 최근 상영된 영화나 텔레비전 드라마들 중에서 '유토피아적 비전'이나 '디스토피아적 비전'을 다루고 있는 작품들은 어떤 것들이 있는지 예를 들어 살펴보자.

4. 대중매체나 예술 작품들에서 인간의 미래를 제시 혹은 암시하고 있는 경우를 살펴보자.

5. '유토피아적 비전'과 '디스토피아적 비전'을 제시하게 되는 근거로 작용하는 생각은 무엇일까?

2) 한국 고전 문학 속 여성의 유토피아와 디스토피아

제시문은 한국 고전 문학 속에서 여성들의 유토피아가 어떻게 구현되고 있었나를 고찰해 보기 위한 글의 도입부이다. 그런데 제시문에서 보이고 있는 것처럼 여성 유토피아를 이야기하는 마당에 디스토피아가 오히려 먼저 떠오르는 것은 아무리 생각해도 여성 유토피아의 존재를 마땅히 생각해 내기 어려운 우리의 문학사적 사실 때문일 것이다. 그러니 우리 고전 문학에서 여성 유토피아를 어떻게든 찾거나 상정해 보기 위해서는 우선 이 디스토피아적인 상황을 살펴본 후, 그 디스토피아의 역의 방향을 살펴보는 것이 여성 유토피아를 이야기하고 모색하는 방법이 될 것이다.

유토피아면 유토피아지 왜 굳이 '여성' 유토피아인가? 이 '여성' 유토피아라는 말 속에는 우리 문학 속의 유토피아에서 여성은 배제되었다거나 혹은 새로운 여성의, 여성을 위한 유토피아의 인식 필요성과 가능성이 중요하다는 생각이 전제되어 있을 것이다. 하필 여성 유토피아를 이야기하는 까닭은 상상력의 산물인 문학 작품 속에서조차도 여성들은 남성들에 의해서 억압되고 주변화, 사물화되어 왔다는 인식을 반영하는 것이며, 문학 속 유토피아의 모습은 남성들의 것이자 남성들이 만든 사회 환경이 마련한 것이지 여성들이 거기에 끼어들 틈바구니를 찾기 힘들다는 뜻이기도 할 것이다.

오늘날 여성들은 두 가지 의미에서 유토피아의 불구성을 이야기할 수 있을 것이다. 하나는 남성 중심주의의 공고한 가부장제의 역사 속에서 그녀들의 유토피아는 꿈꾸어질 수

없었다는 것이다. 또 하나는 그러한 남성 중심주의의 세계관이 이루어 낸 근대적 사고가 가져온 오늘날의 물질문명의 위기와 전망이 우리로 하여금 유토피아의 꿈을 가위눌리게 한다는 것이다. 그런데 이 두 가지 모두가 남성들로부터 비롯된 것이니, 여성들은 남성들로 인하여 겹으로 유토피아의 꿈을 침해받고 있는 셈이다.

한국 고전 문학을 살펴보게 되면, 거기에는 유토피아는커녕 오히려 디스토피아라고 해야 할 만한 질곡의 시공간에서 헤어나지 못하고 있는 무수한 여성 캐릭터들과 마주치게 된다. 핍박과 고난의 현실 공간을 살아가는 캐릭터들이 비단 여성만은 아닐 것이다. 그러나 여성들은 가부장적 제도하의 주변적 존재로서 남성들과는 또 다른 시련을 더하여 감내해야 했으므로, 여성들이 꿈꾸었을 만한 유토피아는 남성들의 그것과 공분모도 있겠지만 엄연히 그 유토피아를 꿈꾸는 출발점이 다를 수 있는 것이다. 일반적 의미로 유토피아라면 그것은 당연히 인간이 꿈꾸는 이상향이니 여성에게도 역시 그곳이 이상적인 공간이어야 할 것이다. 그러나 우리 문학 작품 속에 등장하는 유토피아적 공간은 다분히 남성 중심적 세계관을 반영하고 있으며 남성적 현실인식의 대응 방식으로서 마련되는 공간이다.

정종진, 「한국 고전문학과 여성유토피아」, 『성평등연구』 12집,
가톨릭대학교 성평등연구소, 2008, 1~16쪽.

생각 키우기

1. 한국 문학 속에서 여성들의 이미지는 어떻게 나타나고 있는지 예를 들어 살펴보자.

2. 다음 작품들에서 공통적으로 보이는 여성들의 공간은 어떤 성격을 지니고 있는가?

耿耿孤枕上애 어느ᄌᆞ미 오리오.
西窓을 여러ᄒᆞ니 桃花ㅣ 發ᄒᆞ두다.

桃花는 시름업서 笑春風ᄒᆞᄂᆞ다 笑春風ᄒᆞᄂᆞ다.

작자미상, <만전춘별사>(滿殿春別詞)

別後雲山隔渺茫	이별 후 산과 물 아득히 막혔어라.
夢中歡笑在君傍	꿈속에서 그대 곁에 웃고 즐겼소.
覺來半枕虛無影	깨고 나니 반 베게엔 허무한 그림자뿐.
側向殘燈冷落光	돌아누우니 등불 가물가물 찬 빛 떨어진다.
何日能逢千里面	어느 때 만나랴, 천리 밖에 있는 님.
此時空斷九回腸	이 시절 부질없이 구곡간장 끊어지누나.
窓前更有梧桐雨	창 밖엔 또다시 오동잎에 비 듣는 소리.
添得相思淚幾行	그리움 더하여 눈물 몇 줄기냐.

계향桂香, <기원>(寄遠)

相思相見只憑夢	그리운 임 만나는 길 꿈밖에 없어.
儂訪歡時歡訪儂	내가 그대 찾았을 때 그댄 날 찾았지.
願使遙遙他夜夢	멀고 먼 다른 날 밤 꿈에는,
一時同作路中逢	같은 시각 길 떠나 반보기로 만나고저.

황진이黃眞伊, <상사몽>(相思夢)

3. 조선 시대 여성들에게 있어 현실 세계는 다분히 디스토피아적 공간이라고 말할 수 있는 근거들을 들어 보자.

4. 자궁, 품, 요람, 안방, 집 등은 어머니로서의 여성, 모성과 둥지로서의 여성이 공간적으로 상징화한 장소들로 파악 가능하다. 이러한 장소들이 함축하고 있는 유토피아적 속성을 이야기해 보자.

3. 현실 비판과 대안의 세계로서의 유토피아

1) 율도국과 무인공도

홍길동이 세운 율도국은 박지원의 <허생전>에서의 남방의 섬 무인공도에 앞서 고전 소설사에서는 처음으로 등장하는 일종의 유토피아다. 이 유토피아는 단순한 무릉도원이 아니라, 사회의 여러 모순에 대한 적극적 비판과 저항의 연장선상에서 설정된 공간이다.

한편 길동이 제사를 극진히 받들어 삼년상을 마치매 모든 영웅을 모아 무예를 익히며 농업을 힘쓰니, 병사들은 세련되고 양식은 풍족한지라. 남해 가운데 율도국이란 나라가 있으니, 비옥한 땅이 수천 리에 이르러 과연 천부지국〔땅이 매우 비옥해 온갖 생산물이 나는 나라〕이었다. 길동이 늘 유심히 지켜보던 끝에 여러 사람을 불러 가로되, "내 이제 율도국을 치고자 하나니 그대들은 정성을 다하라." 하고 그날로 진군할 새, 길동이 스스로 선두가 되고 마숙으로 후군장을 삼아 정예 부대 오만을 거느려 율도국 철봉산에 다다라 싸움을 거니, 태수 김현충이 난데없는 군마가 다가오는 것을 보고 크게 놀라 한편 왕에게 보고하고 한줄기 군대를 거느려 내달아 싸우거늘 길동이 맞아 싸워 한 번에 김현충을 베어버리고 철봉을 얻어 백성들을 안심시키며 위로하고 정철로 철봉을 지키도록 하고 대군을 지휘하여 도성을 칠 새, 견서〔군대를 부추기는 글〕를 율도국에 보내니 그 내용은 이러한지라.

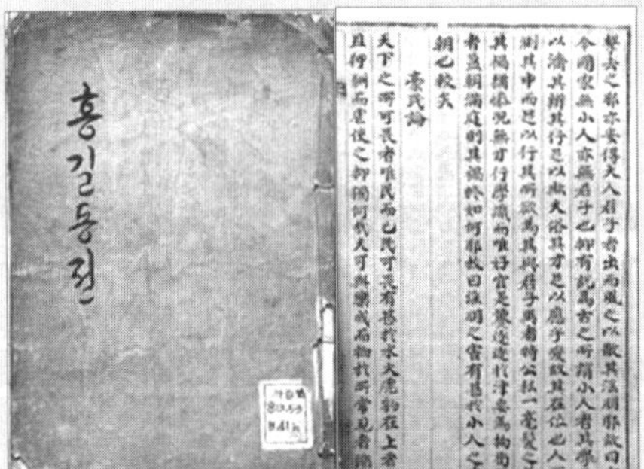

"의병장 홍길동은 글월을 왕에게 부치나니 대저 임금은 한 사람의 임금이 아니요, 천하 사람의 임금이라. 내가 천명을 받아 병사를 일으키매 먼저 철봉을 대파하고 물밀 듯 들어오니, 왕은 싸우고자 하거든 싸우고 그렇지 않거든 항복하여 살기를 도모하라." 하였더라.

왕이 격서 보기를 마치고 크게 놀라 가로되, "우리나라가 굳게 철봉을 믿었거늘 이제

잃었으니 어찌 막아내리요." 하고 모든 신하들을 거느려 항복하니 길동이 성 안에 들어가 백성들을 안심시켜 위로하고 왕위에 오른 후 율도국 왕은 의령군이라 봉하고 마숙, 최철을 좌우승상으로 삼고 그 밖의 모든 장수들에겐 다 각각 작위를 수여하니 만조백관이 천세〔천세를 누리소서〕를 불러 축하하더라.

왕이 나라를 다스린 지 삼 년에 산에 도적이 전혀 없고 길에 떨어진 물건일지라도 집어가지 않으니, 능히 태평성대라 할 수 있더라.

허균, <홍길동전>

이튿날, 군도들이 바닷가에 나가 보았더니, 과연 허생이 삼십만 냥의 돈을 싣고 온 것이었다. 모두들 대경(大驚)해서 허생 앞에 줄이어 절했다. "오직 장군의 명령을 따르겠소이다." 이에, 군도들이 다투어 돈을 짊어졌으나, 한 사람이 백 냥 이상을 지지 못했다. "너희들, 힘이 한껏 백 냥도 못 지면서 무슨 도둑질을 하겠느냐? 인제 너희들이 양민(良民)이 되려고 해도, 이름이 도둑의 장부에 올랐으니, 갈 곳이 없다. 내가 여기서 너희들을 기다릴 것이니, 한 사람이 백 냥씩 가지고 가서 여자 하나, 소 한 필을 거느리고 오너라." 허생의 말에 군도들은 모두 좋다고 흩어져 갔다.

허생은 몸소 이천 명이 1년 먹을 양식을 준비하고 기다렸다. 군도들이 빠짐없이 모두 돌아왔다. 드디어 다들 배에 싣고 그 빈 섬으로 들어갔다. 허생이 도둑을 몽땅 쓸어 가서 나라 안에 시끄러운 일이 없었다.

그들은 나무를 베어 집을 짓고, 대〔竹〕를 엮고 울을 만들었다. 땅 기운이 온전하기 때문에 백곡이 잘 자라서, 한 해나 세 해만큼 걸러 짓지 않아도 한 줄기에 아홉 이삭이 달렸다. 3년 동안의 양식을 비축해 두고, 나머지를 모두 배에 싣고 장기도(長崎島)로 가져가서 팔았다. 장기라는 곳은 삼십만여 호나 되는 일본(日本)의 속주(屬州)이다. 그 지방이 한참 흉년이 들어서 구휼하고 은 백만 냥을 얻게 되었다. 허생이 탄식하면서, "이제 나의 조그만 시험이 끝났구나." 하고, 이에 남녀 이천 명을 모아 놓고 말했다. "내가 처음에 너희들과 이 섬에 들어올 때엔 먼저 부(富)하게 한 연후에 따로 문자를 만들고 의관(衣冠)을 새로 제정하려 하였더니라. 그런데 땅이 좁고 덕이 없으니, 나는 이제 여기를 떠나련다. 다만, 아이들을 낳거들랑 오른손에 숟가락을 쥐고, 하루라도 먼저 난 사람이 먼저 먹도록 양보케 하여라."

다른 배들을 모조리 불사르면서, "가지 않으면 오는 이도 없으렷다." 하고 돈 오십만 냥을 바다 가운데 던지며, "바다가 마르면 주워 갈 사람이 있겠지. 백만 냥은 우리나라에도 용납할 곳이 없거늘, 하물며 이런 작은 섬에서랴!" 했다. 그리고 글을 아는 자들을 골라 모조리 함께 배에 태우면서, "이 섬에 화근을 없애야 되지." 했다.

허생은 나라 안을 두루 돌아다니며 가난하고 의지 없는 사람들을 구제했다. 그러고도 은이 십만 냥이 남았다.

박지원, <허생전>

생각 키우기

1. 율도국은 상상력의 산물이다. 율도국은 산에는 도적이 없고 길에는 흘린 물건을 주워가지 않으며, 곳간에 재물이 쌓여 백성들이 의식주의 풍요를 누리는 이상향으로 나타난다. 이곳은 조선인도 중국인도 출입하지 않는 새로운 나라이다. 그러나 다음과 같이 그 상상력의 한계를 지적할 수도 있다. 그것은 모순된 현실에 과감히 맞서면서도 봉건 지배 이념이나 윤리 규범은 이탈하지 않는 길동의 행위나, 새로운 사회의 비전으로 제시된 율도국의 형상이 사실은 유교적 봉건 이상 사회와 크게 다르지 않게 설정된 점 등을 통해서이다. 이같이 인간의 상상력이 일정한 한계를 지니게 되는 이유는 어떻게 설명될 수 있을까?

2. <허생전>의 무인공도(無人空島)가 이상향으로서 기능할 수 있는 조건을 추정해 보자.

3. 위의 두 작품 속 '율도국'(栗島國)과 '무인공도'(無人空島)와 같은 이상적인 공간을 상상해 내게

하는 기반은 무엇인지 생각해 보자.

2) 토마스 모어가 제시하는 〈유토피아〉의 세계

<유토피아>는 르네상스 문화의 고전이자 사회사상의 고전인 토마스 모어의 작품으로서 16세기 유럽의 인문주의자였던 모어가 오랫동안 꿈꾼 이상적인 나라를 그린 정치적 공상 소설이다. 토마스 모어는 당시 영국 사회의 혼란상과 모순을 지적하면서 새로운 이상 사회인 유토피아를 꿈꾸었다. 결핍과 착취가 없고 정의와 평등, 이성과 합리적 제도가 국가의 토대가 되는 세계를 통해 인간을 행복에 이르게 하는 진정한 공공성의 실현을 보여 주고자 했다. 제시문은 작품 속의 라파엘이 유토피아의 이상적 제도에 대해 피력하고 있는 부분이다.

자, 이것이 내가 유토피아 공화국에 대해 말해줄 수 있는 가장 정확한 설명입니다. 나는 유토피아가 이 세상에서 가장 훌륭한 국가일 뿐 아니라, 공화국이라 부를 수 있는 유일한 국가라고 생각합니다. 그 외의 다른 나라들은 입으로는 언제나 공공의 이익을 말하지만 실제로 가장 관심 있는 건 개인의 재산뿐입니다. 사유재산이 없는 유토피아에서는 모든 사람들이 공공의 의무를 진지하게 수행합니다.

하지만 양쪽의 입장은 모두 완벽하리만큼 합리적입니다. 다른 '공화국들'에서는 자기 나라가 아무리 번영하고 있다 해도, 스스로 자신을 책임지지 않으면 현실적으로 굶어 죽을 수밖에 없다는 것을 누구나 알고 있습니다. 그러므로 공공의 이익보다 시민의 이익, 즉 자신의 이익을 우선적으로 생각할 수밖에 없는 것입니다.

유토피아에서는 모든 것이 공공의 소유로 되어 있으므로 공공의 창고가 가득 차 있는 한 결핍을 두려워할 필요가 없습니다. 누구나 공정한 자신의 몫을 가질 수 있기 때문에 가난하거나 헐벗은 사람도 있을 수 없습니다. 사유재산을 가지고 있는 사람이 아무도 없으므로 누구나 부자인 것입니다. 그러니 이런 나라에서 즐거움, 마음의 평화, 불안으로부터

의 해방보다 더 큰 재산이 있을까요?

유토피아인들은 끼니를 걱정하거나, 아내의 애처로운 요구를 듣고 마음이 상하거나, 아들의 빈곤을 두려워하거나, 딸의 지참금을 마련하기 위해 허우적거리지 않습니다. 대신 자신과 아내, 자식과 손자와 증손자와 고손자 등 자손이 번창하기를 바라는 가문에서 그러는 것처럼 언제나 먹을 것이 넉넉하며, 언제나 스스로를 행복하게 할 수 있습니다. 또한 너무 나이가 들어 일을 못하게 되더라도 일할 능력이 있는 사람들과 다름없이 모든 보장을 받을 수 있습니다.

자, 감히 어느 누가 유토피아의 이런 공정한 제도들을 다른 나라의 이른바 정의라고 부르는 것들과 비교할 수 있겠습니까? 다른 나라에서 정의나 공정함을 눈곱만큼이라도 본 적이 있었다면 지옥에 떨어져도 좋습니다. 다음과 같은 일들을 두고 어떻게 정의라고 부를 수 있겠습니까?

귀족들이나 금 세공업자, 고리대금업자들은 아무 일도 하지 않거나, 하더라도 쓸모없는 일만 하는데도 게으름을 피우고, 또 그런 쓸모없는 일을 하는 대가로 호사스럽고 사치스러운 생활을 보장받고 있습니다.

반면 노동자와 마부와 목수와 농부들은 짐마차를 끄는 말처럼 쉴 새 없이 일만 하기 때문에, 그들이 일하기를 멈춘다면 일 년도 못 버틸 나라가 많습니다. 그런데 그들의 상황은 어떻습니까? 제대로 먹지도 못하고, 오히려 짐마차를 끄는 말들이 그들보다 더 잘산다고 할 만큼 비참한 생활을 하고 있습니다. 적어도 짐마차를 끄는 말들은 그들처럼 오랜 시간 일하지 않아도 되며, 먹이도 그다지 나쁘지 않아 즐길 수 있고, 더구나 장래에 대한 걱정도 없습니다. 하지만 노동자나 마부나 목수나 농민은 아무런 보장도 받지 못하고 현재의 중노동에 시달릴 뿐만 아니라, 가난해 찌든 노후를 걱정해야 합니다. 그들의 하루 임금은 노후를 위해 저축할 것이 없음은 말할 것도 없고, 그날그날을 살아가는 데도 턱없이 모자랍니다.

(중략)

유토피아의 생활방식은 문명사회를 위한 가장 행복한 기반을 제공하고 있을 뿐 아니라, 인류가 존속하는 한 영원히 지속될 제도입니다. 유토피아인들은 야심과 정치적 논쟁 같은 모든 근본적인 원인들을 없애버렸습니다. 그러므로 유토피아에는 수많은 난공불락의 도시를 파멸로 몰아넣었던 내부 분열의 위험이 전혀 없습니다. 그리고 유토피아가 국내적으로 통합과 건전한 통치체제를 유지하는 한, 이웃나라의 왕들이 아무리 시기한다 해도 그들의 힘을 약화시키지 못할 뿐만 아니라 흔들리게 하지도 못할 것입니다. 과거 이웃나라의 왕들은 기회가 닿을 때마다 그렇게 하려 시도했지만, 언제나 패퇴하고 말았던 것입니다.

토마스 모어, 『유토피아』, 권혁 옮김, 돋을새김, 2011, 227~235쪽.

생각 키우기

1. 토마스 모어는 유토피아의 가장 중요한 속성을 무엇이라고 보고 있는가?

2. 토마스 모어의 <유토피아>를 비판적 시각으로 살펴본다면, 어떤 점들을 지적할 수 있겠는가?

3. 플라톤의 <국가>, 베이컨의 <노바 아틀란티스>, 스키너의 <월든 투>, 허균의 <홍길동전> 등의 비교를 통해서 비판적 현실안(現實眼)과 대안적 세계관이 어떻게 제시되고 있는지 살펴보자.

3) 자본주의의 현실과 '리얼 유토피아'

제시문은 '좋은 사회를 향한 진지한 대화'라는 부제가 달린 『리얼 유토피아』란 책에서 인용되었다. 제시문에서 글쓴이는 '리얼 유토피아'의 길이 어떤 방향이어야 할지를 개괄적으로 보여 준다. 이 글은 기울이 가는 자본주의의 현실을 응시하면서 이에 대응

할 수 있는 대안과 전망, 그리고 새로운 사고방식에 대한 것이다. 자본주의가 작동하는 방식의 여러 가지 핵심들을 충분히 인정하지만, 자본주의를 초월하는 중심축은 어디까지나 '좋은 사회를 향한 열망'과 '민주주의'에 있다는 것이다.

이상과 같은 내용이 내가 말하는 "현실 유토피아"의 예들이다. 이것은 용어상 모순으로 들릴지도 모르겠다. 유토피아는 공상이며, 인간의 심리와 사회적 실행 가능성을 현실적으로 고려하지 않은 채 평화와 조화의 인간적 세계를 그리는 도덕적 설계이다. 현실주의자들은 이와 같은 공상을 피한다. 우리에게 필요한 것은 우리의 제도를 실용적으로 개선하기 위한 아주 실제적인 제안이다.

우리는 유토피아적 꿈에 탐닉하는 대신, 우리 스스로를 실제 현실에 맞추어야 한다. "현실 유토피아"라는 개념은 꿈과 실천 사이의 이 긴장을 받아들인다. 이 개념의 기초를 이루는 것, 그리고 실천적으로 가능한 것은 우리의 상상력과 무관하게 고정되어 있는 것이 아니라 그 자체로 우리의 전망에 의해 형성된다는 믿음이다. 자기 달성적인 예언은 역사에서 강력한 힘이다. "뜻이 있는 곳에 길이 있다."고 말하는 것이 순진한 낙관주의일지 몰라도, "뜻"이 없이는 많은 "길"이 불가능해진다는 것은 분명하다. 억압이 없는 사회 제도를 창조하는 데 무엇이 필요한가를 분명하게 이해하는 것은 억압을 줄이는 급진적 사회 변화에 필요한 정치적 의지를 창조해 나가는 과정의 일부이다. 사람들에게 현 상태에서 탈출하는 여행을 떠나라고 권유하려면 유토피아적 이상에 대한 생명력 있는 믿음이 필요할 것이다. 비록 실제로 도달하는 목적지가 유토피아적 이상에 못 미칠 수 있다고 해도 말이다. 하지만 모호한 유토피아적 공상은 우리를 미혹시킬 수 있다. 그리하여 우리의 여행이 실질적인 목적지가 전혀 없는 여행이 될 수도 있고, 더 나쁘게는 어떤 예상되지 않은 나락에 빠지는 여행이 될 수도 있다. 해방을 위한 인간의 투쟁은 "뜻이 있는 곳에 길이 있다."와 마주칠 수도 있지만, "지옥으로 가는 길은 좋은 의도로 포장되어 있다."와 마주칠 수도 있다.

따라서 우리에게는 "현실 유토피아"가 필요한 것이다. 인류의 현실적 잠재력에 기초해 있는 유토피아적 이상이 필요하며, 중간역이 있는 유토피아적 목적지가 필요하며, 우리의 실천적 과제 — 사회변화의 조건을 다 갖추지 못한 세계를 향해해 나가야 하는 과제 — 를 뒷받침할 수 있는 유토피아적 제도 설계가 필요하다.

(중략)

평등한 접근권의 개념부터 확실히 하자. 이것은 모든 사람이 동일한 소득을 얻거나 동일한 물질적 생활 수준을 누려야 한다는 뜻이 아니다. 번영에 "필요한 수단"은 사람들마다 다르다. 일정 정도의 불평등이 존재한다는 것이 모든 사람이 양질의 삶을 사는 데 '필요한' 수단에 접근할 때 반드시 평등한 기회를 가져야 한다는 원칙과 모순되는 것은 아니다. 또 급진 평등주의적 견해가 정의로운 사회에서는 모든 사람이 번영해야 한다고 말하는 것도 아니다. 다만 사회적·물질적 자원에 평등하게 접근하지 못해서 사람들이 번영하지 못하면 안 된다는 것뿐이다.

여기서 제안하는 번영 개념은 특정한 방식의 번영이 더 우월하다고 말하지 않는다. 그러나 "좋은 삶"에 대한 다양한 문화적 관념 가운데 어떤 범주의 사람들은 번영의 조건들에 원천적으로 평등한 접근권을 가질 수 없다고 주장하는 데 반대한다. 어떤 문화가 특정한 소수 민족 집단, 인종 집단, 계급 집단에 대해 그들은 자신의 인간적 능력을 발전시키기 위한 물질적·사회적 수단에 접근할 자격이 없다고 말한다면, 이 문화는 부정의하다. 여성에 대한 최고 형태의 번영이 남편의 욕구에 봉사하는 세심한 아내가 되고, 아이들을 잘 키우는 헌신적인 어머니가 되는 것이라고 주장하는 문화 역시 이 사회 정의관을 위반한다.

여성들은 분명 헌신적인 어머니이자 세심한 아내로서 번영할 수 있다. 하지만 여성들에게 이러한 역할을 강요하고 소녀들이 다른 능력과 재능을 발전시키는 것을 제한하는 문화는, 번영하는 삶을 살기 위한 물질적 사회적 수단에 평등하게 접근할 수 있어야 한다는 원칙을 위반한다. 이러한 문화는 여기서 제안하는 기준에 따르면 부정의를 지지한다. 자유에 대한 이 평등주의적 이해는 개인적 권리와 자율이라는 핵심적인 자유주의적 이상들을 인정한다. 즉 개인들이 외적 강제에 종속되는 정도를 최소화하고자 하는 이상들을 인정한다.

이 이해가 표준적인 자유주의적 정신과 다른 이유는, 모든 사람은 자기 자신의 삶을 선택하는 데 필요한 힘에 대해 평등하게 접근할 수 있어야 한다는 평등주의적 원칙을 강조하기 때문이다. 이는 타인에 의한 강제로부터 평등하게 보호되는 차원을 넘어서는 것이다. 이러한 자유는 필리페 반 파리스가 말하는 "만인을 위한 '참된' 자유"와 상응한다. 참된 자유는 사람들이 자기에게 중요한 선택을 할 수 있는 실제적 능력을 가지고 있다는 것이며, 이를 위해서는 그들이 자신의 인생 계획에 따라 행동하는 데 필요한 기본 자원들에 접근할 수 있어야 한다.

에릭 올린 라이트, 『리얼 유토피아』, 권화현 옮김, 들녘, 2012, 35~36쪽, 51~52쪽.

생각 키우기

1. 자본주의의 문제점들을 지적해 보자.

2. 자본주의의 문제점들이 실제 우리 사회에서 어떻게 나타나고 있는지 그 사례를 들어 설명해 보자.

3. 신자유주의의 현실에서 평등을 실현할 수 있는 실현 가능한 방안들은 어떤 것이 있는가?

4. 만일 현재의 자본주의적 사회 구조를 절망적이거나 딜레마에 빠졌다고 본다면, 그리고 그러면서도 정당하고 인간적인 삶의 가능성이 있다고 본다면, 그 가능성을 어디에서 찾을 수 있겠는가?

5. 만약 내가 입법을 수행하는 국회의원이라면 우리 사회의 바람직한 미래를 위해 어떤 법안을 입안할 수 있을지 이야기해 보자.

심화읽기

아래의 제시문에서는 시대에 따라 차이를 보이는 유토피아의 모습을 보여 주고 있다. 유토피아에 대한 인식이 이렇게 차이를 보이게 되는 데에는 당대 사회에 대한 현실 인식이나 세계관 등이 달랐기 때문일 것이다. 유토피아를 그려내는 꿈꾸기는 사람들의 보편성에 기인하는 것이겠지만, 그 꿈을 그려내는 구체적인 양상은 동서고금이 저마다 다르다. 이러한 점은 꿈꾸기마저도 현실적 구속에서 벗어나지 못하기 때문일지도 모른다. 그래서 사람들의 꿈꾸기로서의 유토피아도 시대마다 차이를 보이는 일종의 역사성을 지니고 있다고 보아도 좋겠다. 이 같은 점을 고려하면서 다음 글을 읽어보자.

전통 중국의 유토피아 모델은 『산해경』 속에 그려진 이상국가, 『도덕경』의 "소국과민"(小國寡民) 사회, 『장자』의 <서왕모>, 『예기』의 대동 사회 그리고 도연명의 <도화원기> 속에 표현된 도가적 이상향 등에서 각각 찾아 볼 수 있다.

이런 중국의 유토피아 모델들은 조선 시대 사람들의 꿈꾸기에도 지대한 영향을 미쳤다. 그리고 그 흔적들은 주로 시와 소설을 중심으로 한 문학 작품들 속에서 잘 드러난다. 가령 유선시(遊仙詩)를 위시한 문학 작품들, 설화들 그리고 전기체 소설들 속에는 특히 도가적 이상향이 다양하게 담겨 있다. 가령 청학동 설화를 위시한 십승지(十勝地)를 찾는 소재는 잘 알려진 것이다. (중략)

언젠가 나 인로(仁老)는 당형(堂兄) 최상국과 함께 관복을 벗어버리고 속세와 등질 뜻이 있어서 서로 약속하고 이곳을 찾아가기로 하였다. 대고리짝을 소등에 두서넛 싣고서 들어가면 장차 이 세속과는 동떨어지지 싶었다. 마침내 화엄사에서 출발하여 화개현에 이르러 신흥사에 투숙하였는데 가는 곳마다 모두 선경이었다. 많은 기암들이 빼어남을 다투고 많은 계곡들이 흐름을 다투는데 대울타리 친 초가들에 복사꽃이 어리비쳐 인간 세상이 아닌 듯하였다. 그러나 청학동이라는 곳은 끝내 찾지 못하였다.

이런 무릉도원은 우리나라 각 지역마다 고르게 분포해 있는데, 함경도 갑산땅에 있었다는 태평동(太平洞), 경상도 상주의 오복동(五福洞), 평안도 성천 땅의 회산선계(檜山仙界)와 같은 곳이 같은 류다. 나아가 속초 영랑호에는 화룡굴이라는 별세계, 또 동해 바다에서 표류한 어부가 본 단구(丹丘)라는 해상 별세계도 같은 유형이다. 조선에서 생산된 문학 작품들 속에 서술된 꿈의 소재는 도가적 유토피아가 주류를 이루는데 이들은 대부분 정태적이며, 공간 묘사에 있어 몹시 소략하며, 또 그 내용 전개가 천편일률적이라는 특징을 갖는다. 문제는 그 공간 설정이 비현실적 공간이고 또 그 이상향의 운영 묘사에 있어 비정치적이라는 점에서 정치학적 연구 대상으로 잡기에는 일정한 한계가 따른다는 점이다.

즉 "우리 옛 선인들이 일상에서 꿈꾸었던 낙원은 황금 궁궐과 보석으로 치장된 천상 낙원이 아니었다. 신선들이 봉황과 황룡을 타고 날아다니는 천상 선계를 상상하기는 했으되, 그들이 꿈꾸고 이루고자 했던 낙원은 먹고 입는 것이 충분하고, 사람들 사이에 신뢰가 움트며, 마음속에서는 기쁨이 샘솟는 그런 소박하고 조그만 공동체였다. 가진 자와 못 가진 자의 구별이 없이 분배의 정의가 지켜지고 착취도 억압도 없는, 그리하여 마침내 임금의 존재마저 잊어버리는 나눔의 공동체였다." 이런 점에서 전통 사회의 유토피아를 추적함에 있어 그것들이 가진 사적이고, 몽상적이며, 비정치적인 요소들은 정치 사상적 접근을 어렵게 만든다. 실제로 이런 신선적 유토피아의 그 전형적이고, 답습적이며 천편일률적인 묘사들은 끝내 그 '비'유토피아적 속성으로 말미암아 스스로 소멸하는 양상을 보인다.

그러므로 전통적 유토피아 묘사는 "암담한 현실과의 대립 갈등 속에서 상상의 세계를 떠올리고 추구함은, 어둡고 혼탁한 사회에 대한 간접화된 비판 정신의 발로"로 이해되지만, "그러나 현실에서 조성된 갈등을 현실에서 해소하지 못하고 공상을 통해 해결하려는 모색이 결코 적극적 문제 해결의 자세일 수는 없다. 이는 결국 이들이 낭만적 상상력을 빌려 도달하고자 했던 세계가 궁극의 목표일 수 없고, 갈등에서 벗어나려는 방편적 의미를 지니는 것"이라는 한계를 가질 수밖에 없었다.

그런데 조선 후기, 특히 영정조 어간에 접어든 조선 지식인들의 꿈꾸기와 그 서술 양상은 보다 동태적이고 현실감을 확보하는 방향으로 전개된다. 우리는 조선 후기의 현실에 근접한 꿈꾸기의 모델들을 연암 박지원, 초정 박제가 그리고 다산 정약용의 경우를 통해서 확인할 수 있다.

우선 박제가에게서 특징적인 점은 그의 유토피아 공간이 '당시 중국'으로 현재화한다는 사실이다. 즉 그동안 천상 또는 해상에 존재한다고 묘사되었던 유토피아 공간이 그에게서 청나라라는 구체적 공간으로 현실화된다. 또 그곳은 일종의 '테크노피아'라고 은유할 수 있는, 기술주의적 세계라는 점이 특기할 만하다.

정약용의 경우, <미원은사가>(薇源隱士歌)를 위시한 은일시편을 다수 남기고 있는데, 이 속에서 그는 조선의 현실을 감안한 소농(小農) 중심의 이상향을 추적할 수 있다. 그러나 아무래도 정약용의 유토피아는 경학(經學), 그 가운데서도 성왕론(聖王論)을 통해 제시되는데, 그곳은 방임적인 노장적 사회가 아니라 정치적으로는 엄격한 고적 제도(감찰 제도)와 경제적으로는 균세(均稅) 중심의 정전제(井田制)가 시행되는 '감찰적 유교 국가' 형태라고 할 수 있다.

배병삼, 「박지원의 유토피아: <허생전>의 정치학적 독해」, 한국정치사상학회 편, 『이상국가론』, 연세대학교출판부, 2004, 173~177쪽.

생각 키우기

1. 윗글에서는 전통적인 유토피아적 공간들이 생겨나게 되는 직접적 계기를 무엇으로 보고 있는지 말해 보자.

2. 예술 작품이나 대중문화 속에서도 이상 세계가 그려져 있는 경우를 우리는 드물지 않게 접하곤 한다. 그런 예를 들어보자. 그리고 그 예의 이상 세계가 설정된 이유는 무엇인지를 현실과 관련하여 생각해 보자.

3. 지금 우리가 살고 있는 현시대에서 유토피아는 어떤 모습으로 그려질 수 있을까? 내가 상상하는 유토피아를 제시해 보고 그렇게 제시하는 이유도 포함하는 글을 써보자.

쓰기와 놀다

✣ 창의적 글쓰기란?

한때는 지식 습득이나 기술 숙련성, 직무 성실성 등이 강조되었던 시절이 있었다. 하지만 지금은 무엇보다 창의적 발상이 존중되는 시대다. 구태의연한 방식으로는 이 급변하는 시대를 살아가기 힘들다. 특히 생존 경쟁이 치열한 기업에서 창의적 발상을 최상의 가치로 여기는 것은 당연한 일이다. 사회의 전 분야에서 창의적 인재를 가장 강조하고 있으며, 이에 따라 대학에서도 창의적으로 생각하고 표현할 수 있는 글쓰기 수업을 강조하고 있다.

창의성은 과거에는 비합리적인 사고로 인식되기도 했으나 최근에는 정상적인 인간 사고의 한 유형으로 문제 해결 과정에서 요구되는 고도의 인지적인 능력으로 인식되기 시작했다. 창의성은 고정된 틀에서 벗어나 경험을 수정하여 한 가지 사물을 다른 사물과 연관 짓는 능력, 관계없는 것처럼 보이는 각각의 대상들이 지닌 연관성을 포착해 낼 수 있는 능력으로 일종의 발상의 전환 능력이다.

창의성을 기르기 위해서는 유창성을 기르는 활동과 사고에서의 관점 변환과 내적 조작이 가능한 융통성을 길러 주는 활동이 필요하다. 창의성은 논리적 정확성을 통해 한 가지 해답을 찾는 것이 아니라 여러 가지 가능한 해결 방안들을 제시한다는 점에서 확산적 사고와 밀접한 관련이 있다. 수렴적 사고는 이미 배운 것을 재생하고 알고 있는 도식을 새로운 환경에 기계적으로 적용하는 데 비해, 확산적 사고는 민첩성, 융통성, 독창성과 같은 요소를 포함하고 있으며 많은 새로운 아이디어를 산출하는 것이 특징이다. 이 가운데 독창성은 창의력의 가장 중점적인 특성이며, 창의력이란 드물고 예상외인 독특한 아이디어를 갖는 것이라 할 수 있다.

창의적 사고를 함양하는 첫 걸음이 고정관념 깨뜨리기이다. 고정관념 깨기 훈련이야말로 창의적 글쓰기에 있어 가장 본질적인 것이며, 고정관념을 깨는 발상의 전환으로부터 창의적 글쓰기는 시작된다. 누구나 새로운 생각, 창의적인 아이디어를 가지고 있다. 자신과 세계와의 폭넓고 깊은 교섭 관계 속에서 그것을 그물질해 낼 수 있는 방법이나 지혜가 사람마다 다를 뿐이다. 그러니 우선 '나도 창의적인 사람이다.'라는 발상의 전환이 요구된다. 헬레니즘 시대 이래 인간을 두고 호모 사피엔스(homo sapiens)라고 불렀던 이유는 인간의 가능성이 '생각'에 달려 있다고 보았기 때문이다.

위대한 시인들은 세상 사물을 새롭게 전환적 발상으로 보는 사람들. 아니 보는 게 아니라 창조하는 사람들이다. 이런 발상의 새로움, 관찰과 인식의 새로움이 시적 감수성의 새로움을 낳는 것은 물론이거니와 세계 인식의 새로움을 가져온다.

> 늦겨울 눈 오는 날 / 날은 푸근하고 눈은 부드러워
> 새살인 듯 덮인 숲속으로 / 남녀 발자국 한 쌍이 올라가더니
> 골짜기에 온통 입김을 풀어놓으며 / 밤나무에 기대어 그 짓을 하는 바람에
> 예년보다 빨리 온 올 봄 그 밤나무는 / 여러 날 피울 꽃을 얼떨결에
> 한나절에 다 피워놓고 서 있었습니다.
>
> 정현종, <좋은 풍경>, 『정현종 시선』, 시와시학사, 2005.

밤나무에 기대어 사랑을 나누는 장면을 놓고 시인은, 자연과 인간의 교감과 호응 속에서 '좋은 풍경'으로 포착하고 있다. 그들의 행위가 밤나무 꽃을 빨리 피우게 했다는 상상력은, 서로 순환하면서 상생하는 자연과 인간의 조화로운 태초의 질서를 새롭게 인식하는 데서 나온다.

> 저 둥치가 뿌리라면, 거꾸로 뿌리는 나뭇가지일 것이다. 하기는 맨 처음 어둠의 흙 속에서 눈을 뜬 뿌리는 그곳이 곧 자기의 세상이었을 터이니, 조금씩 조금씩 더듬어 자라면서 자신이 곧 줄기라고 생각했을 것이요, 그 줄기에 힘살이 박히면서 둥치가 되고 둥치에서 뻗은 뿌리가 수백 수천의 팔을 벌리어 무성하게 우거질 때, 그것을 왜 가지라고 생각하지 않겠는가. 그렇게 자랄수록 더욱더 아득한 어둠 속으로 내려가면서도 창천(蒼天)의 하늘로

> 뻗어 오른다고 생각할 것이었다. …… 그러니 지하의 뿌리한테는, 꽃피고 새 운다는 지상이 오히려 흙 속일 것이요, 거기 우람하게 서 있는 나무의 무성한 가지는 거꾸로 뿌리라 여겨지리라.
>
> 최명희, 『혼불』 4권, 매안출판사, 2009, 166쪽.

위의 글은 최명희 소설 <혼불>의 한 부분이다. 발상을 전환해서 사물을 바라보고 관점을 바꾸어서 나무의 생각을 들여다보려 하고 있다. 모든 사람들이 정현종이고 최명희일 수 있다. 누구에게나 창의적 발상의 가능성은 있다. 다만 사람에 따라 그것을 자기 안에 묵히고 썩히고 있을 따름이다. 우리 안에는 이미 창의적인 아이디어가 많이 들어 있다. 그런데 그 아이디어들을 이끌어 내는 계기와 방식은 여럿이다. 그런데 좋은 생각, 창의적인 발상을 떠올리기 위해서는 적극적으로 세계와 접촉하면서 능동적인 탐색을 시도해야 한다.

펌프에서 물을 얻기 위해서는 먼저 마중물을 한 바가지 부어야 하듯 안에 있는 어떤 것을 이끌어 내기 위해서는 밖에서 투입되는 요소가 필요하다. 펌프와 같은 효과를 내기 위해 우리는 우리 밖의 많은 것들과 접촉하여 새로운 생각을 끌어내는 계기를 적극적으로 만들어야 한다. 그러기 위해서는 낚시질하듯 세상을 향해 오감을 열어 놓고 지식과 정보를 그물질하여 세상을 '새롭게' 읽으려는 노력을 해야 한다.

비단 글쓰기뿐만이 아니다. 이경열은 『성공하는 사람들의 아이디어 테크』에서 창의력을 계발하는 7가지 키워드를 제안하는데, 더하기·빼기·바꾸기·축소·확대·거꾸로·모방 등이 그것이다. 더하기의 경우, 더하기를 응용한다는 것은 숫자만 더하는 것이 아니라 물건과 물건, 기능과 기능, 서비스와 서비스, 기술과 기술을 더해 더 편리한 무언가를 만드는 것을 말한다. 연필과 지우개, 전화와 카메라 등의 더하기의 예를 들 수 있을 것이다. 빼기의 경우, 무선마우스, 무지방 우유, 무테안경, 노트북 등이 그 예가 된다. 이것들은 간단한 발상의 전환을 통해 새롭고 유용한 결과를 이끌어 낸 예들이다. 창의적 발상은 무한한 가능성의 세계이다. 창의적 글쓰기는 곧 창의적 발상과 그런 발상을 적극적으로 추구하는 적극적이고 전환적 시도로부터 나온다.

❖ 창의적 상상을 이끌어 내는 생각 도구

과학자와 예술가들은 창조적인 작업을 할 때 '생각 도구'라는 공통된 연장을 사용한다. 상상을 동원하는 사람들 또한 이 '생각 도구'로 얻어 낸 통찰을 객관적으로 표현하기 위해 공식적인 언어로 변환하는 방법을 배운다. 루트번스타인은 『생각의 탄생』에서 이 같은 창의적 상상을 이끌어 내는 '생각 도구'를 다음과 같이 유형화하고 있다. 이 생각 도구들이 함축하는 의미를 음미하면서 실행해 보는 일은 우리의 상상력을 훈련시키는 한 좋은 방법이 될 수 있을 것이다.

- 관찰(Observing): 의도를 가지고 주목해 보는 것.
- 형상화(Imaging): 오감을 이용한 재현, 추상능력 및 감각적인 연상.
- 추상화(Abstracting): 불필요한 부분을 지워나가면서 사물의 본질을 드러나게 하는 과정.
- 패턴 인식(Recognizing patterns): 동기, 사건, 요소, 속성, 현상 등이 반복되는 것이 패턴. 이 패턴에서 지각과 행위의 일반원칙을 이끌어 냄.
- 패턴 형성(Forming patterns): 경험한 세계를 표현하고 정의하는 것.
- 유추(Analogizing): 둘 이상의 복잡한 현상들 사이에서 기능적 유사성이나 일치하는 내적 관련을 알아냄.
- 몸으로 생각하기(Body thinking): 근육의 움직임과 긴장, 촉감 등을 떠올려 '몸의 상상력'을 작용시킴.
- 감정 이입(Empathizing): 다른 사람의 몸과 마음을 통해 세계를 지각.
- 입체적 사고(Dimensional thinking): 2차원적 세계의 크기 색채 형상 등을 3차원 세계로 상호 작용시킴.
- 모형 만들기(Modeling): 보는 이가 즉각 인식할 수 있도록 실제를 축약하고 차원을 달리 표현.
- 놀이(Playing): 자신만의 세계와 인격, 게임과 규칙을 만듦을 통해 지식을 변형, 새로운 이해 시도.
- 변형(Transforming): 생각 도구들을 연속적 혹은 동시에 사용하여 생각 도구끼리 영향을 주고받거나 상호 작용하게 하는 것.
- 통합(Synthesizing): 다양한 방식의 느낌을 높은 수준에서 통합하는 공감각을 통해 화가인 동시에 과학자가 되는 것.

도움이 되는 책

권순긍 외. 『살아있는 고전문학 교과서』 1. 휴머니스트, 2011.

미셸 루트번스타인·로버트 루트번스타인. 『생각의 탄생』. 박종성 옮김. 에코의 서재, 2007.

에릭 올린 라이트. 『리얼 유토피아』. 권화현 옮김. 들녘, 2012.

임정택. 『상상』. 21세기북스, 2011.

정종진. 「한국 고전문학과 여성유토피아」. 『성평등연구』 제12집. 가톨릭대학교 성평등연구소, 2008.

한국정치사상학회 편. 『이상국가론』. 연세대학교출판부, 2004.

제3장

공간 분석과 이미지 재현

이름 짓기는 권력이다.
대상(장소)에 어떤 의미를 부여하고,
보이지 않는 것을 보이게 만들고,
대상(장소)에 어떤 특성을 부가하는 창조적인 권력이다.
:: 이-푸 투안Yi-Fu Tuan

스리랑카의 도시, 캔디
Google Map

스리랑카의 도시, 캔디(Kandy)와 캔디호(Kandy Lake)
https://en.wikipedia.org/wiki/File:Kandy_lake.jpg

위 사진은 스리랑카 도시 캔디의 지도와 경관 사진이다. 19세기 초 싱할라 왕조(Sinhala Kingdom)의 마지막 왕이었던 스리 위크라마 라자신하Sri Wickrama Rajasinha는 당시 수도였던 캔디(Kandy) 도시 경관을 재구성하였다. 그는 자신의 권위를 과시하기 위해 넓은 광장과 인공 호수인 캔디호 조성, 그리고 대대적인 왕궁과 성벽에 대한 재건축 등 웅장한 건물과 권력을 과시하는 기념비나 공공건물의 재건축을 감행하였다. 왕은 신화 속의 세계, 천국과 우주의 모습을 당시의 도시 경관으로 재현함으로써 절대적인 권력을 과시하면서 영원한 그리고 지상 최대의 절대왕국을 만들고자 했다. 왕은 도시 경관을 절대적인 신화의 세계와 우주·천국의 모습으로 재현함으로써 자신의 권력과 위용을 널리 백성들에게 알리고 자신의 영속적 지위와 왕국을 염원하였다.

그렇다면, 캔디 도시 경관을 읽기 위해서는 무엇이 필요한 것일까? 누가 경관을 만들었는지, 경관을 만든 사람(왕)은 어떤 사람이었는지, 경관 조성 목적은 무엇이었는지 등에 대한 이해가 선행되어야 한다. 그러고 나서 경관의 구성 요소들, 즉 도로망, 건축물, 호수, 광장 등 다양한 도시 경관 요소들의 상징적 의미 파악과 그 안에 담겨진 당시 그 지역 사람들의 사회 사상, 가치, 생활양식에 대한 이해가 필요하다.

이 장에서는 자연 경관 감상, 공간 분석, 그리고 창의적 장소 만들기와 이미지 재현 활동을 통해 관찰, 상상, 창의적 문제 해결 관련 활동을 해 보고자 한다.

인간은 관념적이고 이성적으로만 이해될 수 있는 존재가 아니다. 사람은 자신이 생활하고 있는 곳에서 자신을 만들어 간다. 그렇기 때문에 자신이 어디에 놓여 있는지, 자신이 놓여 있는 공간과 장소는 어떠한 곳인지에 대한 인식은 자신, 즉 '나'를 이해하는 중요한 준거가 되며, 인간 이해의 출발점이 될 수 있다. 그런데 자신이 지금 누리고 있는 공간과 장소는 삶에서 그냥 주어진 것이 아니라 자신이 부여하는 의미와 가치, 자신의 노력을 통해서 얻어낸 것이다. 또한, 공간과 장소의 변화는 삶의 변화를 초래한다. 새로운 문화 공간이나 장소의 창출은 삶의 방식뿐 아니라 인간 존재에 대한 근본적인 이해의 변화도 수반한다. 이런 점에서 인문학에서는 인간이 거주하는 공간과 장소에 대해 관심을 갖는다.

이 장에서 사용하는 공간은 가치가 포함되어 있지 않은 객관적이고 추상적인 공간을 의미하며, 장소는 그 장소를 점유하고 있는 인간의 가치나 신념이 내재되어 있는 곳을 의미한다. 그래서 장소는 다소 주관적이고 구체적이며, 그곳에 살고 있는 사람들에 의해 장소성이 형성된다.

다음에서는 우리가 살아가고 있는 삶의 터전으로서 자연 경관과 문화 공간을 분석적으로 읽어보고, 더 나은 삶의 터전으로서 '창조적 장소' 만들기 활동을 할 것이다. 자연 경관은 오감으로 느껴볼 수 있는 감각적인 자연환경이다. 오감을 활용한 자연 경관 감상은 자신이 위치한 공간과 장소에 대한 이해뿐 아니라 자신의 존재를 이해하는 방법이기도 하다. 문화 공간 분석에서는 문화 공간의 실질적 모습을 분석해 보고, 진정 행복한 삶을 위한 문화 공간의 모습을 찾아보고자 한다. 그리고 창의적 장소 만들기에서는 장소의 의미를 파악하고 스토리를 활용한 장소 브랜딩 활동을 통해 장소의 가치를 높이고 행복한 삶을 위한 장소로 재현하는 방법을 찾아볼 것이다.

이러한 활동은 인간 삶의 모습을 보여 주는 데 반드시 전제가 되는 공간과 장소에 대해 관심을 갖게 하고 동시에 새로운 공간과 장소 창출을 통한 삶의 질 제고에 기여하게 할 것이다. 또한 우리는 삶의 토대로서 공간이 담고 있는 이야깃거리에 주목하게 되고, 그 이야깃거리를 찾아서 사람들과 소통하는 공간과 장소 만들기 방법을 찾아 갈 것이며, 현재의 공간이 '지금 여기'에 살고 있는 우리의 자화상임을 인식하게 될 것이다.

1. 자연 경관의 지각과 표현

경관은 '눈에 보이는 것'이라고 할 수 있다. 그러나 단순히 감각적으로 볼 수 있는 개개의 모습들이라기보다는 경관 요소들이 상호 결합하여 만들어 낸 앙상블이라고 볼 수 있다. 여기서 경관 요소들은 인간, 인문 환경, 자연 환경 등이 모두 포함된다. 눈에 보이는 것은 우리의 지각과 표현의 대상이 된다. 사람은 오감을 활용한 지각을 통해 경관에 대한 이미지를 형성한다. 이러한 이미지는 경관 안에 담겨진 자연환경과 그 안에서 살아온 사람들의 삶, 문화에 대한 가시적인 해석이기도 하다. 동시에 경관에 대한 사람들의 느낌일 수도 있다. 다음에서는 경관을 오감으로 지각하는 방법을 터득하고, 경관의 아름다움을 소유하는 법을 이해해 보도록 하자.

1) 오감으로 지각하기

경관은 매우 다양하다. 경관의 자연적 요소와 인문적 요소는 무심코 훑어만 보아도 우리가 보는 만큼의 이야기를 들려준다. 오감을 활용하여 경관이 담고 있는 의미와 이야기를 읽어 내는 활동을 해 보자. 동시에 인간이 환경을 어떻게 지각하고 구성하는지를 알아보고 궁극적으로 오감을 활용하여 경관을 지각하는 활동을 해 보자.

시야를 통해 세상에 반응하는 일은 몇 가지 중요한 측면에서 다른 감각으로 세상에 반응하는 것과 다르다. 예를 들면, '객관적'이다. 흔한 표현처럼 '백문이 불여일견이라.' 우리는 귀로 얻은 정보를 불신하기 쉽다. 예컨대 '풍문'이나 '유언비어'인 것이다. '보기'에는 정서가 깊이 연관돼 있지 않다. 에어컨을 틀어놓아 시원한 버스 창밖으로 훑어볼 때 빈민가는 그저 흉할 뿐이지만, 창문을 열면 훅 끼치는 하수구 악취를 맡을 때 비로소 불쾌한 느낌이 자극적인 힘에 실려 우리에게 다가온다. '보기만' 하는 사람은 구경꾼에 관광객이자 스쳐 지나가는 이에 그친다. 눈을 통해 감지된 세계는 다른 감각을 통해 우리에게 알려지는 세계에 비해서 추상적이다. 눈은 시각장을 탐사하면서 특정 대상들이나 초점을 맞출 지점들, 전망을 추상화한다. 하지만 레몬맛과 따뜻한 피부의 질감, 부스럭거리는 나뭇잎

소리는 오로지 이들 감각 작용으로만 우리에게 다가온다. 시각장은 다른 감각장에 비해 훨씬 넓다. 먼 대상은 단지 '보일' 뿐이다. 그래서 우리는 '보이는' 대상을 '멀다'고 여기는 경향이 있다. 그 이유는 강렬한 정서를 불러일으키지 않기 때문이며, 심지어 대상이 가까이 있을 경우에도 그렇다.

사람은 오감을 동원해 세계를 지각한다. 가용할 수 있는 잠재 정보량은 엄청나다. 하지만 일상에서는 그중 일부만 활성화해서 사용할 뿐이다. 어떤 감각기관이 특별한 수완을 발휘하는지는 개인에 따라 문화에 따라 다르다. 오늘날 사람들은 점차 시각에 의존하게 되었다. 현대인에게 공간은 경계선이 있고 고정되어 있으며 어떤 대상의 틀이나 매트릭스다. 대상과 경계가 없다면 공간은 비어 있다. 바람이 분다 한들 아무것도 보이지 않기 때문에 비어 있다는 얘기다.

이푸 투안, 『토포필리아』, 이옥진 옮김, 에코리브르, 2011, 30~31쪽.

생각 키우기

1. 윗글에서 저자는 "사람은 오감을 동원해서 세계를 지각하며, 여러 가지 감각들이 조화를 이루었을 때 대상의 실체는 명료해지고 본질이 발현된다."라고 하였다. 이 말이 의미하는 바는 무엇인지 여러분의 경험에 의거하여 설명해 보자.

2. 오감을 활용하여 경관을 감상하고 표현하는 활동을 해 보자.
   1) 경관 감상 대상 지역 선정하기.
   2) 경관을 감상하고 오감을 활용하여 묘사글로 표현해 보기.
      ① 가톨릭대학교 주변 경관을 시각을 활용하여 상상해 보자. 무엇이 보이는가?
      (예: 골목길, 공원, 상가, 주택, 도로, 가로수 등이 만들어 낸 전체적인 이미지)
      ② 청각, 후각, 촉각, 미각 같은 비가시적인 요소 가운데 하나를 골라 그것을 기준으로 가톨릭

대학교 주변 경관을 상상해 보자. 자신이 경험했던 또는 상상하고 있는 것들을 중심으로 적어 보자.

예: 청각(새 소리, 물소리, 사람들의 이야기 소리, 자동차 소리 등)

후각(음식 냄새, 커피 향, 꽃향기, 풀 내음 등)

미각(음식의 맛 등)

촉각(따스함, 차가움, 부드러움 등)

③ 오감을 활용한 경관 감상을 묘사글로 표현해 보자.

2) 경관의 아름다움을 소유하는 법

주변에서 또는 여행지에서 살펴볼 수 있는 경관의 아름다움에 주목해 보자. 그리고 그 아름다움을 관찰하고 담아내는 방법을 찾아보자.

여행지에서 아름다운 경관을 만나면, 그것을 담아서 오랫동안 소유하고 싶은 욕망을 갖는다. 동시에 그 장소로 여행 온 보람을 한껏 느끼게 된다. 그러나 그 아름다운 경관은 손에 들고 갈 수도 없고 가슴 가득 안고 갈 수도 없다. 그렇다고 해서 자주 다시 와서 감상할 수 있는 것도 아니다. 또한, 당시의 기후적 조건과 계절, 식생의 조화가 빚어낸 드물게 볼 수 있는 결과물이기 때문에 다음에 와서 언제든지 볼 수 있는 모습도 아니다. 그렇다면 당시의 그 아름다운 경관을 어떻게 붙들 것인가? 금강산에서 보았던 눈 덮인 일만 이천 봉의 절경을, 여름날 남해에 펼쳐진 푸르른 한려해상국립공원 다도해를, 그리고 해질녘 낙조가 어우러진 자연 경관을 어떻게 담아낼 것인가?

가장 쉽게 그리고 가장 빨리 활용할 수 있는 방법은 '사진찍기'일 것이다. 카메라는 찰나의 모습이 채 사라지기 전에 빨리 그 모습을 담아낼 수 있는 도구이다. 오늘날에는 휴대폰에도 카메라가 있어서 언제 어디서든지 찰나의 순간을 담아내기에 더 적절하다. 자동카메라는 쉽게 셔터만 누르면 대상을 담아낼 수 있다는 장점을 갖고 있고, 수동카메라는 감상자가 찍고 싶은 대상을 셔터 속도, 초점 등을 맞춰서 더 사실적으로 담아낼 수 있다는 장점을 갖고 있다. 어떤 종류의 카메라를 사용하더라도 우리는 카메라의 셔터를 찰칵 누르는 순간, 그 아름다운 모습을 필름 안에 저장함으로써 나의 소유물로 만들었다는 생각을 하게 될 것이다.

아름다운 경관을 내 것으로 할 수 있는 또 하나의 방법으로 그림(스케치)이 있다. 그림은 아름다운 경관을 감상하면서 그 감상의 느낌까지도 담아낼 수 있다. 화가 르네 마그리트 Rene Magritte는 "예술가가 대상을 매우 사실적으로 묘사한다 하더라도 그것은 그 대상의 재현일 뿐이지, 그 대상 자체일 수는 없다."고 역설하였지만, 그림은 당시 경관에 대해서 느꼈던 감상 이미지까지 담아낼 수 있는 최고의 방법이다.

좀 더 직접적인 방법으로는 기념품 구매를 들 수 있다. 그 장소를 오랫동안 곱씹어 생각나게 해 줄 물건들을 사는 것으로 엽서를 사서 보관하는 방법 등이 있을 것이다.

존 러스킨John Ruskin은 여행지 장소의 아름다움을 소유할 수 있는 방법을 모색했던 예술가다. 그는 "아름다움을 소유하는 방법은 다양하지만 가장 좋은 방법은 아름다움의 본질을 추출하고 인식하는 것이며, 이를 표현하는 것이다."라고 하였다. 자연의 외관을 직시하고 그 본질을 추출하고 이를 작품으로 표현해 내는 것이야 말로 진정 아름다움을 소유하는 방법이라고 말한 것이다.

생각 키우기

1. 윗글에서 경관의 아름다움을 소유하는 방법들을 찾아 적어 보자.

2. 아름다운 경관을 보았을 때, 여러분이 활용했던 방법을 이야기하고 그 아름다운 경관을 소개해 보자.

3. 아름다운 경관을 보았을 때, 그 아름다움을 담아낼 수 있는 다양한 방법들을 제안해 보자.

4. 다음은 영국의 스코틀랜드, 헤브리디스 제도에 있는 핑갈의 동굴(Fingal's cave)을 보고 그 느낌을 표현한 작품들이다. 경관의 아름다움을 표현한 작품들을 통해 핑갈의 동굴과 주변 경관의 아름다움을 상상해 보자. 그리고 여러분이 느꼈던 아름다움의 경험을 표현해 보자.

1829년 4월, 멘델스존은 영국으로 여행을 떠났다가 스코틀랜드의 헤브리디스 제도를 여행하며 음악적 영감을 얻었다. 그 영감을 음악으로 표현한 것이 멘델스존의 <핑갈의 동굴 서곡>(<헤브리디스 서곡>이라고도 함)이다. 비올라, 첼로, 파곳(바순)으로 시작하는 이 곡의 중심 테마는 헤브리디스 제도를 항해하면서 바라본 바다의 풍광과 동굴의 경이로운 느낌을 서정적인 멜로디로 표현한 것이다. 선율이 얼마나 아름다웠던지 바그너는 그를 '빼어난 풍경화가'라고 극찬하였다고 한다.

멘델스존, <핑갈의 동굴> 악보

화가 윌리엄 터너Joseph Mallord William Turner는 헤브리디스 제도를 여행한 후 스타파 섬에 있는 핑갈의 동굴을 보면서 받았던 인상을 그림으로 표현하였다.

영국의 시인 키츠John Keats는 핑갈의 동굴을 보면서 얻은 감상을 시로 표현하였다.

This was architectured thus	이것(핑갈의 동굴)은
By the great Oceanus!	위대한 오케아누스(대양의 신)의 건축물이다!
Here his mighty waters play	여기 그의 강력한 바다 물결이
Hollow organs all the day	온종일 텅 빈 오르간들을 연주하며

Here, by turns, his dolphins all, 여기에, 그의 모든 돌고래들과

Finny palmers, great and small, 거대하고 작은 물고기 순례자들이 서로 노닌다.

(하략)

키츠, <핑갈의 동굴> 중에서

스타파 섬의 '핑갈의 동굴'

윌리엄 터너, <핑갈의 동굴>

http://www.southernhebrides.com/staffa.html

1) 헤브리디스 제도를 표현한 작품들을 감상하면서 작품 속 자연 경관을 상상해 보자. 그리고 상상한 작품 속 경관의 모습을 말해 보자.

2) 위의 작가들은 헤브리디스 제도의 경관을 한 폭의 수채화로, 장엄한 음악으로, 그리고 낭만적인 시로 재현하고 있다. 여러분도 어떤 지역에 대해 가졌던 첫 경험을 기억해 보자. 러스킨이 제시했던 아름다움을 소유하는 방법인 "아름다움을 이해하고 스스로 아름다움의 원인이 되는 요인들(심리적이고 시각적인)을 의식하는 것이다."를 활용하여 여러분이 느꼈던 아름다움의 경험을 그림이나 글로 표현해 보자.

2. 문화 공간 읽기와 상상하기

오늘날에는 도시 경관의 획일화를 지양하고 장소의 이미지화를 위해 장소의 고유성과 장소에 대한 소속감을 살리고 장소의 정체성을 보여 줄 수 있는 문화 공간 조성이 이루어지고 있다. 이처럼 문화 공간은 장소의 목적에 맞게 문화 공간을 조성하고자 하는 욕망의 표출 수단이 되고 있으며, 동시에 텍스트로서 해석의 대상이 되고 있다. 공간을 볼 때는 그 안에 살고 있는 사람들의 삶을 보는 것이 중요하다. 문화 공간은 사람들의 가치와 생각이 만들어 낸 표상이기 때문이다. 다음에서는 도시 문화 공간이 담고 있는 상징과 의미를 읽어 내고, 목적에 맞게 문화 공간을 상상하여 이미지로 재현해 보는 활동을 해 보자.

1) 문화 공간 읽기

다음은 홍대 앞의 문화 공간을 읽어가는 글이다. 다양한 문화 요소들이 결합된 문화 공간은 하나의 텍스트이다. 문화 공간을 구성하는 문화 요소들의 형성 과정과 변화, 그리고 특징을 중심으로 문화 공간을 읽어보는 활동을 해 보자.

홍대 앞의 공간 정체성을 대표하는 키워드는 '창조성'과 '실험성'을 주테마로 하는 비주류 미술과 음악이다. 이러한 공간 정체성이 형성되는 과정에서, 홍대 지역은 서로 다른 분위기를 지닌 네 개의 역사적, 상징적 공간들이 꼴라주처럼 중첩된 복합 문화 공간으로 변모하였다. '미술관련 공간', '고급 카페 공간', '언더그라운드 클럽 문화 공간', '문화 전문 직종의 사무 공간' 등이 그것이다.

미술 중심의 근대적 시각 문화 공간

홍익대 정문을 중심으로 포진해 있는 수많은 화방과 공방, 미술학원, 미술 전문서점, 작가 스튜디오, 갤러리 등의 미술 공간들은 1980년대까지 만해도 홍대 앞을 지배하였던 대표 경관이었다. 이러한 공간 형성의 주체는 다름 아닌 미대를 중심으로 하는 홍대인들이

었다. 이 지역을 아직도 공식 지명인 마포구 '상수동'이 아닌, '홍대 앞'으로 부르는 것은 '홍대'라는 존재가 그만큼 이 지역의 정체성 형성에 핵심적인 역할을 하고 있기 때문이다. 머리가 가장 좋은 학생은 서울대로 가고, 감성이 가장 풍부한 학생은 홍대로 간다는 유머가 생길 정도로, 감성과 창조성, 개성이 풍부한 홍대인들의 에너지가 홍대 앞의 대안 문화와 언더그라운드 문화 생성의 기폭제 역할을 해 왔다. 홍대가 가지고 있는 존재의 미학은 바로 여기에 있다.

홍대 앞이 세인의 주목을 끌기 시작한 것은 1990년대 초반 포스트모던 양식의 고급 카페들이 등장하면서부터다. 홍대 정문에서 극동방송국에 이르는 도로변을 중심으로 이른바 '피카소 거리'가 형성되던 시기다. 미술학도와 작가들, 문화 예술인들로 넘실거리는 거리에 들어선, 우아하고 고풍스런 고급 카페와 테마 카페, 복합 갤러리 등은 조용하고 고급스러우면서 자유로운, 독특한 이미지의 공간 분위기를 더욱 강화하였다.

1980년대 후반, 경제 호황기에 힘입어 급격히 증가했던 중산층 해외 유학생들 중심의 이른바 '오렌지족' 문화가 압구정동을 거쳐 홍대 앞에 상륙하였다. 이후 피카소 거리는 여피 미학의 이미지 소비 공간이라는 분위기를 강하게 획득하였다. 이렇게, 1990년대 초반까지 홍대 앞은 미술 중심의 시각 문화가 지배하는 근대적인 공간이었다.

음악 중심의 탈근대적 청각 문화 공간

1990년대 중반에 들어 홍대 앞의 공간 정체성은 급격한 변화를 겪게 되었다. 미술과 시각이 아닌, 음악과 청각을 중심으로 한 탈근대적 문화가 싹트기 시작한 것이다. 이른바 라이브클럽과 테크노클럽을 중심으로 한 '언더그라운드 클럽 문화 공간'의 생성이 그것이다. 언더그라운드, 인디, 얼터너티브를 표방하는 실험적이고 파격적이며 창조적인 반문화(counter culture)들이 대학 캠퍼스에서 지하 클럽으로 무대를 이전한 것이다.

'언더'는 단순히 '지하'라는 물리적 공간을 지칭하는 것이 아니라, 비대중매체, 비제도권, 비주류를 상징한다. 1990년대 초 신촌을 중심으로 포진했던 록클럽과 록카페들이 단지 '록'이라는 이름 때문에 단속 대상이 되는, 이른바 '록의 마녀 사냥'으로 철퇴를 맞으면서 언더 계열의 록이 죽고, 십대 중심의 댄스 음악을 중심으로 한 오버 계열이 대중음악계를 지배하는 상황이었다.

오직 음악에 대한 열정만으로 명맥을 유지하던 록그룹들이 그들의 꿈을 펼칠 수 있는 유일한 장소가 언더 클럽이었다. 이러한 클럽들은 용도 전환이 유리한 주택가가 상대적으로 많아 점포 임대가 용이하고 미술학도 등 젊은 예술인들과 학생층이 많이 모여드는 홍대 지역에 그들의 둥지를 틀었다. 대중음악의 주류 질서가 제공하는 음악 생산물의 상업주의, 획일화와 그 식상함에서 탈피하여, 새로운 감성과 욕망의 음악 및 공간을 만들기 위한 도전과 대안이 실험되는 곳이 바로 라이브 클럽이었다.

1990년대 후반에는 언더그라운드 라이브 클럽과 함께 홍대 앞 클럽 문화의 쌍두마차인 '테크노 클럽'이 홍대 지역의 새로운 공간 문화 현상으로 대두되기 시작했다. 홍대 앞의 테크노 클럽은 해외나 강남, 이태원 등의 여타 클럽들과는 근본적으로 다른 정체성을 지니고 있다. 한마디로 지극히 홍대적이다. 홍대 앞의 테크노 클럽이 '작업실'에서 '바'(bar)로, 다시 '클럽'으로 발전해 왔다는 사실이 단적으로 이를 보여 준다. 클럽의 인테리어를 보면 작업실과 아주 비슷하다. 저렴한 비용으로 직접 손으로 만든 인테리어에서는 사람의 향취와 정서가 베어난다. 작업실의 노동 과정에서 음악은 필수품이었다. 여기에 춤이 자연스레 가미되면서, 현재 테크노 클럽 문화가 생기게 된 것이다.

시대 상황 역시 테크노 클럽 문화 형성의 계기가 되었다. 1980년대 말 호황기 유학을 떠났던 학생들이 해외 테크노 문화를 체험하고 들어오는 시점이 1992년경이었고, 이때 테크노 문화가 한국에 도입되기 시작했다. 또한 유학생과 교포, 외국인이 급증하였고 대부분 인텔리들인 이들이 한국에 체류하는 기간이 늘어나면서 이들의 생활 문화로서 테크노 클럽 문화가 자리 잡았다.

사람의 심장 박동과 유사하다는 테크노 음악과 '평화(peace), 사랑(love), 화합(unity), 신뢰(respect)'라는 이른바 플러(PLUR) 정신을 추구하는 레이버(raver)들의 감수성이, 테크노 샤먼이라 불리는 현대판 무당인 디제이(DJ)의 오케스트레이션에 의해 교감하는 홍대 앞 클럽의 파티 문화는 진정 이 지역을 사랑하고, 음악과 사람을 사랑하는 실험적이고 파격적이고 도전적인 홍대 앞 지역 주체들에 의해 만들어진 것이다.

복합 문화 공간의 문화 발전소

1990년대 말부터 홍대 앞은 기존 공간 문화의 흐름과 더불어 또 다른 변모를 겪고 있다. 이른바 문화 관련 전문 직종들의 사무실이 하나둘씩 이곳으로 몰려들고 있는 것이다. 홍대 앞은 디자인, 광고, 영화, 방송, 사진, 출판, 만화, 패션, 연극, 공연, 인터넷 콘텐츠 등 문화 산업 직종들과 전문가들로 넘실거리는 곳이 되면서, 이제 미술과 음악만이 아닌 복합 문화 공간이자 다양성의 보고가 되고 있다.

멕시코대 미술대학 다음으로 세계에서 제일 규모가 크다는 홍대 미대의 존재와 이 미술대학에 가기 위한 지망생들이 몰리는 미술학원들, 미대가 배출해 낸 학생들, 그들의 작업장과 갤러리, 이와 더불어 언더그라운드 라이브 클럽과 테크노 클럽, 인디밴드와 디제이, 출판사, 국내 최대의 디자인 스튜디오, 예술적 성향이 강한 소극장, 만화 서클, 특이하고 재미있는 패션 디자이너, 단편 영화팀, 인터넷 콘텐츠웨어사, 전문 요리가 등이 용광로처럼 서로 녹아 얽혀 있는 홍대 앞은 말 그대로 이 시대를 이끌어 갈 새로운 대안 문화가 생산되는 '문화 공장'이자, '문화 발전소', '문화 인큐베이터'이다. 그만큼 홍대 앞은 문화적 자생성과 독자성, 잠재력이 풍부한 곳으로 새로운 문화 중심지로서의 가능성을 무한히 지니고 있다.

이무용, 『공간의 문화정치학』, 논형, 2005, 211~216쪽.

생각 키우기

1. 홍대 앞 문화 공간을 통해 읽을 수 있는 홍대 앞 공간의 정체성은 무엇인가? 홍대 앞 공간의 정체성을 형성하는 주된 요인은 무엇이라고 생각하는가? 위치적 특성, 홍대 미대의 역할, 찾아오는 사람들, 거주민 등의 특성과 연계하여 설명해 보자.

2. 부천시 원미구의 가톨릭대학로 문화 공간을 관찰해 보자. 가톨릭대학로 문화 공간의 정체성은 무엇이며, 정체성을 형성하는 요인들은 무엇이라고 생각하는가?

3. 현재의 가톨릭대학로 문화 공간의 특징을 중심으로 가톨릭대학로 문화 공간을 표현하는 글을 써 보자.

2) 걷고 싶은 거리, 굽고 싶은 거리

삶의 다양성을 배려하지 않는 공간 창조는 획일적인 문화 공간을 조성할 뿐 아니라 삶의 여유와 멋을 살려 주지 못한다. 이러한 문제의식에 기반하여 다음에서는 거주민과 여행자의 눈을 즐겁게 해 주고 마음을 행복하게 해 줄 수 있는 공간 문화를 창출하기 위한 방법을 생각해 보자.

걷고 싶은 거리? 굽고 싶은 거리?

공간에 대한 재미있는 논쟁 사례를 하나 소개하자면, '굽고 싶은 거리' 논쟁을 들 수 있습니다. 1990년대 중반부터 홍대 앞은 어떻게 조성하느냐를 두고서 논의가 활발하게 벌어졌습니다. 오렌지족이니 야타족이니 하는 말들이 등장할 때 홍대 앞에 클럽들이 생겨났고, 결국 인디밴드들이 이 속에 자리를 잡게 되었습니다. 문화적 속성을 강조해야 한다는 데는 모두 공감했지만 문제는 방법이었습니다.

정부에서는 '걷고 싶은 거리'를 조성하겠다고 했는데 저는 그렇게 해봐야 결국 '굽고 싶은 거리'만 될 거라고 반대했습니다. 실제로 정부가 조성한 홍대 앞의 '걷고 싶은 거리'는 삼겹살집, 갈비집, 곱창집 등이 잔뜩 들어서 굽고 싶은 거리로 변했습니다. 진짜 밴드나 출판사 같은 곳은 임대료가 비싸져서 다른 곳으로 피해 갔죠. 인사동도 대표적인 굽고 싶은 거리입니다. 큰 갤러리들만 겨우 버티고 있을 뿐 작은 화랑들은 비싼 임대료 때문에 인사동을 많이 떠났으니까요.

공간의 구분? 장소의 복원?

공간은 크기에 따라 차이점이 존재합니다. '공간의 비대칭성'이라고 부르기도 하고, 경우에 따라서는 '블랙홀 효과'라고 불리기도 합니다. 가령 두 도시가 연결되면 작은 도시가 좋아진다지만, 항상 그렇지는 않습니다. 오히려 큰 도시가 작은 도시의 재원이나 자원 심지어는 인력까지 전부 빨아들이는 양상이 벌어지게 됩니다.

고속철도의 원형이라고 할 수 있는 TGV가 제일 처음 놓인 구간은 파리와 리옹 사이였습니다. 파리는 원래 정치의 중심지였고 리옹은 금융과 제조업 중심지였습니다. 두 도시의 거리는 서울-부산 간 거리 정도인데, 프랑스도 중앙 집중형 시스템이 강한 나라라서 리옹의 경제에 점점 적신호가 켜지기 시작하였습니다. 그래서 두 도시를 한 시간 반 정도로 오갈 수 있게 만들면 리옹이 다시 살아날 것이라는 게 최초의 기획 의도였죠. 그러나 그런 일은 벌어지지 않았습니다. 오히려 리옹에 살던 사장들이 파리에서 출퇴근할 수 있게 되었다고 파리로 옮겨가는 일이 벌어졌습니다. 리옹이 다시 살아나게 된 것은, 이런 식의 인프라 구축이나 교통망 확충이 아니라 아이러니컬하게도 유네스코에서 리옹을 세계 문화유산으로 등재했기 때문입니다.

대구에 처음 고속철도를 놓을 때, 저는 이제 대구 경제가 망하게 될 거라고 주장했습니다. 이유는 전형적인 '블랙홀 효과'가 생겨나기 딱 좋은 상황이었기 때문입니다. 예를 들어 환자들이 다 서울로 몰려가니, 대구의 대형 병원이 문을 닫게 됩니다. 병원뿐 아니라 '고급'이라고 이름 붙은 서비스 업종들이 다 무너지기 시작한 거죠. 리옹의 경우처럼 대구는 서울에서 멀어지는 게 오히려 잘되는 방법입니다.

서울과 대구 사이의 문제도 전형적인 공간 문제로 풀어야 합니다. 공간이 갖고 있는 역사나 문화를 살려 '장소'로 복원하는 게 대구가 살아나는 방법이지, 서울에 가까워진다면 사람들은 대구에 있는 대신 서울로 가려고 할 테니까요.

공간 특성을 배려하지 않는 개발이 유령 도시를 만든다.

고층 빌딩에 쇼핑몰을 몰아넣으면 장사가 잘될 거라고 생각하지만, 진짜 장사가 잘되는 지역은 6층 이하의 건물과 2~3층짜리 건물 그리고 단층 건물들이 같이 서 있는 곳입니다. 이런 곳에서 사람들이 발길을 멈추고 구경도 하고, 생각도 하고, 물건을 구입하기도 합니다. 그러나 건물이 6층을 넘어서면 사람들은 불안해지고, 걷는 속도가 빨라지게 됩니다. 불안감을 느끼면서 거리는 더 이상 구경하는 곳이 아니라 지나가는 곳이 되죠.

예전에 우리가 골목길이라고 불렀던 곳이나 자그마한 상가들이 재개발이 되면서 큰 건물로 바뀌면 왜 대부분 망하는지 그것을 과학적으로 설명하려다 보면 이런 결론에 도달하게 됩니다. 대학도 마찬가지입니다. 시설물을 많이 짓지만, 정작 학생들이 마음 편하게 앉아서 토론도 하고 수다도 떨 수 있는 공간은 점점 없어졌죠.

우리는 지난 10년 동안, 대학이든 거리든 공론장이든 전부 굽고 싶은 거리로 바꾸고 있었던 건 아닐까요? 밀도, 거리, 속도, 이런 것들이 무조건 높거나 빠르다고 좋은 건 아닙니다. 생태는 물론 정작 여유와 멋을 알았던 우리 조상들의 지혜 같은 것은 생각도 못해 본 셈이죠.

공간을 볼 때는 언제나 그 안에 깃들어 살아야 할 사람들의 삶을 먼저 생각해야 합니다. 집값이 올라가면 집 팔고 이사 갈 사람의 눈으로만 보지 말고 그곳에서 삶을 꾸려갈 사람, 그곳에서 태어나 그곳에 묻힌 사람들이 행복하게 살 수 있는 공간, 그런 눈을 갖고 볼 수 있어야 하죠. '정주권'이란 바로 그런 개념 아니겠습니까. 사회과학에서 인간이 빠지면 아무것도 아닌 말장난, 차라리 없는 게 나은 기술적 분석이 될 뿐입니다.

우석훈, 「공간을 다루는 법」, 『나와 너의 사회과학』, 김영사, 2011, 200~207쪽.

생각 키우기

1. '걷고 싶은 거리'와 '굽고 싶은 거리'는 각각 어떤 거리라고 생각하는가? 여러분의 경험에 의거하여 걷고 싶은 거리와 굽고 싶은 거리의 사례를 찾고, 거리의 특징을 얘기해 보자.

2. 걷고 싶은 거리를 만들기 위해 고려해야 할 것을 세 가지 이상 말해 보자.

3. 다음은 걷고 싶은 거리로 알려진 서울 도심 속 문화 공간, 북촌 한옥 마을이다. 북촌 한옥 마을은 서울을 찾은 외국인들이 가장 선호하는 여행지로 선정되기도 하였다. 그 이유는 무엇이라고 생각하는지 말해 보자.

4. 가톨릭대학로를 걷고 싶은 거리로 만들어 보자. 걷고 싶은 거리로 만들기 위해 바꾸어야 하는 것

은 무엇인지 생각해 보자. 그리고 가톨릭대학로 환경 개선을 위한 제안서를 써보자.

❖ '북촌 한옥 마을' 외국 관광객 선호도 1위

서울을 찾은 외국인 관광객들은 '북촌 한옥 마을'을 가장 가보고 싶어 한다는 조사 결과가 나왔다. 권역별로 보면 일본 및 중화권 관광객은 북촌 한옥 마을 코스를, 구미주 지역 방문객은 경복궁·효자동 코스를 가장 선호하는 것으로 나타났다.

조선 시대의 상류 주거지에서 1930년대 한옥 주거지, 그리고 1980년대까지의 한옥 보존 지구를 거쳐 2000년대 북촌은 현대와 전통이 공존하는 공간으로 발전하고 있다. 기존의 전통 한옥 공간에 현대적인 건축 요소를 가미하여 모던한 세련미를 살리는 한편, 한식집, 한복집, 전통공방 등 기존의 정형화된 내용을 벗어나 카페, 레스토랑, 부티크, 갤러리 등이 한옥의 껍질을 입고 들어서기 시작했다. 북촌 특유의 고즈넉한 공간에 스틸과 유리 등을 이용하여 재해석된 전통 한옥 등과 초현대적인 미니멀 건물들이 미묘한 긴장을 이루며 서울의 가장 앞서가는 문화 공간 중의 하나로 자리 잡았다.

북촌한옥마을(http://bukchon.seoul.go.kr/intro/art.jsp)

북촌의 전통 한옥과 현대적 공간

창의적 제안서 쓰기

제안서는 제안자가 문제 해결이나 사업, 또는 연구를 진행하기 위해 그 제안의 실행 여부를 판단하는 결정권자(독자)에게 어떤 사항을 제안하는 글이다. 즉, 제안서는 당면한 문제 해결 및 사업, 연구 진행을 위해 창의적인 아이디어를 제안할 목적에서 작성되는 글이다. 제안서에는 마케팅 사업 제안서, 환경(제도) 개선 제안서, 기술 제안서 등이 있다.

제안서의 형식은 특별히 정해져 있지 않다. 그러나 제안 목적, 제안 내용, 실행 방법과 기대 효과는 제안서에 들어가야 하는 필수 사항이다.

제안서를 작성하기 위해서는 먼저 제안의 목적이 분명해야 한다. 이를 위해서는 제안서 서두에 제안의 목적을 분명히 밝혀 두어야 한다. 왜 제안서를 작성하게 되었는지를 통해 설득력 있는 제안이 되도록 해야 한다. 제안의 목적은 주로 당면 문제의 해결 방법이나 더 나은 사업, 연구 진행을 위한 창의적인 아이디어 제시가 될 수 있다.

다음으로 할 일은 현황 및 문제점을 분석하고 그것을 해결할 방안을 제시하는 것이다. 문제 해결을 위한 제안서의 경우, 문제점 분석과 해결 방안 제시가 제안서의 주된 내용이 된다. 문제점 분석은 문제의 현황 파악, 관련 자료 수집, 현장 조사, 설문 조사와 분석 등 다양한 방법으로 이루어질 수 있다. 문제점에 대한 분석이 제대로 이루어져야 문제에 합당한 효과적인 해결 방안이 제시될 수 있다. 평소 현상에 대한 집중적인 관찰과 비판적인 고찰을 한다면 창의적인 아이디어를 더 쉽게 창출할 수 있을 것이다. 제안서의 본론에는 주로 문제점 분석, 해결 방안, 창의적인 아이디어와 같은 사항들이 담긴다.

제안서의 마지막에는 제안 내용을 실행할 수 있는 방법이 서술되어야 한다. 실행 방법은 문제 해결 방안과 연결성을 유지해야 하며 구체적이고 실현 가능한 것이어야 한다. 그리고 그러한 방법을 실행에 옮겼을 때 나타날 결과, 즉 기대 효과도 함께 서술해 주어야 더 설득력 있는 제안서가 된다.

제안서 작성 시 유의 사항은 다음과 같다.

첫째, 제안서 작성에서 가장 고려해야 할 사항은 제안의 목적이다. 제안의 목적이 설득력이 있는지, 그리고 기대 효과는 있는지를 먼저 따져 보아야 한다.

둘째, 제안 목적과 기대 효과가 확실하다면, 실현 가능성을 찾아보아야 한다. 실현 가능성이 낮은 제안서는 채택의 가능성이 낮고 결정권자의 마음을 움직이기 어렵다.

셋째, 제안서의 내용은 참신해야 한다. 문제를 효과적으로 해결하기 위해서는 내용이 참신하면서도 구체적이어야 한다.

넷째, 제안서의 제목은 제안하고자 하는 창의적인 아이디어를 압축적으로 표현한다.

다섯째, 제안서의 문장은 간결하고 명료해야 한다.

3. 창조적 장소 만들기와 이미지 재현

지역 사회에서는 경관의 획일화와 장소의 고유성 상실을 방지하고 지역 주민의 삶을 담은 장소 만들기를 하고 있다. 지역 주민에게는 머물고 싶고, 관광객들에게는 가보고 싶은 장소 만들기다. 그렇다면 지역 주민은 머물고 싶고 관광객은 가보고 싶어 하는 장소는 어떤 곳인가? 끌림이 있는 곳이다. 끌림은 독특함, 편안함에서 온다. 지역 사회의 자연 경관과 문화 자원을 활용하여 끌림이 있는 창조적인 장소 만들기를 해 보자.

이러한 창조적 장소 만들기는 기존의 장소를 어떻게 이미지화하는가에 의해 만들어질 수 있다. 각 장소가 지니고 있는 장소성을 무엇으로, 어떻게 재현해 내느냐에 따라 새로운 장소로 거듭날 수 있다. 다음에서는 장소의 이미지 재현 활동을 통해 창조적 장소 만들기를 해 보고자 한다.

1) 장소의 의미와 속성

장소는 일상생활 속에 존재하는 사물, 즉 고유한 특성을 지닌 지역이다. 장소는 이미 만들어진 고정된 사물이 아니라 다양한 사회적 관계를 통해 형성되는 과정, 즉 사회적으로 구성되는 공간이다. 사람들이 거주하는 공간에서는 사람들에 의해 꾸준히 새로운 장소가 만들어지고 있다. 이처럼 장소는 삶의 의미 공간으로서 일상생활에서 중요한 역할을 한다. 다음에서는 장소의 의미와 속성을 파악하고, 새로운 장소 만들기를 위한 기초 활동을 해 보자.

인문 지리학은 장소에 대한 학문이다. 장소가 일상적인 회화에서 사용되는 방식을 생각해 보자. "제 장소로 오시겠어요?" 이 말은 어떤 사람과 어떤 특정한 위치나 건물 간의 소유 또는 관계를 보여 준다. 그것은 또한 프라이버시와 소유 개념을 보여 준다. '내 장소'는 '네 장소'가 아니며, 너와 나는 다른 장소를 갖고 있다. "브리즈번은 좋은 장소이다." 여기서 '장소'는 일반적인 상식으로 어떤 도시를 가리키고, 그곳이 좋다는 사실은 그곳이 어떤 곳이며, 거기에 가면 어떨 것이라는 것을 말해 준다. "그녀는 내 콧대를 팍 꺾었다."(She put me in my place)라는 말은 사회적 서열에서의 지위라는 의미 그 이상을 가리키는 말이다. "모든 것에는 제 자리가 있다."라는 말도 잘 알려진 문구로서 세계에는 사회적·지리적 토대가 있어서 사물의 특정 배치법이 존재한다는 의미이다. 장소는 모든 곳에 있다. 이 때문에 전문 용어로 쓰이는 '영역'(territory)이나 '경관'(landscape)과 같은 용어와 구분된다. 그렇다면 장소는 무엇인가?

당신이 어떤 공간에 맨 처음 왔을 때를 떠올려 보자. 대학 기숙사 방이 좋은 예이다. 당신은 그곳의 일정한 바닥 면적과 체적에 혼란스럽다. 그 방에는 침대, 책상, 서랍, 벽장 같은 몇 개의 가장 기본적인 가구만 있을 것이다. 이 가구들은 기숙사의 모든 방마다 똑같다. 방은 특별하지도 않고 당신의 학교 생활에 필요한 것을 제공한다는 것 이상의 의미는 없다. 그러나 이 빈약한 필수품에도 역사가 있다. 가까이 살펴보면 이전 소유자가 수업 사이사이 쉬는 시간에 책상 위에 자기 이름을 새겨 놓은 흔적이 보인다. 카펫에서는 누군가가 커피를 쏟았던 자국을 발견할 수 있다. 벽에 그려진 그림 일부는 사라졌다. 아마도 누군가가 포스터를 붙이려고 접착제를 사용했을 것이다. 이것은 과거의 거주를 기억하게 하는 것이다. 이 익명의 공간에 역사가 있다. 다시 말해 이 공간이 다른 사람에게는 중요한 무엇이었음을 의미한다. 그렇다면 지금 당신은 무엇을 할 것인가? 일반적인 전략은 공간으로 하여금 당신에 대해 무언가를 바라게 하는 것이다. 당신의 소유물을 추가하고 한정된 공간 안에서 가구를 재배치하고 벽에 포스터를 붙이고 책상 위에 어떤 목적에 맞게 책을 올려 두는 것이다. 그렇게 하면 공간은 장소가 된다. 당신의 장소이다.

(중략)

전 세계 사람들은 세계 곳곳에서 장소 만들기 활동에 참여하고 있다. 자가 소유자들은 실내 장식을 새로 하기도 하고, 덧붙이기도 하며, 잔디를 손질하기도 한다. 이웃 주민들에게 각자의 마당을 깨끗하게 관리하도록 압력을 가한다. 도시 정부는 신축 공공건물이 특별한 장소의 정신을 표출하도록 법률을 제정한다. 국가는 우표, 화폐, 의회 건물, 국립 경기장, 관광 브로슈어 등을 통해 세계에 자신의 모습을 드러낸다. 민족 국가 내에서 억압받는 집단은 자신의 정체성을 주장하려고 한다. 새로 이사 온 학생이 벽에 포스터를 붙이기 위해 침대 위로 올라가듯이 코소보 무슬림은 새 깃발을 날리며 기념물을 세우고 지도를 새로 그린다. 그라피티 예술가도 도시의 담벽에 휘갈긴 글씨로 자신의 표식을 남긴다. 이것 역시 그들의 장소이다.

방, 정원, 시내, 도시, 국가, 지구 안에 사람들이 의미 있게 만들어 온 공간은 모두 장소가 된다. 즉, 장소란 의미 있는 곳을 말한다.

팀 크레스웰, 『장소』, 심승희 옮김, 시그마프레스, 2012, 2~9쪽.

생각 키우기

1. 윗글에서 저자는 장소를 무엇이라고 하였는가?

2. 과거 선비들은 자신의 주거 공간에 명칭을 붙여 삶의 의미를 담은 장소를 만들었다. 때로는 철학적인 의미를, 때로는 문학적인 의미를 더하여 삶의 방향을 제시하였다. 다음은 홍석주洪奭周(1774~1842)의 <임한정 후기>(臨漢亭 後記)이다.

연경재 위로 다락이 있어 책을 보관할 만한데, 이름을 부앙루(俯仰樓)라 하였다. 주자의 <서루>(書樓)시에서 "그립다, 천년의 마음이여, 올려다보고 굽어봄에 몇 칸 집이면 족하네."라는 뜻을 취한 것이다. 독서를 함에 벗의 도움이 없으면 편벽되고 고루하여 통창하

> 지 않는지라 이 때문에 오른쪽 방 이름을 지숙료(止宿寮)로 하고 뜻을 같이 하는 이들이 오기를 기다렸는데 이 또한 주자가 무이정사(武夷精舍)에 붙인 이름이다. 벗들이 모이게 되면 유유자적하며 그 즐거움을 누릴 수 있으므로 그 마루 이름을 영귀당(詠歸堂)이라 하였다. 산수와 경적(經籍), 벗의 즐거움 이 셋이 갖추어졌다 하겠다. 그러나 가족의 도움이 없다면 또한 오래 편안할 수 없으므로, 때문에 구몽정의 방 이름을 해은실(偕隱室)이라 하였다. 능히 함께 은거할 수 있으면 편안할 것이므로, 도연명의 <귀거래사>에 나오는 말로 그 오른쪽 방 이름을 이안와(易安窩)라 하였다. 해은실 서쪽은 다락방이 붙어 있어 조망하기에 맞지 않고 누워 쉬기에 적합하므로 그 이름을 의침실(欹枕室)이라 하였다.
>
> 이종묵, 「집 이름에 깃들인 뜻」, 『글로 세상을 호령하다』, 김영사, 2010, 105~106쪽.

1) 윗글에서 주거 공간에 붙인 명칭과 그 의미를 말해 보자.

2) 자신의 소중한 공간 또는 주거 공간에 이름을 지어 의미 있는 장소를 만들어 보자.

3. 세계 곳곳의 도시들은 '안전하고', '매력적인' 장소가 되려고 노력한다. 소비자와 기업가, 거주자를 특정 장소로 끌어들이려는 노력들이다. 각 지방 자치단체의 축제 기획, 도시 문화 공간 조성 등의 사업과 올림픽, 월드컵, 박람회 등의 개최는 이러한 목적을 갖고 있다. 이러한 목적으로 조성된 세계 곳곳의 도시 공간 사례들을 찾아 소개해 보자. 공간을 장소화하는 데 있어서 중요한 요소가 무엇인지, 그리고 지역 주민들에게는 어떤 영향을 주었는지를 찾아 발표해 보자.
(예: 다문화 거리, 대학로, 떡볶이 타운, oo동화마을, oo문화마을, 제주 올레길 등)

2) 이야기가 있는 장소 만들기

장소 만들기의 목적은 더욱 풍요롭고 행복한 삶을 살 수 있는 장소로서의 브랜드 가치를 높이는 것이다. 장소의 경제적·사회적·문화적 가치를 증대시켜 그 안에 살고 있는 사람들과 그곳을 찾는 사람들에게 신뢰할 수 있고 호감 가는 곳으로 만드는 것이다. '대학로 거리, 혜화동', '예술가들의 거리, 몽마르트 언덕', '예술인 마을, 헤이리', '어린 왕자 마을, 가평 쁘띠프랑스', '첨단 산업의 메카, 실리콘 밸리' 등은 특별한 이벤트가 없어도 끊임없이 사람들이 찾는 호감 가는 장소들이다. 다음에서는 이야기를 활용하여 더욱 가치 있는 장소 만들기를 위한 방법을 고민해 보자.

21세기의 소비자들은 상품 그 이상의 것을 구매하려 한다, 그 상품이 이성적으로 판단했을 때 꼭 필요해서 구매하기보다, 그 상품이 감성적으로 끌리기 때문에 구매하는 시대다. 이제 사람들은 스타일, 디자인, 이야기, 경험, 감성을 산다. 롤프 옌센Rolf Jensen의 지적처럼 이제 미래 조직에서 가장 존경받는 리더는 기업의 문화와 이미지를 창조하는 이야기꾼이 될 것이다.

장소도 마찬가지다. 스토리가 있는 곳은 저절로 사람들을 자석처럼 끌어당길 수 있다. 로미오와 줄리엣이 없었다면 베로나는 평범한 유럽의 소도시 그 이상도 이하도 아니었을 것이다. 베로나 어디를 가도 로미오와 줄리엣의 이야기를 만날 수 있다.

베로나뿐만이 아니라 사람이 존재하는 한 모든 장소에는 '이야기'가 있기 마련이다. 네덜란드에 가면 빈센트 반 고흐의 이야기가 있고, 남원에 가면 성춘향과 이몽룡의 사랑 이야기가 있으며, 봉평에 가면 <메밀꽃 필 무렵>의 허생원과 동이의 이야기가 있다. 라스베이거스의 알라딘 호텔에는 <아라비안나이트>의 흥미진진한 이야기가, 뉴질랜드에는 <반지의 제왕>의 환상적인 이야기가 있다. 장소 브랜딩에서 중요한 것은 이야기 그 자체가 아니라 이야기를 장소의 긍정적인 정체성 형성 과정에 어떻게 연결시킬 것인가 하는 문제다. 여행 서적들을 보면 그 지역 지명의 유래, 관련 전설, 흥미로운 에피소드들이 꼭 포함되어 있다. 그런 이야기들은 그 장소를 어디에도 없는 '특별한 곳'으로 만들어 주기 때문이다. 그래서 장소 브랜딩을 할 때 사람들에게 어필할 만한 매력적인 이야기를 전략

적으로 부각시키고 만들어 내는 것은 매우 중요하다.

장소는 그곳만이 가질 수 있는 고유한 이미지가 있어야 가치가 있고 생존할 수 있다. 실제 일어난 이야기든, 환상 속의 이야기든, 자연스럽게 만들어진 것이든, 일부러 만들어 낸 것이든 스토리가 없는 장소는 사람들의 기억 속에 오래 머물기 어렵다. 사람들은 장소에서 특별한 체험, 특별한 의미를 찾는다. 이것이 장소 브랜딩을 하는 사람들이 이야기꾼이 되어야 하는 이유다.

박상훈·장동련, 「이야기로 상상력을 자극하라」, 『장소의 재탄생』, 디자인하우스, 2010, 204~206쪽.

생각 키우기

1. 스토리가 있는 곳에 끌림이 생기는 이유는 무엇인가?

2. '장소 만들기'에서 스토리가 갖는 가치는 무엇인가?

3. 다음은 스토리텔링이 낳은 장소 창조 사례이다. 스토리텔링이란, '스토리(story)와 텔링(telling)'의 합성어로 알리고자 하는 바를 재미있고, 생생한 이야기로 설득력 있게 전달하는 것을 말한다. 베로나 시의 문화 공간 창조 사례를 활용하여 여러분의 탄생지 또는 거주지를 새로운 장소로 만들어보는 활동을 해보자.

이탈리아의 인구 26만 명의 평범한 중소도시 베로나는 로미오와 줄리엣의 스토리로 전 세계 관광객들을 불러들여 한해 550만 명이 찾아오는 매력적인 문화 관광 도시가 되었다. 해마다 여름이면 베로나의 야외극장 '테아트로 로마노'에서 셰익스피어 축제가 열려 수많은 관광객들이 연극과 발레 공연을 보며 셰익스피어의 작품 세계 속으로 빠져들어 간다.

베로나에서 가장 낭만적인 곳, '줄리엣의 집'(좌), 영화 '레터스 투 줄리엣'의 한 장면(우).
http://m.epochtimes.co.kr/

로미오와 줄리엣에서 줄리엣의 고향으로 되어 있는 베로나는 작품 속의 분위기와 비슷한 집들을 '줄리엣의 집'과 '로미오의 집'으로 꾸미고, 산 프란체스코 수도원 지하에는 줄리엣의 무덤도 만들어 관광 상품화하고 세계적인 관광 명소가 되게 했다. 위대한 극작가 셰익스피어의 상상력이 만들어 낸 가상의 공간을 실제의 공간에 재현해 놓은 베로나를 방문한 관광객들은 골목골목에서 묻어나는 두 연인들의 사랑의 흔적을 찾아다니며 로미오와 줄리엣의 비극적인 사랑 이야기에 나오는 감동적인 장면들을 떠올린다.

줄리엣의 집 앞 담장에는 이곳을 찾은 연인들이 남겨 놓은 영원한 사랑에 대한 간절한 바람을 담은 편지들이 가득 붙어 있다. 위대한 극작가 셰익스피어의 상상력이 만들어 낸 가상의 공간을 실제의 공간 속에 재현하여 문화 관광 산업의 소중한 자원으로 활용하고 있는 베로나의 문화 도시 마케팅 전략이 우리에게도 절실히 요구된다.

조태남, 「이탈리아 베로나의 사례」, 『스토리텔링과 문화마케팅』, 경남대학교출판부, 2012, 250~252쪽.

1) 베로나 도시가 <로미오와 줄리엣> 스토리의 도시로 만들어지게 된 과정을 제시문과 관련 자료를 활용하여 적어 보자.

① 스토리 소재의 발굴 배경은 무엇이었는가?

② 스토리 소재를 어떻게 활용하였는가?

③ 어떻게 재미와 감동을 연출하였는가?

④ 독자, 청중의 호기심을 어떻게 자극하였는가?

⑤ 등장인물, 사건, 배경(공간, 시간)은 무엇으로 하였는가?

⑥ 스토리의 표현 방법은 무엇으로 하였는가?

2) 내가 살고 있는 도시는 어떻게 스토리텔링해야 할까? 다음 단계에 따라 도시 공간을 스토리텔링하여 문화 공간으로 재현해 보자.

① 스토리텔링 대상 도시 공간 선정하기.

② 원래 존재했던 이야기 소재 찾기: 신화, 전설, 역사적 인물 등.

③ 도시 공간에 표현할 스토리 주제 설정하기.

④ 주제를 표현하기 위한 다양한 이야기 소재를 발굴하기.
(예: 음식, 역사, 인물, 거리, 전래동화, 영화 배경지 등)

⑤ '이야기가 있는 문화 공간'으로 재현하기.
(예: 공간 이동에 따른 상징요소 배치: 문화 공간 구성 기획안, 축제 기획안 만들기 등
온라인 매체 구성: 디지털 콘텐츠, UCC, 웹툰 등
오프라인 매체 구성: 문화 공간 소개글, 문화 공간 그림지도, 문화 공간 스케치 등)

심화읽기

다음은 오기가미 나오코 감독의 일본 영화 <카모메 식당>의 내용이다. 문화가 다른 지역에서 따뜻한 감성과 소통으로 음식을 상품화하는 과정과 카모메 식당의 장소성을 담고 있다. 카모메 식당은 헬싱키의 변두리 지역 길모퉁이에 새로 생긴 일본 음식을 판매하는 곳이다. 일본 음식 중에서도 주먹밥(오니기리)을 판매하고 싶은 주인의 열망을 담고 있다. 음식은 영양과 맛만이 아니라 개인과 공동체의 정체성을 담고 있다. 음식을 만들어 파는 장소는 음식 문화가 갖는 브랜드 이미지를 갖는다. 그렇기 때문에 음식의 상품화는 장소의 상품화이면서 동시에 거주자의 문화와 정체성을 보여 주는 것이기도 하다. 다음 영화 내용을 통해 음식 문화의 상품화 성공 요인을 찾아보고, 창의적인 장소 브랜드화 방안을 고민해 보자.

밤마다 합기도 연습을 하며 잠자리에 드는 사치에는 일본에서 식당을 하는 것보다 다른 곳에서 식당을 하는 것이 낫다고 생각한다. 그런데 하필이면 선택한 곳이 핀란드다. 핀란드에 식당을 연 이유는 단 한 가지, 연어 때문이다. 일본 사람들이 연어 구이를 좋아하듯이 핀란드 사람들도 그렇다고 생각했기 때문이다. 그리고 무엇인가 여기에서는 잘될 것 같다는 생각을 한다.

그러나 식당을 연 지 한 달이 되어도 손님이 없다. 손님이 없으니 할 일이 없어 혼자 식탁에 앉아 졸기 일쑤다. 그러던 어느 날 한 청년이 첫 손님으로 등장한다. 일본의 대중문화를 좋아하는 청년이라 반가운 마음에 식당에 들어온 그는 커피 한 잔을 시키고는 사치에에게 만화 영화 <독수리 5형제>의 주제가를 가르쳐달라고 한다. 하지만 사치에는 예전 만화 영화 주제가를 잘 기억할 수가 없었다. 마침 그날 서점에 들른 사치에는 일본인 관광객을 만난다. 관광객의 이름은 미도리, 그녀에게 만화 영화 주제가를 부탁하자 선선히 써 주었다. 유일하게 온 손님의 부탁을 받고 고민을 하던 사치에에게 미도리는 구세주였

다. 그런 작은 것에 큰 의미를 부여하는 마음은 미도리도 마찬가지였다.

미도리는 어느 날 갑자기 훌쩍 떠나고 싶어 눈을 감고 세계 지도에서 아무 지역이나 손으로 찍고는 핀란드에 오게 되었다. 노래를 가르쳐 준 게 인연이 되어 미도리는 사치에의 집에 기거하게 된다. 처음에는 관광을 다니던 미도리는 손님이 없을 때에도 조금씩 식당 일을 거들게 된다. 여전히 손님이라고는 첫 손님으로 공짜 커피를 마시러 오는 토미밖에 없다. 참다못한 미도리는 사치에게 이제 핀란드 사람에게 맞는 음식을 만들고 관광 잡지에 광고도 내보자고 한다. 미도리는 사치에에게 왜 일본식 음식을 고집하냐고 묻는다.

"가이드북을 뒤져서 찾아오는 일본인이나 일식하면 일본 술과 초밥밖에 모르는 외국인은 우리 가게 분위기와 어울리지 않아요. 여긴 레스토랑이 아니라 동네 식당이에요. 근처를 지나다가 가볍게 들리곤 하는 곳이죠."

사치에는 또한 우리만의 고유 음식을 하면 점차 사람들이 인정을 하게 될 것이라고 말한다. 특히 서양인에게도 많이 알려진 초밥이 아니고 자신의 식당은 주먹밥(오니기리)이 메인 메뉴라고 말한다. 그는 주먹밥은 고향의 맛이라고 생각한다. "오니기리야말로 일본의 소울푸드니까요." 고향의 맛인 주먹밥을 핀란드 사람들에게 판다는 것이다. 미도리는 다시 이렇게 말한다.

"요즘 일본 젊은이들은 주먹밥에 이색적인 재료를 넣은 것을 아주 좋아하거든요. 이곳 현지의 재료들을 이용해서 제공하는 거예요."

"가재, 청어, 그리고 순록 고기."

미도리의 제안에 따라 주먹밥을 현지화하기로 한다. 토미를 앞에 두고 가재, 청어, 순록 고기를 넣어보지만 토미는 맛있어 하지 않는다. 여전히 식당에서 주먹밥을 주문하거나 식사를 시키는 손님은 없었다.

공짜 커피를 마시는 토미만이 유일한 손님인 어느 날 마침내 식당을 방문한 한 남자 손님이 들어온다. 이 손님도 역시 커피를 마신다. 그런데 이 손님은 커피를 지그시 내려 보면서 맛있는 커피를 만드는 방법을 알려 주겠다고 말한다. 어쩐 일인지 '커피 루악'을 외치면 손가락으로 커피 가루를 누르면 맛있는 커피가 된다. 물론 마음으로 맛이 있으리라고 힘을 실어 주어야 한다. 여기에서 루악은 잘 익은 커피만 먹는 사향 고양이를 말한다. 그 루악의 배설물은 향기 좋은 커피의 백미다. 물론 그 남자는 전에 이 점포에서 장사를 하던 사람으로 커피 기계를 두고 갔는데 그 같은 사실을 말하지는 못하고 가게 안을 기웃거리는 중이었다. 넘긴 가게 안에서 커피 기계를 달라고 하기가 민망했던 것이다.

여하간 명색이 카모메 식당에 일본 음식은 하나도 시키지 않고 커피만 시키는 사람들만 있다. 그들의 계획은 실패하는 것인가. 어느 날 사치에와 미도리는 시나몬 롤빵을 만들어 먹기로 한다. 일식집에서 향기 좋은 롤빵 냄새가 나자 사람들은 그 향기에 취해 가게에 들어온다. 그들은 롤빵과 커피를 시키고는 수다를 떨었다. 커피를 공짜로 먹는 토미 그리고 커피와 롤빵을 먹는 세 명의 중년 여성은 단골 고객이 되었다. 그런데 밖에서 이들을 바라보는 한 여성은 그 눈빛이 매서웠다. 갑자기 나타나 한동안 쏘아보고 지나가는 그 여성은 여간 신경 쓰이는 게 아니다. 어느 날 가게로 들어온 그녀는 술을 요구한다. 그리고 사치에에게 술을 권한다. 술을 못 마신다고 사양하자 관광객으로 잠시 카모메 식당에 출입하고 있던 미카오에게 술을 권한다. 술을 자신 있게 들이키던 그 핀란드 여성은 너무 쉽게 녁 다운 된다. 그녀는 본래 술도 잘 못 마시는 평범한 여성이었다. 알고 보니 애완견도 죽고 남편도 떠나 분노와 슬픔에 젖어 있는 여성이었다. 세상에 대한 원한 때문에 식당 안을 노려본 것이었다. 간호를 잘하는 마사코의 친절한 배려와 보살핌에 핀란드 여성도 단골이자 우호적인 친구가 된다. 이런 와중에 사람들은 점차 식당에 드나들기 시작한다. 시키는 음식도 커피나 빵이 아니라 메인 요리에 연어 구이 등을 시키기에 이른다. 사치에는 여기에 핀란드 음식에는 없는 밥을 곁들인다. 음식이 융화되고 있는 것이다.

그런데 미도리는 여기에서 놀라운 점을 발견하게 된다. 선진국인 핀란드에 사는 사람들은 다 행복한 것으로 생각했던 미도리는 그것이 틀렸음을 알고 놀란다. 이 말을 듣고 사치에는 다음과 같이 말한다.

"세상 어디를 가더라도 슬픈 것은 슬픈 것이고 외로운 것은 외로운 것이야."

우울증에 빠져 있던 핀란드 여성에게 다시 남편이 돌아오면서 행복도 컴백 홈 한다. 외롭고 슬픈 것이 영원히 지속되는 것도, 아예 없는 것도 아닌 게 인생인 것이다. 사치에, 미도리, 마사코 그리고 핀란드 여성은 조용히 햇볕을 쬐며 같은 풍경을 바라보는 사이가 된다. 20년간 인생을 가족 치료에 저당 잡혔어도, 남편의 가출로 슬픔과 저주가 점철되어 있어도 그 식당을 통해 웃음과 여유, 자신의 존재 의미를 찾았기 때문이다.

결정적인 장면은 핀란드 사람들이 초밥에 관심을 갖는 계기이다. 이를 위해서 핀란드가 가진 이미지와 그런 이미지 때문에 핀란드에 온 마사코의 이야기를 봐야 한다. 핀란드 사람들은 항상 여유가 있고 유유자적해 보인다고 생각하는 사치에, 마사코, 미도리다. 어쩌면 그것은 동양인들이 핀란드에 대해 가지고 있는 인식일 것이다. 핀란드에 대해 이야기하며 토미가 그 해답을 말한다.

"그건 숲이 있기 때문이지요."

여행 가방을 잃어버린 마사코는 20여 년 동안 시어머니 간병만 하면서 웃음을 잃어버렸고, 이제는 자기 자신을 찾기 위해 삶의 행복이 충만하다는 핀란드에 왔다.

"내 짐이 사라졌어요."

"그래도 아주 잃어버린 것은 아닐 거예요. 어딘가 분명히 있을 겁니다."

돌아오지 않은 짐을 바라는 마음도 내려놓고 여유를 찾아 숲으로 가기로 한 마사코. 핀란드는 끝없이 펼쳐지는 숲의 나라이다. 그 숲으로 인해 사람들은 한결 여유로운 것이다. 환경과 사람의 행태가 관계있는 것은 문화를 이해할 때, 환경적 요건을 눈여겨보아야 한다는 점을 말해 준다. 한껏 여유를 즐긴 다음날 기분 좋게 식당에 간다. 더구나 짐도 찾았다. 어렵게 찾은 마사코의 슈트케이스 안에는 흡사 금괴와도 같이 빛나는 '살구버섯'이 있다. 그것은 그녀가 핀란드 숲에서 딴 것이다. 일본에서 가져온 어떤 사물이 귀중품이 아니라 핀란드에서 채취한 버섯이 소중한 무엇이었다. 그것은 삶의 휴식이자 여유다. 일본의 삶은 텅 비어 있었던 것일까. 그러나 일본의 삶 자체를 부정하는 것은 아니었다. 이런 기쁜 상황에서 마사코가 식당에서 주문한 것은 커피가 아니라 주먹밥이었다. 편안한 기분을 느끼니 친숙한 주먹밥을 먹고 싶었는지 모른다. 그럴듯한 것이 아니라 자신이 편히 원하는 것을 먹고 싶었는지 모른다.

그런데 그가 주먹밥을 받아들고 먹으려는 찰나 다른 식탁에서 부지런히 밥을 먹고 있던 사람들은 주먹밥이라는 생소한 음식을 먹으려는 마사코를 식사는 물론 일순간 수다마저 잊고는 쳐다본다. 식당에서 일도 하고 어느 정도 식당 단골들에게 친숙해진 그녀를 통해 이제 주먹밥은 한 번쯤 먹어야 할 대상이 되는 때가 된 것이었다.

쌀밥을 연어 요리와 즐기는 가운데 주먹밥이라고 도전 못할 일이 아니다. 주먹밥이 그들에게 한결 익숙하게 되는 에피소드는 하나 더 있다. 모처럼 식당을 휴업하고 야외에서 휴식 시간을 갖던 그들이 식당에 돌아와 맞은 것은 열린 식당이었다. 도둑이 든 것이다.

놀랍게도 도둑은 일전에 커피를 맛있게 만드는 법을 가르쳐 준 남자 손님이었다. 이제는 친구가 된 마을 여성은 그가 바로 전에 이 집에서 장사를 하던 주인이라고 했다.

도둑이 된 남자 덕분에 맛있는 커피를 끓이게 된 사치에는 따로 할 말이 없다. 그 순간 그들은 주먹밥을 해 먹기로 한다. 어떤 결정적인 해결이나 해소가 필요할 때 그들은 주먹밥이 생각난다. 도둑이 된 전 주인 그리고 친구가 된 주민은 생전 처음 주먹밥을 먹게 된다. 더구나 전 주인의 배에서는 꼬르륵 소리가 우렁차게 울려 퍼지고 있었다. 주먹밥을 맛있게 먹은 그는 커피 기계를 들고 집으로 향한다. 그런데 그의 옷에는 뭔가 하얀 게 묻어 있다. 바로 밥알이다. 그는 그 밥알도 떼어 맛있게 먹는다.

김헌식, 「카모메 식당」, 『영화로 읽는 문화 다양성 코드』, 평민사, 2012, 65~72쪽.

생각 키우기

1. 카모메 식당에서 '주먹밥'이 갖는 의미는 무엇인가?

2. '주먹밥'이 핀란드 사람들에게 익숙해지게 된 과정을 살펴보자. 주먹밥의 보편화 과정에서 찾아볼 수 있는 전제는 무엇인가?

3. 이 영화는 음식의 상품화가 장소의 브랜딩화 효과를 갖고 있음을 보여 준 사례이다. 이와 유사한 사례를 우리나라에서 찾아 소개해 보자.

4. 여러분이 해외에서 음식점을 경영한다면 어떤 메뉴로 현지인들의 입맛을 유인할 것인가? 그리고 전략은 무엇인가? 여러분이 경영할 음식점을 장소 스토리텔링으로 재현해 보자.

쓰기와 놀다

✤ 장소 스토리텔링이란?

스토리텔링(storytelling)이란 이야기(story)를 전달(telling)하는 것이다. 상대방에게 알리고자 하는 바를 청각적·촉각적·시각적·후각적·미각적 감각 등을 통해 재미있고 생생하게, 그리고 설득력 있게 전달하는 것을 말한다. 단순히 일방적인 말의 전달이라기보다는 어떤 목적을 가지고 독자와 청자를 의식하면서 말하는 것을 의미한다. 사람들이 반응하고 움직이게 하는 일종의 소통 도구로 볼 수 있다. 장소 스토리텔링은 장소를 텍스트로 하여 장소에 내재된 스토리를 찾아 표현하는 것이다. 즉, 장소에서 텍스트의 상징적 요소(what)를 찾고 이를 연출(how)하는 것이다. 장소에 내재된 이야기 요소를 발굴하고, 이를 장소 안에 배치하여 테마 파크나 문화 지구 조성 등의 형태로 표현하거나, 온라인과 오프라인을 통한 다양한 매체로 발현시켜 볼 수 있다.

스토리텔링은 형식적인 면에서 사건, 배경, 인물이라는 구성 요소를 가지고 시작, 중간, 끝의 시간적 연결 고리에 의해 기술된다는 점에서 묘사, 설명, 논증과 같은 다른 글쓰기와는 구별된다. 내용면에 있어서도 사건에 대한 단편적인 정보와 지식의 전달보다는 주인공과 같은 인물, 배경, 사건이 어우러진 이야기를 공유한다는 면에 있어서 특별함이 있다. 이는 장소 스토리텔링에서도 마찬가지이다.

스토리텔링이 우리 삶에서 의미하는 바는 바로 의사소통이다. 인간의 감성에 호소하여 공감대를 이끌어 내고 서로 소통하는 가장 효과적인 방법이다. 그러므로 스토리텔링에서는 청중과 공감대를 형성할 수 있게 효과적으로 전달할 수 있는 내용 구성이 필요하다.

장소 스토리텔링을 잘하기 위해서는 문화 자원 안에 내재된 메시지를 잘 이끌어 내고 이를 독창적이고 흥미진진하게 만드는 작업이 중요하다. 장소에 담긴 문화 자원을 활용하기 위해서는 이야기에 담긴 요소를 활용해야 하는데, 이는 장소의 정체성을 형성하고 정신적 가치의 근간이 되는 이야기의 소재를 찾아내는 일이다. 이를 위해서는 장소의 역사를 살피고, 문헌을 조사하며, 장소에 있는 길, 건물, 그 안에서 생활하는 사람들에 대한 세밀한 관찰이 필요하다. *Cultural Tourism*의 저자인 밥 맥커처Bob Mckercher와 힐러리 뒤크로Hilary du Cros는 유·무형의 문화 자원(문화 유산)을 문화 관광 상품이나 끌림이 있는 명소로 개발하기 위해서는 다음과 같은 다섯 가지 조건이 충족되어야 한다고 하였다.

첫째, 문화 자원을 스토리로 말하라. 즉, 스토리를 가진 문화 자원, 스토리로 연결된 장소를 만들어야 한다.

둘째, 문화 자원에 활기와 역동성을 불어넣어서 관광객이 흥미를 찾도록 해야 한다.

셋째, 관광객이 체험할 수 있도록 참여적 활동 요소를 갖추어야 한다.

넷째, 관광객의 삶과 동떨어진 체험이 아니라 직간접적으로 연관성을 지닌 체험 활동 요소를 갖추어야 한다.

다섯째, 문화 자원이 갖고 있는 원형성과 품질을 손상하지 않는 범위 내에서 문화 자원의 활용이 이루어져야 한다.

<장소 스토리텔링의 사례>

❖ 산타마을로 등장한 핀란드 '로바니에미'

핀란드 '로바니에미 산타 마을'
http://www.flickr.com/photos/r4r4/2615636998/

핀란드 북쪽 로바니에미에는 크리스마스 시즌이 되면 많은 외국 관광객들로 붐빈다. 산타 마을을 구경하기 위해서다. 기후적으로는 냉한대의 추운 지역이지만 한겨울의 오로라 자연 체험과 더불어 마을에 대한 이미지만은 아름다움과 따스함이다. 이 마을의 중심에 있는 크리스마스 하우스는 이국적으로 디자인되어 방문객들이 정말 산타의 본고장에 온 듯한 느낌을 갖게 한다. 지붕을 뾰족하게 만든 하우스는 눈이 많이 오는 지역의 특성을 고려한 것이지만 이를 산타 마을의 풍경으로 재디자인하여 산타 집무실, 산타 우체국, 크리스마스 전시장으로 디자인하였다. 산타 할아버지가 산타 우체국에서 근무한다. 인구는 6만이지만 연 관광객은 35만여 명이다.

이 마을은 역사적으로 볼 때, 산타클로스와는 아무 연관이 없었지만, '산타클로스는 북극 어딘가에 있다.'라고 생각하는 사람들의 상상 세계를 활용하여, 로바니에미가 갖고 있는 소재들, 즉, 북극권에의 위치, 겨울철 많은 눈, 썰매 교통수단 등을 활용하여 산타 마을을 만들어냈다. 제2차 세계 대전으로 폐허가 되었던 로바니에미 마을은 산타 집무실, 산타 우체국, 순록이 끄는 썰매, 산타파크 등 '산타 마을' 동화 공간으로 변환되어 '산타 마을'을 스토리텔링하고 있다.

✣ 장소 스토리텔링의 방법

장소 스토리텔링은 장소안의 자원을 기반으로 한 장소성을 토대로 이루어져야 하며, 이러한 장소 스토리텔링이 장소성을 구체화시킬 수 있는 방향으로 진행되어야 한다. 주변의 다양한 역사·문화 자원을 활용하면서 누구나 공감, 감동할 수 있도록 만드는 것이 중요하다. 이를 위해서는 다음의 2단계가 진행되어야 한다.

1단계: 장소 안에 담겨진 자산들을 물리적·환경적 요소, 인적·문화적 요소, 정서적·상징적 요소들로 분석하고, 이러한 요소들에서 나타나는 정체성을 찾는다.

2단계: 장소에 산재되어 있는 스토리 소재를 목록화하고, 1단계에서 찾은 정체성을 고려하여 테마 스토리를 구상한다.

- 스토리 소재에 스토리텔러의 생각을 담는다.
- 재미와 감동이 있는 이야기 형식으로 만든다.
- 독자, 청중이 듣고 싶어 하는 감동의 포인트를 만든다.
- 등장인물, 사건, 배경(공간, 시간)을 활용하여 스토리로 디자인한다.
- 스토리를 표현할 방법을 구상하여 표현한다.

예로, 공간 이동에 따른 상징 요소 배치: 문화 공간 구성, 축제 기획안 만들기 등

온라인 매체 구성: 디지털 콘텐츠, UCC, 웹툰 등

오프라인 매체 구성: 장소 안내글, 장소 소개글, 장소 그림 지도, 장소 스케치 등

도움이 되는 책

강홍빈. 『서울 에세이: 근대화의 도시풍경』. 열화당, 2002.

김헌식. 『영화로 읽는 문화다양성 코드』. 평민사, 2012.

맬컴 마일스. 『미술, 공간, 도시』. 박삼철 옮김. 학고재, 2000.

박상훈·장동련. 『장소의 재탄생』. 디자인하우스, 2010.

알랭드 보통. 『여행의 기술』. 정영목 옮김. 청미래, 2011.

우석훈. 『나와 너의 사회과학: 우리 삶과 세상을 읽기 위한 사회과학 방법론 강의』. 김영사, 2011.

이무용. 『공간의 문화정치학』. 논형, 2005.

이상민. 『대중매체 스토리텔링 분석론』. 북코리아, 2009.

이종묵. 『글로 세상을 호령하다』. 김영사, 2010.

이-푸 투안. 『토포필리아』. 이옥진 옮김. 에코리브르, 2011.

조태남. 『스토리텔링과 문화마케팅』. 경남대학교출판부, 2012.

팀 크레스웰. 『장소』. 심승희 옮김. 시그마프레스, 2012.

피에르 상소. 『느리게 산다는 것의 의미 2』. 김주경 옮김. 동문선, 2001.

홍숙영. 『스토리텔링, 인간을 디자인하다』. 상상채널, 2011.

읽는 저자, 쓰는 독자
— 창의 편

제1판 제1쇄 펴낸날 • 2013년 9월 6일
제1판 제3쇄 펴낸날 • 2018년 2월 23일

편저자 • 가톨릭대학교 학부대학
펴낸이 • 원종철
펴낸곳 • 가톨릭대학교출판부

주소 • 03083 서울시 종로구 창경궁로 296-12
전화 • 02-740-9718
전송 • 02-745-9793
전자우편 • cukpress@catholic.ac.kr
홈페이지 • http://press.catholic.ac.kr
인쇄제작 • 재영아트
등록번호 • 제300-1989-1호(1989년 1월 13일)

ISBN 978-89-7108-255-3 93000

값 12,000원